Hellmut Geißner
Sprecherziehung

Monographien
Literatur + Sprache + Didaktik 30

Herausgegeben von
Barbara Kochan · Detlef C. Kochan · Harro Müller-Michaels

Hellmut Geißner

Sprecherziehung

Didaktik und Methodik
der mündlichen Kommunikation

2. Auflage 1986

Scriptor

CIP-Kurztitelaufnahme der Deutschen Bibliothek

Geißner, Hellmut:
Sprecherziehung : Didaktik u. Methodik d. mündl. Kommunikation /
Hellmut Geißner. – 2. Aufl. – Frankfurt am Main :
Scriptor Verlag, 1986.
  (Monographien : Literatur + Sprache + Didaktik ; Bd. 30)
  ISBN 3-589-20788-4

NE: Monographien / Literatur und Sprache
und Didaktik

2. Auflage 1986
© 1982 Scriptor Verlag GmbH, Frankfurt am Main
Wissenschaftliche Veröffentlichungen
Das Werk und seine Teile sind urheberrechtlich geschützt. Jede Verwertung in
anderen als den gesetzlich zugelassenen Fällen bedarf deshalb der vorherigen
schriftlichen Einwilligung des Verlages.
Reproduktion, Druck und Bindung: Druckerei Parzeller, Fulda
Printed in West Germany
Auslieferung: Cornelsen-Velhagen & Klasing Verlagsgesellschaft mbH, Bielefeld
ISBN 3-589-20788-4

INHALT:

	EINLEITUNG	Seite	7
1.	**GRUNDLAGEN DER SPRECHERZIEHUNG**		
1.1	Sprecherziehung als angewandte Sprechwissenschaft		11
1.2	Gesprächsfähigkeit als globales Lernziel		12
1.3	Kritik reduktionistischer Konzepte der Sprecherziehung		14
1.4	Didaktik im Verhältnis von Theorie und Praxis		19
1.5	Konsequenzen für Sprecherziehung und Sprecherzieher		22
2.	**FAKTOREN DER SINNKONSTITUTION IN DER DIDAKTIK UND METHODIK DER MÜNDLICHEN KOMMUNIKATION**		
2.1	Die einzelnen Faktoren		
2.1.1	- situative		27
2.1.2	- personale		40
2.1.3	- sprachliche		50
2.1.4	- formative		67
2.1.5	- leibhafte		75
2.2	Hörverstehen und Sprechdenken		87
3.	**FORMEN MÜNDLICHER KOMMUNIKATION, IHRE DIDAKTIK UND METHODIK**		97
3.1	Rhetorische Kommunikation		98
3.1.1	Formen des Gesprächs		99
3.1.1.1	- Klären		102
3.1.1.2	- Streiten		118
3.1.2	Formen der Rede		141
3.1.2.1	- Informieren		141
3.1.2.2	- Überzeugen		151
3.2	Aesthetische Kommunikation		161
3.2.1	Von der Textgrafik zur sprecherischen Interpretation		165
3.2.2	Sprechendes Interpretieren aus der Bildvorstellung		171
3.2.3	Epische Muster und die 'Umsetzung der Satzgestalt in Rhythmus		175
3.2.4	Erarbeiten einer Textgliederung in Sprechversuchen		182
3.2.5	Experimentelle Poesie und experimentierendes Sprechen		186
3.2.6	Von der Prosa sprechdenkend zum Hörspiel		193
4.	**ANHANG: Elementarprozesse des Sprechens**		199
	LITERATUR		216

Vorbemerkung

Danken möchte ich mit diesem Buch all denen, die mir in bald 35jähriger Tätigkeit als Sprecherzieher geholfen haben, daß diese Jahre des Lehrens 'Lehrjahre' geblieben sind.

Landau, im Mai 1982 h.g.

Zur 2. Auflage

Ich freue mich darüber, daß der Verlag die 'SPRECHERZIEHUNG' zum zweiten Mal auflegt. Es wurden einige Fehler verbessert und das Literaturverzeichnis aktualisiert.
Eine kritische Auseinandersetzung mit anderen Auffassungen - im weiteren Feld der mündlichen Kommunikation und im engeren einer traditionellen Sprecherziehung - war aus Platzgründen nicht möglich. Eine Bemerkung zu dem Umstand, daß ich die 'Elementarprozesse des Sprechens' in den ANHANG "verbannt" habe, was manche Sprecherzieher verwundert, andere verärgert hat, sei aber erlaubt. Wer ernstlich einen dialogischen Ansatz vertritt, wer folglich mit mir vom GESPRÄCH ausgeht, der oder die kann weder die Elementarprozesse zur Grundlage seiner Arbeit machen noch in dieser Arbeit individualistische Ziele verfolgen. Wer vom Gespräch ausgeht, dem geht es um die Befähigung zu einer sozialen Tätigkeit, um das MITEINANDERSPRECHEN. "Grundlage des Miteinandersprechens ist weder richtiges Atmen, noch eine tragfähige Stimme, noch deutliche Lautung, sondern die Gesprächsfähigkeit" (S. 199). Was diese GESPRÄCHSFÄHIGKEIT inhaltlich ist, habe ich in meiner 'SPRECHWISSENSCHAFT' entwickelt. Auf dieser Theorie gründet die Praxis der Sprecherziehung.

Landau, im August 1986 h.g.

EINLEITUNG

Der vor Jahresfrist erschienenen 'S p r e c h w i s s e n s c h a f t.Theorie der mündlichen Kommunikation' folgt jetzt die 'S p r e c h e r z i e h u n g . Didaktik und Methodik der mündlichen Kommunikation'.Sie folgt nicht nur zeitlich, sondern sie folgt dem dort entwickelten Konzept; sie folgt sogar der Gliederung:

1. Grundlagen
2. Faktoren
3. Formen.

Wer beide Bücher zusammennimmt, der kann die innerfachliche Entwicklung erkennen: Von den durch Erich DRACH gesetzten Anfängen "Sprecherziehung. Zur Pflege des gesprochenen Wortes in der Schule" 1922 (^{13}1969), über Christian WINKLERs Gesamtdarstellung des Faches "Deutsche Sprechkunde und Sprecherziehung" 1954 (^{2}1969) zu dem sprechwissenschaftlichen Konzept einer selbstreflexiven, sozialpragmatischen Theorie, Didaktik und Methodik der mündlichen Kommunikation.

DRACH gebührt das Verdienst, einige um die Jahrhundertwende auseinanderstrebende Ansätze in seinem Entwurf der 'Sprecherziehung' wieder integriert und theoretisch begründet zu haben. Ihm, der 1926 auch an der Ausarbeitung der Richtlinien für den Deutschunterricht beteiligt war, gebührt weiter das Verdienst, immer wieder vertreten zu haben, daß Sprecherziehung - in der Schule - 'allgemeines Unterrichtsprinzip' sein müsse, da ja in allen Fächern und allen Schultypen gesprochen werde. Da 'Schule' als Institution sich nicht geändert hat, hat sich auch an diesem 'Prinzip'nichts geändert. Aber es gilt zu unterscheiden:

1. <u>Mündliche Kommunikation im Unterricht</u> von
2. <u>Unterricht in mündlicher Kommunikation.</u>

DRACHs und seiner Nachfolger Auffassung gilt uneingeschränkt für den Bereich 'Mündliche Kommunikation im Unterricht'; sie gilt jedoch nicht für den 'Unterricht in mündlicher Kommunikation': Dies ist kein 'allgemeines Prinzip' mehr, sondern ein 'eigenständiger Lernbereich'. In den 'Standards for Effective Oral Communication Program' der amerikanischen'Speech Communication'und'Speech Language-Hearing' Associations heißt es entsprechend: "Oral communication instruction is a clearly identifiable part of the curriculum" (zit.BOOK and PAPPAS.CE 1981:207).

Bei der Vielfalt wissenschaftlicher Grundlagen, didaktischer Kenntnisse, persönlichen Könnens und methodischer Differenzierung, ist mündliche Kommunikation kein Feld für gutmeinende, aber schlecht ausgebildete Dilettanten, sondern für Spezialisten. Das Feld wird den Dilettanten überlassen bleiben, solange
1. aus den tatsächlichen kommunikativen Gegebenheiten und
2. den administrativen und curricularen Lippenbekenntnissen nicht
3. die erforderlichen Konsequenzen gezogen werden für Studium und Ausbildung.

Die tatsächlichen kommunikativen Gegebenheiten (1) werden mit einem Vierfelderschema 'sprachlicher Funktionen' verschleiert:

sprechen	hören
schreiben	lesen

denn seit Jahrzehnten gibt es hier keine gleich großen Quadranten, sondern mindestens eine 3 : 1 Relation von mündlicher (sprechen-hören) zu schriftlicher (schreiben-lesen) Kommunikation. Dies gilt keineswegs nur für 'handarbeitende' Berufe, sondern auch für 'kopfarbeitende'; so wurde kürzlich z.B. für Manager eine 4 : 1 Verteilung erhoben. Wahrscheinlich sieht es für das Gros der Lehrenden nicht wesentlich anders aus als für amerikanische Collegestudenten(nach den Untersuchungen von RANKIN,1926 und BIRD,1953)

(vgl.URBAN 1977:16f.)

Amtliche Verlautbarungen (2) z.B. der KMK "Der Deutschunterricht hat die Aufgabe, die sprachliche Kommunikationsfähigkeit der Schüler zu fördern und sprachliche Ausdrucksfähigkeit zu entfalten" (vgl. RhpB 31) mit oder ohne Bezug auf Rudolf HILDEBRAND "Das Hauptgewicht im deutschen Unterricht soll künftig auf die gesprochene und gehörte Sprache gelegt werden, nicht auf die geschriebene und gelesene. Beide Erscheinungsformen der Sprache müssen wieder in ihr natürliches Verhältnis rücken" (1867) und entsprechende Formulierungen in Lehrplänen und curricularen Vorschlägen (vgl. OCKEL 1974;1977/2 und 1979) bleiben folgenlos, wenn die Voraussetzungen nicht erworben werden können. Sie können nicht erworben werden, weil an den Hochschulen dieses Landes die 'Bereiche' mündliche Kommunikation und schriftliche Kommunikation in der Regel höchstens im Verhältnis 1 : 99 studiert werden können. Das führt u.a. zu dem Kuriosum, daß "Erlasse zur Notengebung in der Regel eine Gleichgewichtung von mündlicher und schriftlicher Sprachleistung (verlangen)" (BECK 1982:41), daß aber mündliche Leistungen häufig in Form eines 'schriftlichen Tests' abgeprüft werden, nicht zuletzt auch deshalb, weil die Lehrenden zur Beurteilung mündlicher Leistungen - geschweige denn mündlicher Kommunikationsleistungen - keine Kriterien zur Verfügung haben.

Gäbe es nicht einige 'Exoten', die Sprechwissenschaft zusätzlich wählten und vor der 'DEUTSCHEN GESELLSCHAFT FÜR SPRECHWISSENSCHAFT UND SPRECHERZIEHUNG' die (seit 1931 ! bestehende) **Prüfung für Sprecherzieher** ablegten, die Lage wäre völlig desparat. So kann es nicht weitergehen.

Zu fordern ist - legitimiert durch die fachliche Entwicklung weltweit - neben dem traditionellen und sich reformierenden Deutschunterricht ein spezielles Fach 'Sprecherziehung' für das gesamte Lernfeld mündliche Kommunikation. Diese Forderung kann sich stützen auf die etablierten Zustände im amerikanischen Schulsystem; dort gibt es seit Jahrzehnten (vgl. BROOKS 1969) neben 'Klassen' für Englisch, 'Klassen' für speech communication in nahezu allen Schultypen und auf allen Stufen. (vgl. z.B. AUER/JENKINSON 1971). Dieses System funktioniert, wie verschiedene Untersuchungen nachweisen; "... speech communication courses and/or programs were identified in 76% of the schools"(BOOK and PAPPAS.CE 1981:203); nicht gerechnet die große Anzahl der von Sprecherziehern betreuten 'extracurricularen Aktivitäten' (vgl.ebd.205). Voraussetzung ist allerdings, daß es qualifizierte Sprecherzieher gibt, d.h., daß Sprechwissenschaft und Sprecherziehung ordentlich studiert werden können. Während diese Möglichkeit in den USA seit langem gegeben ist (vgl.SW 7ff.), ist sie bei uns - von Ausnahmen abgesehen - erst zu schaffen.

Wenn Sprecherziehung als Didaktik und Methodik der mündlichen Kommunikation auch bei uns von der Primarstufe ab im Lernprogramm enthalten wäre, und wenn dieser Lernbereich auch bei uns nicht länger von Dilettanten,sondern von Spezialisten vertreten würde, dann könnte sich die Situation nicht nur in den 'redenden Berufen' ändern, sondern mehr Menschen könnten im Miteinandersprechen und Zueinandersprechen in mehr Situationen teilnehmen an gemeinschaftlichem Erleben, Beraten, Entscheiden und Handeln; dadurch könnte

sich langfristig auch die Kluft verringern zwischen Verfassung (Art.5 GG) und Verfassungswirklichkeit.
Deshalb wiederhole ich noch einmal meine Forderung:

Sprecherziehung als **U n t e r r i c h t s p r i n z i p**
für den Bereich **Mündliche Kommunikation im Unterricht;**
Sprecherziehung als **U n t e r r i c h t s f a c h**
für den Bereich **Unterricht in mündlicher Kommunikation.**

Mit diesem Buch möchte ich einen Beitrag in dieser Richtung zu liefern versuchen. Allerdings kann ich keine Didaktik und Methodik der Sprecherziehung für Primar-, Sekundarstufe I und II, Erwachsenenbildung, spezielle Felder z.B. der Wirtschafts-, Schauspieler-, Prediger- etc. Pädagogik schreiben. Notgedrungen muß ich meine Darstellung allgemein halten, hoffe aber, daß die auf den unterschiedlichen Gebieten lehrenden Sprecherzieher imstande sind, die Ergebnisse in ihr Gebiet zu 'übersetzen'.
Zwar kann ich diesmal Methoden an Beispielen entwickeln, aber aus Platzgründen die in der 'Sprechwissenschaft' angekündigte Auseinandersetzung mit den Lehrmeinungen anderer Autoren auch diesmal nur gelegentlich führen. Wie in der 'Sprechwissenschaft' habe ich auch diesmal Verweise und Anmerkungen in den Text eingearbeitet; das unterbricht zwar manchmal den Lesezusammenhang, erspart aber lästiges Hin-und Herblättern. - Die allgemeine Finanzmisere zwingen Autor und Verlag, den Umfang des Buches zu beschränken. Gerade angesichts dieser Lage danke ich Herrn Pinkerneil und Herrn Linder vom Scriptor-Verlag besonders dafür, daß das Buch jetzt überhaupt erscheint.

1. GRUNDLAGEN DER SPRECHERZIEHUNG
ALS DIDAKTIK UND METHODIK MÜNDLICHER KOMMUNIKATION

1.1 SPRECHERZIEHUNG ALS ANGEWANDTE SPRECHWISSENSCHAFT

Sprecherziehung ist angewandte Sprechwissenschaft. Sprechwissenschaft habe ich definiert als "Theorie der mündlichen Kommunikation". Mündliche Kommunikation ist der Prozeß wechselseitigen Sprech- Hörhandelns vergesellschafteter Subjekte. Hörend und sprechend versuchen der eine (ego) und der andere (alter) 'sich' und 'sich über etwas' zu verständigen. Miteinandersprechen, nicht jedoch 'Sprechen', ist folglich Ausgangs- und Zielpunkt von Sprechwissenschaft und Sprecherziehung.
Miteinandersprechen ist die exakte, wenn auch formale Prozeßbeschreibung von Gespräch."Gespräch, als Prototyp der Kommunikation, ist als mündliche Kommunikation die intentionale, wechselseitige Verständigungshandlung mit dem Ziel, etwas zur gemeinsamen Sache zu machen,bzw. etwas gemeinsam zur Sache zu machen"(SW 45).'Gemeinsam machen' (die ursprüngliche Bedeutung von communicare) setzt voraus, daß beide, Sprecher und Hörer, aktiv sind; d.h., daß es sich nicht um 'Transport' vom einen zum andern handelt.(Damit ist das Transport-oder Nachrichtenmodell der Kommunikation als unzutreffend abgewiesen und mit ihm sog.Sender-Empfänger-Modellchen). 'Gemeinsam machen' setzt weiter voraus, daß beide, Sprecher und Hörer, dies intendieren; d.h.,daß es sich nicht um absichtsloses,'mittelbares Notiznehmen' handelt(damit sind behavioristische Zeichen- oder Verhaltensmodelle der Kommunikation als unzureichend abgewiesen und mit ihnen die sog. 'Axiome' Watzlawickscher Prägung). Um die Kritik (vgl. SW 14ff.) zu präzisieren:
Im Unterschied zum informationstheoretischen Ansatz werden
1. Sprecher und Hörer nicht apparatisiert zu Sender und Empfänger,
2. bleibt das 'etwas', bleiben die 'Bedeutungen' in Geltung;
im Unterschied zum verhaltenstheoretischen Ansatz wird
3. Intentionalität als entscheidendes Kriterium betrachtet, außerdem
4. zwischen 'Verhalten' und 'Handeln' unterschieden;
und schließlich wird im Unterschied zu beiden Ansätzen
5. an der Wechselseitigkeit, d.h. an der Reflexivität (bzw. Correflexivität) des Prozesses festgehalten.
"Kommunikation als Gespräch ist (...) die Sprech-Tätigkeit gemeinsamer Rede, also das gemeinsame Erzeugnis von Sprecher und Hörer, in dem gemeinsam Sinn aktualisiert wird" (SW 50).

Was heißt, im Miteinandersprechen Sinn als gemeinsames Erzeugnis von Sprecher und Hörer zu aktualisieren?Sinn läßt sich nicht verstehen allein aus Interesse und Absicht des Sprechers (Sprecherintentionalität). Sinn läßt sich auch nicht verstehen allein aus Interesse und Absicht des Hörers (Hörerintentionalität). Sinn läßt sich schließlich nicht verstehen allein aus den der Sprechhandlung oder dem Gesprochenen inhärenten 'Bedeutungen'. Sinn läßt sich nur verstehen als in kommunikativen Prozessen gemeinsam erzeugte Prozeßqualität. "Sinn ist nicht, Sinn geschieht" (SW 131). Sinn erfüllt sich nicht in sich selbst. Als in kommunikativen Handlungen erzeugte Prozeßqualität ist Sinn eingebettet in den Prozeß sozialer Handlungen. "Soziales Handeln geht in kommunikativem Handeln nicht auf, es geht in kommunikatives Handeln ein (...)Die intentionale, wechselseitige Verständigungshandlung ist kein Selbstzweck, sondern der Zweck der Verständigungshandlung liegt in einem Ziel, das die Verständigungshandlung selbst transzendiert"(SW 51). Das heißt, die sinnkonstituierende, reziproke "Handlung des Sprechens" hat ihr Ziel in der Auslösung einer sinnkonstituierten "Handlung durch Sprechen" (vgl.GUTENBERG 1981:61).
Der skizzierte Prozeß der sprechend-hörenden kommunikativen Sinnkonstitution (und Handlungsauslösung) gilt im Prinzip für sämtliche Prozesse mündlicher Kommunikation ('speech communication'):ob ich mich mit jemandem unterhalte oder argumentiere, verhandle oder plaudere, einem wissenschaftlichen Vortrag zuhöre oder einer Wahlrede, Nachrichten höre oder ein Hörspiel, ins Kino gehe oder ins Theater, selber rede oder Dichtung spreche. In dieser Hinsicht unterscheiden sich Prozesse rhetorischer und aesthetischer Kommunikation nicht, allenfalls hinsichtlich der durch sie ausgelösten Handlungen: miterleben, mitdenken, mitwerten, mithandeln, mitarbeiten, mitspielen. Wenn Sinnkonstitution und Handlungsauslösung fundamental sind für Prozesse mündlicher Kommunikation, dann sind mit Sinnkonstitution und Handlungsauslösung zugleich Grundlagen und Ziele der Sprecherziehung genannt. Dies gilt zumindest für die hier dargestellte Sprecherziehung, die sich versteht als Didaktik und Methodik der mündlichen Kommunikation.

1.2 GESPRÄCHSFÄHIGKEIT ALS GLOBALES LERNZIEL DER SPRECHERZIEHUNG

'Mündliche Kommunikation' bezeichnet immer den Reziprokprozeß von Sprechen und Hören. Didaktik und Methodik der mündlichen Kommunikation umfassen folglich immer Sprecherziehung und Hörerziehung. Da jedoch Sprechen ohne Hören sich weder entwickeln kann (Ontogenese), noch Sprechen ohne Hören

sozial sinnvoll ist (Aktualgenese), kann der Terminus "Sprechererziehung"für beides stehen: Sprechererziehung und Hörerziehung. Dies gilt allerdings nur, wenn die Komplementarität von Sprechen und Hören als darin aufgehoben begriffen wird.
Für diese Auffassung gibt es ein weiteres Argument. 'Sprechen' ist kein einstelliger Begriff; 'ich spreche' ist allenfalls idiomatisch sinnvoll. 'Sprechen' ist auch kein zweistelliger Begriff: 'ich spreche mit dir'. 'Sprechen' ist ein dreistelliger Begriff: 'ich spreche mit dir über etwas'. "Diese keineswegs originelle, wenn auch häufig vergessene Feststellung steht auch hinter BÜHLERs 'Organonmodell' des Sprechens mit ausdrücklichem Bezug auf PLATON, dessen Formel 'logos tinos tini ti' den Sachverhalt mit äußerster Präzision faßt" (H.G. 1981/3: 106).
Jemand kann aber mit jemand über etwas nur sprechen, wenn der Angesprochene 'hört'. Zwar ist auch 'hören' kein einstelliger Begriff; 'ich höre' ist ebenfalls nur idiomatisch sinnvoll. Aber 'hören' ist nicht drei-,sondern nur zweistellig: 'ich höre etwas'. Selbst die Intensivierung der Perzeption von 'hören' zu 'zuhören' ändert nichts an der Zweistelligkeit. Im Zuhören wird das ungerichtete (Rundum-)Hören gerichtet (intentional). Während das (zweistellige) Hören sich auf den anderen und sein Sprechen 'richten' muß, ist das (dreistellige) Sprechen prinzipiell auf den anderen und sein Zuhören 'gerichtet'."Diese dann und erst dann wechselseitige Gerichtetheit ist das Ergebnis absichtlicher Tätigkeit: es ist die das Miteinandersprechen prinzipiell fundierende Intentionalität" (SW 40).
Ob die Miteinandersprechenden über etwas oder über sich sprechen, immer ist das Medium, in dem sie etwas miteinander teilen, sich mitteilen, eine Sprache. Dabei kommt erneut ein Unterschied zum Vorschein: Während das dreistellige Sprechen zugleich Sozialemotionales, Voluntatives und Kognitives vollzieht, fehlt dem zweistelligen Hören, auch als Zuhören eine kognitive Komponente. "Wenn folglich im Hören oder Zuhören an gesellschaftlich überlieferte und subjektiv interiorisierte Wissensbestände angeschlossen werden soll, dann bedarf es einer weiteren Operation, die 'Verstehen' genannt wird" (SW 44).Deshalb ist, was auf der ersten Beschreibungsebene 'sprechen und hören' genannt wird, auf einer zweiten zu präzisieren als 'Sprechdenken' und 'Hörverstehen'. "Verstehen und Sprechen sind verschiedenartige Wirkungen der nämlichen Sprachkraft" (HUMBOLDT VII:56).
Wenn nun Sprechdenken und Hörverstehen als intentionale Tätigkeiten wech-

selseitig von alter und ego vollzogen werden, dann sind beide Tätigkeiten als absichtliche und somit rechtfertigbare zu charakterisieren als Handlungen. Insofern ist es angemessen, die Prozesse auf einer dritten Beschreibungsebene zu bezeichnen als Sprechhandeln und Hörhandeln. Als Sprechhandelnde und Hörhandelnde konstituieren Sprecher und Hörer wechselseitig gemeinsam den Sinn ihrer Verständigungshandlung. Mit diesem Argumentationsschritt erreicht die Überlegung wiederum den Prototyp mündlicher Kommunikation, das Gespräch. <u>Gesprächsfähigkeit ist folglich das globale Lernziel der Sprecherziehung</u>. "Gesprächsfähig ist, wer im situativ gesteuerten, persongebundenen, sprachbezogenen, formbestimmten, leibhaft vollzogenen Miteinandersprechen – als Sprecher wie als Hörer – Sinn so zu konstituieren vermag, daß damit das Ziel verwirklicht werden kann, etwas zur gemeinsamen Sache zu machen, der zugleich imstand ist, das Miteinandersprechen und die im Miteinandersprechen gemeinsam gemachte Sache zu verantworten" (SW 129).

1.3 KRITIK REDUKTIONISTISCHER KONZEPTE DER SPRECHERZIEHUNG

Der bisherige Begründungsgang hat ausgehend von Sprechwissenschaft, verstanden als Theorie der mündlichen Kommunikation, Sprecherziehung neu zu fundieren versucht. Wenn mündliche Kommunikation ihren Prototyp im Gespräch hat als dem situiert situierenden Miteinandersprechen vergesellschafteter Subjekte, dann ist 'sprechen' definiert als eine Sozialfunktion. Gemessen an diesem sozialfunktionalen, in der Konsequenz: sozialpragmatischen Ansatz sind sämtliche Auffassungen, die 'sprechen' zu einer Individualfunktion verkürzen, unangemessen. Derart reduktionistische Konzepte verfehlen notwendigerweise sowohl die prinzipielle Dreistelligkeit von 'sprechen'('ich spreche mit dir über etwas!), als auch die prinzipielle Komplementarität von Sprechdenken und Hörverstehen (du sprichst mit mir über etwas, weil und soweit du hörverstanden hast, was ich dir gesagt habe' und ' ich spreche dann weiter mit dir darüber, weil und soweit ich hörverstanden habe, was du mir gesagt hast', bzw.'du gibst mir zu erkennen, daß du hörverstanden hast....', bzw.'ich tue, du tust, wir tun, was....'). Reduktionistische Konzepte verfehlen weiterhin die prinzipielle Reziprozität gemeinsamer Sinnkonstitution; sie verfehlen die Tatsache, daß nicht ein Sprecher, Redner oder Autor 'seinen' Sinn produziert, den ein oder mehrere Hörer zu rezipieren haben, sondern daß der oder die Hörer Ko-Produzenten des Sinns sind. Dies gilt generell; sowohl für transitorische Sprechhandlungen, als

auch für text- oder sprachwerkproduzierende, sowie für text- oder sprachwerkreproduzierende Sprechhandlungen. Die terminologische Scheidung in 'Produktion' und 'Rezeption' ist den Fakten des Kommunikationsprozesses unangemessen. Weder wird in allen Fällen 'Text' produziert (im Sinne von 'absichtlich hergestellt'), noch wird ein Text irgendwann (außer in reduzierten oder repressiven, z.B. Lehr- Lernsituationen) einfachhin 'rezipiert'.
(Von dem entwickelten gesprächstheoretischen Ansatz aus ergeben sich - später darzustellende (3.Kap.) - pädagogische Konsequenzen in den Bereichen rhetorische und aesthetische Kommunikation. Hier soll zunächst ein anderer Gedanke verfolgt werden.)
Es gibt reduktionistische Konzepte, von denen aus die zuletzt beleuchtete Produktions-Rezeptions-Problematik noch nicht einmal in Sicht kommt. Es sind dies jene Ansätze, für die Sprechen so sehr Individualfunktion ist, daß sie glauben, mit einer Verkürzung des Sprechvorgangs auf das 'individuelle Subjekt' auskommen zu können. Dabei macht es kaum einen Unterschied, ob sie vom Physiologischen ausgehen oder zum Phonetischen fortschreiten oder sogar das 'Psychophysische'(im einzelnen Sprecher) in ihre Betrachtungen einschließen. Gemessen am kommunikativen Prozeß gemeinsamer Sinnkonstitution sind derlei Ansätze und ihre methodologische Aufbereitung nicht nur reduktionistisch, sondern borniert. Ihre Bornierung liegt darin, daß sie einen einstelligen Begriff von'sprechen' ansetzen und nicht bemerken, daß es '"ich spreche" außer in Simulationssituationen oder pathologischen Zuständen gar nicht gibt, sondern immer nur Miteinandersprechen. Ihre Bornierung hindert sie daran wahrzunehmen, daß Sprechen als Miteinandersprechen eine Sozialfunktion ist, in der immer Gesellschaftliches eingeschlossen ist.
Da reduktionistische Ansätze noch immer die öffentliche Einschätzung (z.B. HELMERS,vgl.MIHM 1981:187) und nicht selten noch immer das Selbstverständnis der Sprecherziehung (vgl.etwa STÖTZER/PREU 1977) bestimmen, will ich in Kürze einige Gründe dieser Fehleinschätzung diskutieren.Infrage steht dabei nicht die Legitimation einzelwissenschaftlicher Interessen, z.B. Sprechphysiologie, Phonetik, Psychophysik, usw., sondern die Bornierung der pädagogischen Richtung, die sich das 'Sprechenlernen Lehren' zur Aufgabe gemacht hat: die Sprecherziehung. ((Ich übernehme die folgenden Passagen aus 1981/3:107f.)).
'Sprecherziehung' sieht im deutschen Sprachgebiet in Erich DRACH ihren Be-

gründer, der nicht nur ältere Traditionen aufgreifend zwischenzeitlich
'versprengte' Ansätze wieder vereinigte, sondern der auch der theoretischen
Begründung der Sprechwissenschaft entscheidende Impulse gegeben hat. Von
seiner ersten sprechwissenschaftlichen Veröffentlichung her läßt sich eine
unmittelbare Verbindung herstellen zu der hier leitenden dialogischen Grundposition. DRACH schreibt (1926:15) "Alles wirkliche Sprechen entspringt
einer gegebenen **Sprechsituation**. Diese umfaßt die Gesamtheit aller äußeren
und inneren Voraussetzungen, die dazu führen, daß der Sprecher gerade in
dem Augenblick gerade die Worte an gerade den Hörer richtet. Situationsloses Sprechen voraussetzungsloser Sätze gibt es im Leben nicht." So erstaunlich diese frühe Einsicht in Bedingungen alltäglichen Sprechhandelns
ist, erstaunlicher scheint mir die Einsicht in die Bedingungen des reziproken Hörhandelns: "Dem (...) Begriff der Sprechsituation muß gegenübergestellt werden der Begriff der **Hörsituation**: Die Gesamtheit aller vorausliegenden psychischen Erlebnisse bis zum Augenblick des Hörens, die irgend
mit dem Gehörten in Beziehung stehen können."(1926:138f.) Eine Wirkungsgeschichte hatte jedoch nicht dieses Werk, sondern DRACHs 1922 als 3.Band
des Handbuchs für den Deutschunterricht erschienene 'Sprecherziehung. Zur
Pflege des gesprochenen Wortes in der Schule.'
Mit diesem Werk, so förderlich es in vielen Einzelheiten vor allem zu seiner Zeit war, ermöglichte DRACH selbst das oben geschilderte reduktionistische Mißverständnis von 'Sprecherziehung'. Dies sei kurz begründet. Im
Vorwort (aus dem alle folgenden Zitate stammen) nennt er seine 'Globallernziele':"1.Erziehung zum Sprechen, 2.Erziehung durch Sprechen".Die 'Erziehung zum Sprechen' hat das Ziel "das Sprechen des einzelnen planmäßig zur
individuell möglichen Höchstleistung (zu) führen, dem Gang der natürlichen
Spracherwerbung nachgehend"; die 'Erziehung durch Sprechen' hat das Ziel,
"die Schulung des muttersprachlichen Sprechdenkvorganges" als "geistige
und seelische Persönlichkeitsbildung". Nicht nur setzt DRACH für beide Bereiche das 'Hochziel' "individuelle Höchstleistung" und "Persönlichkeitsbildung", sieht also (1922!) noch nicht die dialogische und soziale Prozeßqualität des Miteinandersprechens, sondern er argumentiert auch (wiederum nach dem damaligen Kenntnisstand) in Richtung eines zumindest als'synthetisch' mißverständlichen Verfahrens "dem Gang der natürlichen Spracherwerbung nachgehend". Diese Vermutung wird durch die von ihm angegebene
Schrittfolge bestätigt, wenn auch nur für die 'Erziehung zum Sprechen':
"hygienische Sprechtechnik heißt die unterste Stufe, sinnvolles Wortgestal-

ten die nächste, freie Rede und freier Vortrag die höchste, deren jede auf der vorausliegenden aufbaut"; für die 'Erziehung durch Sprechen' gelten jedoch andere Prinzipien: "Wie jeglicher Arbeitsunterricht erzieht auch die Übung und Beobachtung dieses äußeren Werkvorganges - eigenen Sprechens, Redens, Lesens, Vortragens und Darstellens - zur Anregung und Verfeinerung seiner zugeordneten inneren Leistungen." Zwar bewertet DRACH jeden als 'Charlatan', der nicht das gesamte Gebiet vertrete, sondern mit irgendeiner 'Methode', einem 'Prinzip', einer 'Spezialität' sich anpreise, aber, wer die dialektische Komplementärbewegung der 'Erziehung durch Sprechen' nicht begreift und lehrend mitvollzieht, der wird durch den Stufenbau der 'Erziehung zum Sprechen' dazu verleitet, ein Charlatan, ein Techniker auf einem Teilgebiet zu werden. Die abgeleiteten Bizarrerien sind zahllos: Wer nicht richtig atmet, darf nicht Stimme bilden, wer nicht klangvoll Stimme bildet, darf nicht lauten, wer nicht angemessen lautet, darf keine Wörter sprechen usw; oder: Nur wer ein lautrichtiges 'o' bilden kann, darf 'Mond' sagen, nur wer 'klangerfüllt' Mond sagen kann, schließlich auch "Der Mond ist aufgegangen" sprechen.

Vertreter dieser und ähnlicher Borniertheiten können sich freilich nicht auf DRACH berufen, der wußte und in seinem Arbeitsunterricht praktizierte, daß es "völlig verlorene Mühe (ist), allein für sich etwa 'gesundheitliches Sprechen' oder 'guten Gedichtvortrag' lehren zu wollen; Sprechen ist ein einheitliches Ganzes...". In diesem Sinne ist DRACH gewiß nicht reduktionistisch. Aber das 'einheitliche Ganze' ist bei ihm doch "das Sprechen des Menschen", ist noch nicht 'Miteinandersprechen der Menschen'. Deshalb bleibt für ihn im bildungsbürgerlichen und bühnengeprägten Idealismus der 20er Jahre die 'individuelle Höchstleistung' einer gebildeten 'Persönlichkeit' oberstes Ziel. Jeder individualistische Ansatz verfehlt aber notwendigerweise die soziale Prozeßqualität des Miteinandersprechens.

Während reduktionistische Konzepte 'synthetisch', nicht selten 'additiv' vorgehen, ist das dialogische Konzept orientiert an den Komplexqualitäten kommunikativer Verständigungshandlungen. Zwar werden auch in einem dialogischen Konzept der Sprecherziehung die 'Elementarprozesse des Sprechens' einbezogen (vgl. ANHANG); dabei sind aber Differenzierung des Sprechausdrucks und komplementäre Hörsensibilisierung wichtiger als deren physiologische Voraussetzungen. Physiologische Funktionen sind vor allem zu berücksichtigen hinsichtlich ihrer 'Mitwirkung' an Kommunikationskonflikten, -störungen und - barrieren, sowie ihrer Funktion als Sinnkonstitutiva. Nicht die Elementarprozesse sind das 'Kernstück' der Didaktik und Methodik mündlicher Kommunikation, sondern die Komplexhandlungen rhetorischer und aesthetischer Kommunikation. Dies sind die entscheidenden Zielfelder sprechwissenschaftlicher Forschung und sprecherzieherischer Praxis. Die Elementarprozesse werden in beiden Hinsichten nur einbezogen, wenn es zum Verständnis der komplexen Handlungen, bzw. zum Entwickeln der Gesprächsfähigkeit erforderlich ist.Eine - zunächst sprechwissenschaftlich ausdifferenzierte - Skizze soll einen Überblick über die Teilbereiche und ihre Zusammenhänge verschaffen:

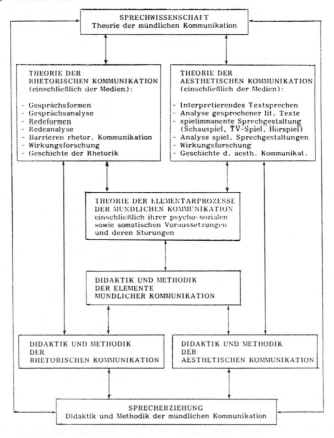

(aus:GEISSNER/SCHNORRENBERG 1980:117)

1.4 DIDAKTIK IM VERHÄLTNIS VON THEORIE UND PRAXIS

Nach den grundlegenden Überlegungen zum Zusammenhang von Sprechwissenschaft und Sprecherziehung, die in der voranstehenden Skizze vorläufig zusammengefaßt wurden, gilt es im nächsten Schritt herauszuarbeiten, was damit gemeint ist, wenn Sprecherziehung als 'Didaktik und Methodik der mündlichen Kommunikation' bezeichnet wird. Es ist aussichtslos und wohl auch überflüssig, hier die vielfältigen und konkurrierenden Meinungen, bzw. Theorien von Pädagogen, Bildungstheoretikern, Erziehungswissenschaftlern, Didaktikern und Methodikern zu referieren. Selbst die kritische Durchsicht einschlägiger Handbuch- oder Lexikonartikel führte nicht zu einem in unserem Problemhorizont brauchbaren Ergebnis. Deshalb verzichte ich auf eine Diskussion und stütze die folgenden Ausführungen zunächst auf einen Minimalkonsens: Didaktik entwirft die fundamentalen Ziele und Inhalte im Zusammenhang einer Theorie des jeweiligen Lerngebiets, Methodik erarbeitet die Lehrverfahren, mit denen die Lernziele schrittweise erreicht werden sollen. Didaktik ist folglich nicht schiere Übersetzung von Theorie in Praxisfelder, sondern als Methodenlehre, als Methodologie, selber Theorie; eine Theorie, der in der Transformation 'rein' theoretischer Forschungsergebnisse in 'Praxis' selbst theoretische Reflexionen und Entscheidungen unablässig abgefordert werden. Um ein naheliegendes Mißverständnis abzuwehren, das den Theorie-Praxis-Bezug betrifft, muß zunächst der Praxisbegriff präzisiert werden; dies soll an mündlicher Kommunikation exemplifiziert werden.

Mündliche Kommunikation geschieht als Handlung vergesellschafteter Subjekte immer in und abhängig von gesellschaftlicher Praxis (1). Erziehung zur mündlichen Kommunikation geschieht immer im Zusammenhang von im gesellschaftlichen Interesse tätigen 'Lehragenturen' - familial, schulisch und außerschulisch -also in pädagogischer Praxis (2). Die vergesellschafteten Subjekte vollziehen Handlungen mündlicher Kommunikation immer als Sprech-(=Hörverstehens- und Sprechdenk-) tätigkeiten in einer 'Lebensform', sei es als Mutter, Vater,Tochter, Lehrer, Schüler, Kaufmann, Kunde usw., also als intersubjektive Praxis (3). Bezogen auf Sprecherziehung als Didaktik und Methodik mündlicher Kommunikation heißt das, sie wird kontrakonzeptuell, wenn sie nicht die (inter-)subjektive, bzw. pädagogische Praxis ständig orientiert an der gesellschaftlichen Praxis.

Auf der Basis der Kommunikationsformen in seiner Primärgruppe hat jeder eine unterschiedlich entwickelte Kommunikationsfähigkeit erworben, ein Prozeß, der die jeweilige Kommunikationsbiografie prägt. "Diese Praxiserfahrung ist abhängig von gesellschaftlichen Bedingungen im geschichtlichen Prozeß. Wenn sich nun im gesellschaftlichen Wandel die Einschätzungen verändern, dann verfällt die herrschende Praxis der Kritik. Gegenüber dem eingeschränkten Kommunikationsradius früherer Zeiten bietet die Welt heute mehr und verschiedenartige Kommunikationsmöglichkeiten. (Gegenüber der Abhängigkeit hörender oder gehorchender Untertanen verlangt außerdem eine demokratische Verfassung die Selbständigkeit mitsprechender oder mitredender Bürger.) Die kurzschlüssige Reaktion auf diese Veränderung wäre nun eine Anpassung didaktischer und methodischer Operationen zur Veränderung der Praxis. Kurzschlüssig, weil noch gar nicht klar ist, was geändert werden muß. Das heißt: 'Praxis' ist genau zu beobachten, zu beschreiben und zu analysieren. Analyse aber setzt eine bündige Theorie voraus. Analyse und Theorie sind aber nicht über kritische Reflexionen erhaben, vielmehr verfallen auch sie ständig der Kritik" (H.G.RhpB 26). Das in dieser Gedankenkette skizzierte Bedingungs- und Kritikverhältnis von Praxis-Analytik-Theorie und Didaktik habe ich früher in folgendem Diagramm dargestellt (1975 SuS 5:34):

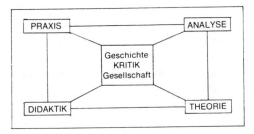

"Im empirischen Vorgehen bedeutet dies - und dies gilt allgemein - ein Stück Praxis muß analysiert werden; dazu bedarf es einer Theorie, die in anderer Hinsicht die Voraussetzung einer begründeten Didaktik, und diese wiederum die Voraussetzung der Veränderung von Praxis ist. Damit dies kein sich selbst regelnder Kreis einer 'selffulfilling prophecy' wird, bedürfen alle vier Dimensionen der Kritik, die ihrerseits nicht entlassen ist aus den geschichtlichen und konkret gesellschaftlichen Bedingungen" (ebd.).

Die Beschreibung sucht zu verdeutlichen, daß das Diagramm nicht als einsinniges Flußdiagramm zu lesen ist, sondern daß jeweils auch die gegensinnige Beziehung gilt. Analytik (A) ist kein der Praxis (P) äußerliches Moment, sondern veränderte P verlangt nach veränderter A; A ist nicht nur Anwendung von Theorie (T), sondern A führt notwendigerweise auch zu Veränderungen in T; Didaktik (D) ist nicht nur Anwendung von T, sondern als selbstreflexive Transformation von T zugleich wieder Veränderung von T; D versucht, durch 'methodische' Operationen P zu verändern, aber P zwingt den Didaktiker wie den 'Praktiker' immer wieder dazu, die Grundlagen von D zu verändern. Da keine dieser Doppel-Relationen autonom ist, sondern sich begründet im geschichtlichen Zustand gesellschaftlicher Formation, kann keine der vier Dimensionen sich autonom setzen, vielmehr ist ihre jeweilige Ziel-Mittel-Relation immer abhängig von einer sie selbst transzendierenden Intentionalitäts-Finalitätsstruktur (vgl.SW 73). Diese Warum-Wozu-Beziehung kann nicht zirkulär sich selbst beantworten, sondern die Antwort kann nur liegen in der außersprachlichen Realität, in die sie transzendiert; das sind die geschichtlichen und gesellschaftlichen Prozesse, von denen her deshalb alle 4 Dimensionen immer erneut der Kritik verfallen.

Wenn auch - im Unterschied zu anderen Disziplinen - für Sprechwissenschaft und Sprecherziehung seit ihren Anfängen bei DRACH eine wechselseitige Theorie-Praxis-Vermitteltheit gegeben war, so hat sich dieser Wechselbezug mit dem Konzept der Sprechwissenschaft als Theorie der mündlichen Kommunikation und den daraus resultierenden Konsequenzen für die Sprecherziehung als Didaktik und Methodik der mündlichen Kommunikation nicht nur verdichtet, sondern verändert.

Verdichtet hat sich die Wechselbeziehung, sofern das sprechwissenschaftliche Selbstverständnis als "selbstreflexive Sozialwissenschaft" (SW 12) die Sprecherziehung in eben diese Selbstreflexivität einfordert. Auch ein Sprecherzieher kann sich nicht an vorgegebene Ziele 'einfach' halten und vorgeschlagene Methoden 'einfach' übernehmen.(Dies ist genau betrachtet bereits eine Veränderung der Beziehung.) Verändert hat sich die Wechselbeziehung, insofern nicht mehr "das Sprechen des Menschen" oder "der sprechende Mensch" im Mittelpunkt sprechwissenschaftlichen Interesses und sprecherzieherischer Praxis steht, sondern von ihren psycho- und soziostrukturellen Bedingungen geprägte miteinandersprechende Menschen.(vgl.H.G. 1960 und SW 38).

Verändert hat sich die Wechselbeziehung von Theorie und Praxis schließlich durch folgendes: Geht es um Miteinandersprechende als vergesellschaftete Subjekte in ihren psycho- und soziostrukturellen Bedingtheiten, und sind diese Bedingungen so, daß viele nur bedingt fähig sind miteinander zu sprechen, dann muß nicht nur die fundierende Theorie kritisch sein, sondern dann muß auch Sprecherziehung, die nicht hinter ihren Anspruch zurückfallen will, notwendigerweise kritisch werden.

1.5 KONSEQUENZEN FÜR SPRECHERZIEHUNG UND SPRECHERZIEHER

Von dem Gesagten her lassen sich jetzt Ziele der Sprecherziehung und Forderungen an Sprecherzieher genauer bestimmen. Isolierte 'Sprechfähigkeit', was immer darunter verstanden worden sein mag, gibt es nicht, so wenig wie eine isolierte Hörfähigkeit, bzw. Hörverstehensfähigkeit; beide können deshalb als Ziele nicht infrage kommen. Vielmehr ist 'Gesprächsfähigkeit' das globale Lernziel der Sprecherziehung (vgl.1.2). Dies ist zu präzisieren: Wenn Psycho- und Soziogenese der als vergesellschaftete Subjekte Miteinandersprechenden einbezogen werden, und wenn es aufgrund der - auch sozioökonomisch verursachten - Sozialisationsunterschiede unterschiedliche Gesprächsfähigkeit gibt, dann kann das Ziel nicht nur darin bestehen,'irgendwie gesprächsfähiger' zu machen, sondern in den jeweiligen Gebenheiten 'kritisch'. Das Ziel ist folglich <u>nicht 'beliebige Mündlichkeit'</u>, <u>sondern</u> - mit ADORNO - <u>kritische Mündigkeit</u> (vgl.H.G.1973/3:41).
Mit dem Attribut 'kritisch' ist unabweislich die Frage nach dem 'Kriterion' gestellt. Die Begründung der Kritik in 'Geschichte und Gesellschaft' ist triftig, aber 'unpraktisch'. Miteinandersprechende können, falls sie dazu in der Lage wären, nicht in jeder Gesprächshandlung auf die geschichtliche Bedingtheit ihres aktuellen gesellschaftlichen Kontextes reflektieren. Sie können aber nicht nur, sie müssen sogar wechselseitig sich und das, was sie sagen ernst nehmen, in letzter Konsequenz: verantworten. Wenn Verantwortung das Kriterium kritischer Mündigkeit ist, dann ist dies kein Kriterium, das von einer abgehobenen (abstrakten) Theorie an den Gesprächsprozeß angelegt wird, sondern eines, das sich nur im Gesprächsprozeß selbst bildet. Zum Vorschein kommt eine dialektische Beziehung: <u>Gespräch ist die Basis kommunikativer Ethik, kommunikative Ethik ist das Kriterium von Gespräch</u>. Nur von dieser Grundlage her wird die oben (Ende von 1.2) gegebene Definition von 'Gesprächsfähigkeit' schlüssig.

Die Definition greift außerdem die 'Faktoren der Sinnkonstitution' auf (vgl. SW 61-140), von denen sich weitere Inhalte und Lehr-,Lernziele ausdifferenzieren lassen,wie sie sich aus den jeden Gesprächsprozeß fundierenden Intentionalitäten ergeben; es scheint sinnvoll, die Definition zu wiederholen: "Gesprächsfähig ist, wer im situativ gesteuerten, persongebundenen, sprachbezogenen, formbestimmten, leibhaft vollzogenen Miteinandersprechen - als Sprecher wie als Hörer - Sinn so zu konstituieren vermag, daß damit das Ziel verwirklicht wird, etwas zur gemeinsamen Sache zu machen, und der zugleich imstand ist, das Miteinandersprechen und die im Miteinandersprechen gemeinsam gemachte Sache zu verantworten" (SW 129).

Der **Situationsbezug** umfaßt die von subjektiven (psychostrukturellen) und objektiven (sozio-,bzw.organisationsstrukturellen) Faktoren abhängige Fähigkeit der Situationseinschätzung und progressiven Situationsinterpretation, vorausgesetzt, daß die Partner imstand sind, sich in die Situation 'einzubringen', und sie in der fortschreitenden (progressiven) Veränderung zur gemeinsamen zu machen.

Der **Person- oder Partnerbezug** umfaßt 2 Dimensionen: den **Selbst-** wie den **Hörerbezug**. Dies bedeutet wechselseitig Beziehung aufnehmen und halten können, dabei sich ausdrücken, Befindlichkeiten, Gefühle äußern können, sowie wechselseitig wahrnehmen, vor allem hörverstehen können WIE der andere sich einbringt, WER er sein möchte (Selbstbild,Fremdbild,selektive Wahrnehmung).

Der **Sprach- oder Sachbezug** ist - abgesehen von empraktischen oder enaktiven Prozessen - vermittelt durch Sprache, die auch die nicht vorhandenen und die nicht dinglich gegebenen 'Sachen' symbolisch repräsentiert, so daß es hier darum geht, etwas in 'gemeinsamer Sprache' verständlich äußern zu können; welche der sprachlichen Varietäten auch immer Verständlichkeit ermöglicht.

Der **Formbezug** umfaßt den'Bestand' soziokulturell entwickelter und tradierter Formen des Mit- und Zu- und Füreinandersprechens, also einfache,kombinierte und komplexe Sprechhandlungen, sowie die ihnen zugeordneten Hör-(Verstehens)Muster; beides in den Bereichen sämtlicher Formen der mündlichen Kommunikation (phatische,rhetorische, aesthetische, therapeutische; vgl. SW 141-216).

Für die Qualitäten des **leibhaften Vollzugs** setze ich keine spezielle Intentionalität an. Hier geht es - wie mir scheint - weniger um absichtliche, selbstbezogene als um hörer- und sachbezogene Sprechausdrucksdifferenzierung und eine komplementäre Hör(verstehens)sensibilisierung, soweit nicht die sinnkonstituierenden Funktionen der leibhaften Vollzugsqualitäten vorrangig beachtet werden.

Der **Zielbezug** umfaßt die Absicht des 'gemeinsam Machens', die Absicht der wechselseitigen, interessegeleiteten Sinnkonstitution und Handlungsauslösung, wobei die ausgelösten Handlungen sich mit den Formen mündlicher Kommunikation in sozialen Handlungszusammenhängen unterscheiden.

Diese Ziele und Inhalte, sowie ihre Umsetzung in Methoden der Sprecherziehung sind Gegenstand der folgenden Kapitel. Hier soll zunächst noch eine thesenartige Zusammenfassung stehen:

- Es lernt niemand Sprechen an und für sich (Individualfunktion), sondern im Miteinandersprechen für das Miteinandersprechen (Sozialfunktion): die dialogische Funktion ist fundamental (kritische Gesprächsfähigkeit).
- Es lernt niemand Sprechen reduktionistisch als gesunde Atmung, klangvolle Stimmbildung, richtige Lautbildung (losgelöste Elementarprozesse), sondern um sich und sich über etwas für jemanden zu äußern (Partnerbezug) und sich mit ihm zu verständigen.
- Es lernt niemand Sprechen als Selbstausdruck, sondern immer als Sprechen einer 'Sprache' (Sprach-, Sachbezug), genauer von gesellschaftlich vermittelten und sachlich geschiedenen Varietäten einer Sprache.
- Es lernt niemand Sprechen von Sprachvarietäten zum Erlernen von Sprachvarietäten, sondern in bestimmten kommunikativen Formen (Formbezug) als funktionalen Vollzug kommunikativer Formen.
- Es lernt niemand Sprechen für den kommunikativen Vollzug kommunikativer Formen, sondern in gesellschaftlichen Handlungsmustern und sozialen Situationen (Situationsbezug) zum Erreichen kommunikativer Handlungsziele (Zielbezug)

"Diese 'Funktionen' werden weder im primären Erwerb noch in der sekundären Entwicklung additiv gereiht, vielmehr als - freilich unterschiedlich angereicherte - Komplexqualitäten erworben. Selbst in den frühen, sogar in den egozentrischen Internalisierungsphasen gibt es keinen synthetischen Stufenbau, folglich kann spätere Lehre auch nicht synthetisierend den (wie DRACH 1922 meinte) 'Gang der natürlichen Spracherwerbung nachgehen', denn der ist nicht synthetisch, sondern von Anfang an - wenn auch unterschiedlich - komplex" (H.G. 1981/3:108).

Was bedeuten diese Ziele für den Sprecherzieher; welche Forderungen stellen sie an ihn, sei er ein nach einem sprechwissenschaftlichen Studium professioneller Sprecherzieher,oder sei er z.b. als Deutschlehrer ein Liebhaber, ein Dilettant auf dem Gebiet der mündlichen Kommunikation. Allem voran stehe die These: "**Ein Lehrer, der meint, Kommunikation ließe sich unterrichten wie andere Lernbereiche auch, der hat von Kommunikation noch nicht viel begriffen**" (H.G. 1977/3:300). Hat der Lehrende dies jedoch begriffen, dann weiß er, "die Gesprächsfähigkeit des Lehrenden ist die entscheidende Voraussetzung für die (Entwicklung der) Gesprächsfähigkeit der Lernenden" (GEISSNER u.GEISSNER 1974:170).

Wer die Gesprächsfähigkeit Lernender entwickeln und helfen will, daß es eine kritische Gesprächsfähigkeit wird,damit mit der Kommunikativität Soziabilität gesteigert wird, der kann nicht Regeln lernen und hinter dem Vermitteln von Regelwissen sich verschanzen, der ist vielmehr mit seinem sozioemotionalen Erfahrungs- und Handlungswissen als Gesprächspartner gefordert. Er muß mit den Möglichkeiten und Beschädigungen seines eigenen Lebens, der sozialisatorisch erworbenen Kommunikationsbiografie und den sozialisatorisch erlittenen Kommunikationsnarben sich in den lehrend-lernenden Gesprächsprozeß einlassen, sich ihm aussetzen. Wer dies versucht, sollte

"- sein eigenes Gesprächsverhalten kennenlernen
- es(beobachten und)analysieren können,
- an einer Theorie überprüfen und
- mit geeigneten Lernverfahren (...) ändern , denn
- nur auf diese Weise sind Gesprächs-(...) und Gesprächs-(...) Verstehensfähigkeit kritisch zu entwickeln" (RhpB 27).

Erst mit und aufgrund dieser Voraussetzungen können sich weitere 'Fähigkeiten' entwickeln. Von jemand, der mündliche Kommunikation lehrt, ist zu verlangen:

"1. daß er weiß, wie er selber als Sprecher/Hörer sich verhält,
2. daß er fähig ist, aus institutionalisierten Sprechsituationen kommunikative zu machen,
3. daß er fähig ist, das Sprechen seiner Hörer/Sprecher zu verstehen,
4. daß er fähig ist, sein Sprechen gemäß der Verstehensfähigkeit seiner Hörer/Sprecher zu variieren,
5. daß er fähig ist, das Sprechen seiner Hörer/Sprecher und damit ihre Kommunikabilität variabel zu entwickeln" (GEISSNER u.GEISSNER 1974:167).

Vorausgesetzt ist bei den aufgelisteten Forderungen, daß auch bei Lehrenden 'kritische Gesprächsfähigkeit' sich keineswegs 'naturwüchsig' entwickelt, sondern auch sie in den Restriktionen und Repressionen ihrer Psycho- und Soziogenese (nicht zuletzt während des Studiums und durch das Studium) teilhaben an den Bornierungen des 'Alltagsbewußtseins' (LEITHÄUSER), die sie zu - nicht selten rigid gehandhabten - Lehr-'Techniken' oder sog.'Strategien' greifen läßt. Ausnahmen bestätigen auch hier die Regel.

Wenn ich auch das Entwickeln der Gesprächsfähigkeit Lehrender für vorrangig halte, so heißt das nicht, daß sich darin erschöpft, was sie können, noch was sie wissen müssen. Die amerikanische SPEECH COMMUNICATION ASSOCIATION hat zusammen mit der AMERICAN SPEECH LANGUAGE-HEARING ASSOCIATION "Standards for Effective Oral Communication Program" formuliert und als verbindlich verabschiedet. Aus diesen 'Standards' für mündliche Kommunikation zitiere ich die 'guideline number five':

"Oral communication instruction provides a wide range of speaking and listening experiences, in order to develop effective communication skills appropriate to:
a. a range of situations; e.g. informal to formal, interpersonal to mass communication.
b. a range of purposes; e.g., informing, learning, persuading, evaluating messages, facilitating social interaction, sharing feelings, imaginative and creative expression.
c. a range of audiences; e.g., classmates, teachers, peers, employers, family, community.
d. a range of communication forms; e.g., conversation, group discussion, interview, drama, debate, public speaking, oral interpretation.
e. a range of speaking styles; e.g., impromptu, extemporaneous, and reading from manuscript." (zit.b.BOOK and PAPPAS.CE 1981:207)

Aus diesen 'standards' ergeben sich 'criteria for teachers of speech communication':

"1. Oral communication instruction is provided by individuals adequatly trained in oral communication and/or communication disorders, as evidenced by appropriate certification.
2. Individuals responsible for oral communication instruction receive continuing education on theories, research and instruction relevant to communication." (ebd.)

2. F A K T O R E N DER SINNKONSTITUTION IN DER DIDAKTIK UND METHODIK DER MÜNDLICHEN KOMMUNIKATION

Miteinandersprechen wurde im 1.Kapitel als Ausgangs- und Zielpunkt der Sprecherziehung begründet; d.h. genauer: **Sinnkonstitution**, die im Miteinandersprechen und **Handlungsauslösung**, die durch Miteinandersprechen geschieht.

Im 2.Kapitel gilt das Interesse folglich dem Prozeß der Sinnkonstitution als Voraussetzung der Handlungsauslösung. Da es sich dabei um komplexe Prozesse handelt, ist es erforderlich, die Komplexität aufzulösen, um die gleichzeitig wirkenden Konstitutionsfaktoren einzeln darstellen zu können. Auf der Grundlage der in 'SPRECHWISSENSCHAFT' gegebenen Begründungen (SW 61-140) folgen hier didaktische Reflexionen und Methoden im Bereich der sinnkonstituierenden Faktoren. Die Gliederung folgt der in der Definition von Miteinandersprechen gegebenen Reihenfolge:

"(Miteinander-) **Sprechen ist die kommunikative Reziprokhandlung, die**

- **situativ gesteuert**
- **persongebunden**
- **sprachbezogen**
- **formbestimmt**
- **leibhaft vollzogen**

Sinn konstituiert und Handlungen auslöst" (SW 61)

2.1 DIE EINZELNEN FAKTORENBÜNDEL

2.1.1 S I T U A T I V E Faktoren

In der fachlichen Tradition der Sprecherziehung ist meistens die Rede von 'Sprech'-Situation, obwohl DRACH bereits 1926 die Komplementarität von **Sprech**situation und **Hör**situation herausgearbeitet hat; er unterschied weiter "äußere und innere Voraussetzungen", die in ihrer 'Gesamtheit' die Sprechsituation bilden. Die äußeren Faktoren - auch als Lage, Umgebung usw. bezeichnet - sind relativ 'objektiv', die inneren dagegen - auch als personale oder psychische bezeichnet - dagegen relativ 'subjektiv'. Wenn nun Kommunikation (K) im ersten Schritt definiert ist als 'situativ gesteuert', dann heißt das, sie ist abhängig von den objektiven (Fo) und subjektiven (Fs) Faktoren der Situation (S). Diese Funktion (f) läßt sich - eine Formel von Kurt LEWIN abwandelnd - auf folgende Weise abkürzen:

$K = f(Fo, Fs)$ oder vereinfacht: $K = f(S)$.

Wenn die Situation aus objektiven und subjektiven Faktoren 'gebildet'
wird, dann gehört es zur entwickelten Gesprächsfähigkeit, diese Faktoren
berücksichtigen zu können, bzw. zur zu entwickelnden Gesprächsfähigkeit,
diese Faktoren berücksichtigen zu lernen, damit Verständigung gelingen
kann. Da nun jeder der am Gespräch Beteiligten seine subjektiven Faktoren
in den Prozeß einbringt, kann genau genommen nie gesagt werden, daß die
Situation 'besteht' (statisch ist), sondern, daß sie durch die Miteinandersprechenden überhaupt erst 'hergestellt' wird (dynamisch ist); das aber
heißt, daß Verständigung nur gelingen kann, wenn es den Miteinandersprechenden gelingt, diese Situation zu ihrer gemeinsamen zu machen. Unter
dem Gesichtspunkt der Prozeßhaftigkeit von Gespräch erweist sich 'Situation' selbst als Prozeßkategorie.

Nun müssen die miteinandersprechenden Subjekte nicht jedes Mal bei Null
anfangen mit der Sinnkonstitution, sondern jeder bringt aus seiner Kommunikationsbiografie Alltagswissensbestände auch über Situationen mit, verfügt über ein Erfahrungswissen, das ihm Schemata oder Muster für die jeweils 'neue' Situation anbietet. (In der Retrospektive lassen sich diese
Wissensbestände, läßt sich Wissen als Sediment von Situationen begreifen.)
Diese Erwartungsmuster und Interpretationsmuster, die jeder - wenn auch in
unterschiedlicher Differenziertheit und unterschiedlicher Reflexivität in
seiner Kommunikationsgeschichte - erworben hat, helfen dazu, die 'neue'
Situation einzuschätzen und zu interpretieren. Da sich nun im Gesprächsprozeß mit Vollzug der einzelnen Sprech- und Hörhandlungen die Anfangs-
'lage' notwendigerweise verändert, wird in jedem Gesprächsprozeß ein 'situativer' hermeneutischer Zirkel vollzogen als "stete Abfolge von Situationseinschätzungen und Situationsinterpretationen"(SW 68). Dies gilt für
sämtliche Prozesse mündlicher Kommunikation, wobei die 'phatischen' in
routinierter Musterhaftigkeit ablaufen, rhetorische, aesthetische und therapeutische die Musterhaftigkeit auf alle Fälle reflektieren, rhetorische
und therapeutische (im strengen Sinne) sie thematisieren.

Wenn nun jeder seinen subjektiven Faktor, seine subjektiven Situationseinschätzungen und -interpretationen einbringt, dann heißt das zugleich,
daß in Situationen mit mehr als 2 Personen jeder seine eigene Situation
einbringt. Von hier aus erklärt sich die voranstehende (S.25) Forderung,
der Lehrende müsse in der Lage sein, "aus einer institutionellen Situation eine kommunikative zu machen". Die Tatsache des zufälligen Zusammen-

treffens am selben Ort zur gleichen Zeit garantiert nicht dieselbe Situation; das gilt auch für pflichtgemäßes Zusammentreffen in Schule, Betrieb, Büro usw..beispielsweise ist in der objektiven Situation Klassenzimmer und der vom Lehrenden aus gesehen subjektiven Situation Unterricht, der eine Schüler noch in der Situation Schulhof 'beim' Spielen, der andere in der Situation zu Hause 'beim' Frühstück, der dritte in der Situation Schulbus 'beim' Lenken, der vierte in der Situation Freundschaft 'beim' Schwätzen und wieder ein anderer in der Situation 'bei sich', träumend oder malend usw.usw. In vielen Schritten müssen im'objektiven' Situationsrahmen diese verschiedenen Situationseinschätzungen und -interpretationen zur 'gemeinsamen' Situation allererst gemacht werden. Dreierlei ist dazu anzumerken:
1) Der Situationsprozeß geschieht in einer 'Abfolge von Situationen' (MARKOWITZ 1978:178), die sich aber keineswegs 'linear' folgen, sondern auf unterschiedliche Weise verflochten sein können. In dieser ständigen Veränderung der objektiven und subjektiven Elemente bleibt innerhalb der umschließenden Zeitspanne die Situation stabil im Sinne eines 'Fließgleichgewichts' (BERTALANFFY 1968:123;vgl.ARNOLD 1981:331).
2. Es sind - wie bei den Sprechhandlungen (vgl. SW 112ff.) - Mikro-,Meso- und Makrosituationen zu unterscheiden: auf der Mikroebene die Situationsschritte oder elementaren Situationen (z.B. die Gesprächsschritte im Unterricht), auf der Mesoebene die kombinierten oder szenischen Situationen (z.B. eine Unterrichtsstunde), auf der Makroebene die komplexen oder dramatischen Situationen (z.B. die 'Schule').
3) 'Situativ gesteuert' ist mündliche Kommunikation nur bezogen auf Makro- und Mesoebene, bezogen auf die Mikroebene ist sie als verketteter oder verflochtener Prozeß 'situativ steuernd'. Deshalb wurden die Gesprächsprozesse 'situiert, situierend' genannt zur Bezeichnung der Dialektik von 'hergestellter' (BRAUNROTH u.a.1975:84) und 'sich herstellender'(GOFFMAN 1960:180) Situation. So betrachtet ist die vorher entwickelte Formel $(K = f(S))$ umkehrbar: $\underline{S = f(K)}$!

Aus all dem ergibt sich sowohl dür die didaktische Reflexion als für die sprecherzieherische Praxis die Notwendigkeit einer jeweils die Einschätzungs- und Interpretationsmuster erschließenden 'Situationsanalyse'. Wenn Situationen 'Kleinstsegmente der Welt' sind (KOCH 1971:45), dann sind sie zu lokalisieren im Schnittpunkt der Raum- und Zeitkoordinaten. Allerdings sind Orte und Zeitpunkte nur relativ 'objektive' Faktoren der jeweiligen 'Umgebung'. Beide sind eben nicht nur meßbare Größen (geografischer Ort, architektonischer Raum, bzw. Kalenderzeit, Uhrzeit), sondern sie sind zugleich 'interpretierte und interpretierbare' soziohistorische, politische Größen (z.B. 'Bericht aus Bonn' vs. 'Bericht aus Berlin', bzw. Zeitpunkt vor oder nach einer Wahl, vor oder nach der Mobilmachung); sie sind schließlich subjektive Erlebnisgrößen ('mein' Arbeitszimmer, 'unsere' Schule, bzw. die objektive identische Zeitspanne kann subjektiv kurz oder lange 'weilen'). Hinzu kommt, daß sie eine 'Erstreckung' und eine Dauer haben.

Ein Gespräch wird davon beeinflußt, ob es um 9^{00}, 14^{00} oder um 22^{00} bei A, bei B oder 'am dritten Ort' stattfindet; eine 'Deutschstunde' verläuft anders, ob sie am Montag oder am Freitag, in der ersten oder fünften Stunde, im Klassenzimmer oder einem Funktionsraum stattfindet. So wie bestimmte Tätigkeiten und Handlungen an bestimmten Orten (in bestimmten Räumen) stattfinden, so finden auch bestimmte kommunikative Handlungen nur in bestimmten Räumen statt. So wenig jemand - einschränkend muß gesagt werden 'bei uns' - üblicherweise im Schlafzimmer ein Moped repariert, so wenig wird er dort 'Tischgespräche' führen. Das 'bei uns' schränkt die Aussage ein: 1) intrakulturell auf die sozioökonomischen Gegebenheiten (es hat eben nicht jede 'Familie' z.B. mehrere Zimmer; ganz abgesehen von dem oft sozioökonomisch motivierten bewußten Verzicht auf die 'mehreren' Zimmer in verschiedenen 'Szenen', bzw. in 'Klausur'; 2) interkulturell auf die soziokulturellen Gepflogenheiten (Völker, die auf Matten in Häusern,Hütten oder Zelten schlafen, haben z.B. i.allg. weder separate Schlafzimmer noch darin 'Betten').

Schon an den sog. 'objektiven' Faktoren wird deutlich, daß Situationen als Kleinstsegmente der Welt Schnittpunkte sind von physikalischen, sozio- oder organisationsstrukturellen und subjektiven oder psychostrukturellen Gegebenheiten. Dabei ist noch einmal daran zu erinnern, daß der Ausdruck 'Schnittpunkt' keine Statik anzeigt, sondern, daß dieser Punkt im Situationsfluß 'wandert'. Als konstituierte wird auch jede Sprechsituation in ihrer Raumstrecke und Zeitspanne von einem Anfang und einem Ende begrenzt. Das sind relative Grenzen um den 'wandernden Jetztpunkt' (HUSSERL), der in der Gesamtsituation von Lebensraum und Lebenszeit jeweils 'Gegenwärtigkeit' markiert zwischen Vergangenheit und Zukunft. Wenn abgesehen von den subjektiven Grenzwerten 'Geburt' und 'Tod' keine Situation absolut begrenzt ist, dann ist es angebracht, in die jeweilige Situationsanalyse auch die **präsituativen** wie die **postsituativen** Situationen einzubeziehen.Bei aller Konzentration auf das 'hier und jetzt' - es gibt kein'hier und jetzt' ohne Vorher 'dort und davor' und ohne Nachher 'dort und danach'. Deshalb ist allgemein die Fragekette sinnvoll: <u>Wo komme ich her und was bringe ich von dort mit / Was will ich (wann, wo) und wielange bleibe ich hier / Wohin gehe ich, und was nehme ich von hier mit</u>? Diese Fragekette ist sinnvoll zur Einschätzung jeder Sprechsituation; handle es sich um die Vorbereitung eines Gesprächs, einer Verhandlung, einer Rede, einer therapeutischen 'Sitzung', eines Gedichts oder einer 'Rolle'.

Die Überlegungen zu den 'objektiven Faktoren' zeigten bereits subjektive Einschlüsse, zeigten damit, daß nicht einmal die 'natürliche' Umgebung nur natürlich, sondern als menschliche Welt 'gesellschaftlich' ist. Im Umkehrschluß zeigen auch die 'subjektiven Faktoren' objektive Einschlüsse, zeigen damit, daß auch die subjektive Person nicht nur individuell ist, sondern als menschliche 'Mitwelt' gesellschaftlich. Doch dies ist erst im nächsten Schritt zu entwickeln.

Gesprächsprozesse geschehen nicht nur irgendwo und irgendwann, sondern sie werden vollzogen von wechselseitig sich aufeinanderbeziehenden Subjekten. Die Analyse kann also nicht bei der Trivialität aufhören, daß es folglich immer um eine Beziehung zwischen einem und einem oder mehreren anderen geht, sondern sie muß vordringen zu der personalen Dimension aus der sich erst die interpersonale verstehen läßt. Es geht also um den 'subjektiven Faktor' im engeren Sinn, um die augenblickliche Befindlichkeit auf dem Grund jeweils lebensgeschichtlicher 'Gestimmtheit'. In welchem Grade auch immer jemand gesprächsfähig ist oder werden möchte, "weder bei gelingender noch bei mißlingender Kommunikation kann die lebensgeschichtliche Dimension abgeblendet werden. Jedermanns Lebensgeschichte ist zugleich seine Kommunikationsgeschichte. Diese - wie wir auch sagen - Kommunikationsbiografie umfaßt sämtliche gelungenen und mißlungenen Handlungen des Miteinandersprechens von den Säuglingstagen an, alles darin Erlebte, alles darin Erlittene, mit und durch eine Vielzahl von Kommunikationspartnern, in einer Vielzahl von freigewählten und verordneten Kommunikationssituationen, alles Erinnerte und alles Verdrängte, also das in die gegenwärtigen kommunikativen Handlungen Eingebrachte wie das aus ihnen 'Exkommunizierte'. Nichts von all dem ist ungeschehen zu machen. Es ist die persönliche Kommunikationsgeschichte, die unverwechselbare Kommunikationsbiografie."(1981/5)

Im Laufe dieser Kommunikationsgeschichte haben sich 'zu sich selbst' und
'zu anderen' bestimmte Erwartungsmuster, Einschätzungs- und Interpretationsmuster gebildet, so daß jeder sich mit seinem Selbstbild und seinem
Fremdbild in den Gesprächsprozeß einläßt (vgl. HOLLY 1979). Schon im - von
der Zahl her (!) - einfachen Fall der Dyade kommunizieren folglich nicht
nur 2 Personen miteinander, sondern (mindestens) 6: Ich wie ich mich sehe,
ich wie ich glaube, daß du mich siehst, ich wie ich bin;und du wie du dich
siehst, du wie du glaubst, daß ich dich sehe, du wie du bist.«So schon O.W.
HOLMES, zit.b.WINKLER DtSK:58; vgl. auch das Konstrukt des 'Zwischenmenschen' bei A.v.VILLERS, ebd.; - systematisiert wurde dieser Ansatz von
LAING u.a., die aus dieser Konstellation eine "Spirale reziproker Perspektiven" entwickeln (1978:37ff.)). Es gibt eben nicht nur Erwartungsmuster,
sondern solche der '<u>Erwartungserwartungen</u>' (nach MEAD). Für die Situationsanalyse heißt das zunächst einmal, es ist zu fragen **als WER** ich MIT WEM
(in anderen Sprechhandlungen ZU WEM oder FÜR WEN) <u>spreche</u>, reziprok <u>als
WER ich WEM zuhöre.</u>
Schon das 6-Personenmuster dürfte die frohgemute, selbstgewisse Antwort
'Ich als Ich' verdächtig gemacht haben; denn für den, der das behauptet,
verschiebt sich nur die Frage, die dann lautet: "Wer bin 'ich'?". Rede
'ich' mit dir, wenn ich als Mann oder als Vater oder als Lehrer oder als
Alter oder als... mit dir spreche? Bist du 'ich', wenn du als Junge oder
als Sohn oder als Schüler oder als Kind... mir zuhörst? Ich bin 'nur' in
diesen Facetten 'Ich'"; in diesen sozialen Rollen,die nicht dadurch nicht
sind, daß jeder ein Unteilbares genannt wird, ein in-dividuum. Schon vor
einer Generation fragte MUCHOW, ob nicht viele Jugendliche sich anschickten, auch die von Erwachsenen offensichtlich noch geschätzte "Rolle des
Individuums" zu spielen (1960:96). (Während weitere aus der Rollenhaftigkeit sich ergebende Konsequenzen für die personalen Beziehungen in 2.2.
besprochen werden sollen, möchte ich hier die Konsequenzen darstellen,
die sich für die Situationsanalyse im Prozeß einer Erziehung von Gesprächsfähigkeit daraus ergeben.) Maximen wie "Mensch werde wesentlich" oder modischer:'Mensch,werd ich-ident,ich-stark, autonom' usw.sind in jeder Fassung parabolisch. Da jeder Rollen nicht spielt, sondern ist, Rollen, die
er nicht selbst erfindet, sondern die teils angeboren, teils im sozialisatorischen Prozeß erworben sind, Rollen, die nicht 'individuell' sind,
sondern allgemein, kommen in den sozialen Rollen unabweislich gesellschaft-

liche 'Objektivationen' zum Vorschein. "Die Kategorie 'soziale Rolle' vermittelt nach diesem Verständnis objektive und subjektive Situationsfaktoren" (SW 71). (Der Anspruch der Rollenlosigkeit scheint entweder eine schlechte Utopie oder nur falsch gedacht.) Für die mündliche Kommunikation folgt: "Soziale Rollen sind - im kommunikativen Vollzug - Sprechrollen"; d.h. - wie ich früher formulierte (1960:202): "Es gibt kein rollenloses Sprechen".

Wenn es kein rollenloses Sprechen gibt, dann heißt das: Es gibt noch nicht einmal im reduktionistischen Verständnis von 'sprechen' eine in allen Situationen, mit allen Personen, in allen Sprachstufen und allen Formtypen 'identische' Sprechweise - etwa eine sog. (LOCKEMANN 1954:13) 'Wesensstimme' -, es gibt sie unter keinen Umständen in dem komplexen Verständnis von Sprechen als Miteinandersprechen. Erziehung zur Gesprächsfähigkeit heißt folglich auch: Erziehung zur Sprechrollendifferenzierung. ((Sprechrollendifferenzierung oder -flexibilität kann einerseits funktionalistisch geoder mißbraucht werden zur Rollenanpassung an als 'normativ' verstandene Rollen; Sprechrollendifferenzierung ist andererseits notwendige Voraussetzung zur Rollendistanz als Ergebnis von Rolleninterpretation der als 'interpretationsbedürftig' verstandenen Rollen. Ist die Fiktion der 'Rollenlosigkeit' erst einmal aufgegeben, dann erweist sich Rollendifferenzierung als notwendige Voraussetzung von "Rollenambiguität und Rollenbalance" (KRAPPMANN).(vgl.SW 71 u.86ff.))
Als methodische Hilfe haben sich 'Rollendiagramme' bewährt; für eine Kleinfamilie sieht es z.B. so aus:

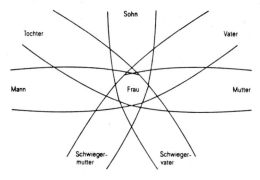

(aus H.G.1975/1:68)

Selbst über einen banalen Sachverhalt ("Was machen wir am nächsten Sonntag") wird die hier in Mittelpunktsposition stehende 'Frau und Mutter'mit jedem der Bezugspartner anderes (WAS) anders (WIE) sprechen (sofern ihre Differenzierungsfähigkeit nicht auf Infantilniveau nivelliert wurde), weil jeder Bezugspartner von ihr anderes anders und sie selbst als andere 'erwartet'.

Das Diagramm kann darüber hinaus verdeutlichen,daß es in der kontinuierlichen Makrosituation 'Familie' bei der Verschiedenheit der Rollenerwartungen keiner gleichzeitig allen 'recht machen' kann; d.h. daß sich unvermeidlich Rollenkonflikte ergeben, Konflikte, die vor allem die Psychostruktur der Beteiligten betreffen. So verstanden ist das Rollenmodell kein funktionalistisches Harmoniemodell, sondern ein Konfliktmodell. Dies wird noch deutlicher, wenn es nicht mehr nur um Inner-(intra-)rollenerwartungen und -konflikte geht, sondern um Zwischen-(inter-)rollenerwartungen und -konflikte. Die gleiche Person sieht sich eben nicht nur den Erwartungen der Bezugspartner in der Familiengruppe gegenüber, sondern den Erwartungen ganz unterschiedlicher Bezugs'gruppen', von denen die Familie nur eine ist; z.B. Beruf, Gemeinde, Kirche, Partei, Sportverein usw. Dementsprechend ist ein neues Rollendiagramm zu zeichnen, aus dem erkennbar wird, daß es hier nicht nur um divergente Erwartungsmuster geht, um anderen Sanktionsdruck, sondern auch um andere Entscheidungen, folglich auch um andere Konflikte, die vor allem die Soziostruktur betreffen - die aber wieder zurückwirken in die Psychostruktur, auch der Familie (der 'beflissene' Mitarbeiter als Haustyrann, der 'naßforsche' als Pantoffelheld usw.) Auch mit oder zu den im 'Interrollendiagramm' aufgezählten Bezugsgruppen wird der Gesprächsfähige (im Schnittpunkt) nicht überall auf die gleiche Weise sprechen, wenn Verständigung gelingen soll. Wer nur einen 'Gesprächsstil', der möglicherweise in einem Rollensektor optimal ist, auf alle anderen zu übertragen versucht oder überträgt - meist ist es die Gesprächshaltung der 'Berufsrolle' -,der verhält sich in den anderen Rollensektoren nicht nur unkommunikativ, sondern asozial ('typisch' Lehrer, Offizier, Pfarrer, Schauspieler, Schauspielerin, Krankenschwester, Geschäftsfrau usw.)
Nützlich ist es 1) für den Lehrenden selbst, 2) für die Lernergruppe je eigene Diagramme, z.B. aus der dominanten Sozialfunktion anzufertigen,um daran Rigiditäten und Mobilitäten zu problematisieren und innewohnende (inhärente) Konfliktstellen aufzuspüren. In Seminaren (unter Internats-

bedingungen) bietet sich diese 'Rollen-Selbsterforschung' als Transferübung aus der Simulations- in die Realsituation an.wenn diese Reflexionsarbeit zu anspruchsvoll sein sollte, dann besteht die Möglichkeit, die Ambivalenz von Anspruch und Konflikt in - allerdings nicht-anpassenden - Rollenspielen zu 'erspielen', ehe im nachfolgenden Gespräch ('sharing') emotionale und kognitive Strukturierungshilfen gegeben werden. Mit ähnlichen Verfahren können auch 'Spielrollen' erarbeitet werden, nur daß hierbei der Transfer nicht in Real-, sondern in Fiktionalsituationen führt.

Bislang wurde dargelegt, daß nicht jeder an jedem Ort zu jeder Zeit auf gleiche Weise mit jedem sprechen kann; aber auch nicht auf jede 'beliebige' Weise. Es kann aber auch nicht jeder mit jedem 'über alles' sprechen.Außer den besprochenen WANN-WO, WER-MIT WEM, WAS-WIE Beziehungen, kommt jetzt das <u>WORÜBER</u> gesprochen wird zum Vorschein, das 'Thema'. Zur Situationsanalyse gehört jedoch nicht nur die Einsicht, daß das Gespräch ein Thema hat, sondern in didaktischer Hinsicht die Frage, <u>wie es zu einem Thema kommt,</u> wenn Gespräch und Situation Prozesse sind. Unerheblich für die Beantwortung der Frage sind die Fälle, in denen das 'Thema' von außen gestellt wird, von einer wie auch immer legitimierten Autorität. So meint etwa KLAFKI: "Indem ein 'Inhalt' oder ein 'Gegenstand' (...) unter einer pädagogischen Zielvorstellung, einer als pädagogisch relevant erachteten Fragestellung für die Behandlung im Unterricht ausgewählt wird, wird er zum 'Thema'." (1976:83). Mir steht es nicht an zu beurteilen, ob es - und wenn ja, in welchen Altersgruppen - erforderlich ist, auf die angegebene Weise,Inhalte "für die Behandlung im Unterricht" auszuwählen und als 'Thema' vorzugeben; ich erlebe allerdings in meiner pädagogischen Praxis an der Hochschule und in der 'außerschulischen Bildung' die fatalen Auswirkungen der Gewöhnung an diesen Themabegriff. Selbst erwachsene Menschen sind mit einem präzisen Arbeitsauftrag, aber ohne 'Thema' hilflos,sich in ein Problemfeld hineinzufragen, bzw. sie rätseln an dem vermuteten 'Thema' herum, das hinter einem offenen Problemimpuls "doch stecken muß", d.h. sie suchen genau betrachtet nach der mit dem vorgegebenen Thema mitgegebenen positiv sanktionierten 'richtigen' Lösung, der vom 'Lehrer' erwarteten 'richtigen' Antwort. Mag sein, daß dies nur Folge eines früh internalisierten Verhaltens in Lehr-Lernsituationen ist, das wäre schon schlimm genug; nach meinen Wahrnehmungen und Erfahrungen ist diese Form von Themenabhängigkeit (auch eine Form von 'Themenzentriertheit') Ausdruck einer viel tiefer greifenden Form von Angepaßtheit und Autoritätsgläubigkeit.

Hier steht in Rede , wie Miteinandersprechende ihr Thema finden; d.h. der
Prozeß, den Miteinandersprechende durchlaufen, wenn sie im Gemeinsammachen
der Situation Inhalte, Gegenstände, Sachverhalte, Probleme zu ihrem Thema
machen. Alltäglich ist es ja nicht so, daß einer explizit ein Thema vor-
schlägt nach dem Muster:'Das Thema unseres folgenden Gesprächs ist...',
vielmehr wird ein 'gemeinsames' Thema eher beiläufig, oft nach konkurrierenden Vorschlägen gefunden. Ein Beispiel:

1. Hallo	Einleitungssequenz		
2. Hallo	"		
3. ?Wie wars	Themenvorschlag	A:1	
4. ?Wann gibts en was zu essen	"	B:1	
5. ?Is es nich so gut gelaufen	"	A:1.2	
6. Das - duftet aber toll	"	B:1.2	
7. ?Willst dus nachher erzählen	"	A:1.3	
8. Ich hab Hunger	"	B:1.3	
9. Vorhin hat übrigens X angerufen	"	A:2	
10. ?Und was wollt se	akzeptiert	B:2	gemeinsames Thema
11. Sie hat gesagt			

Im Prinzip verläuft das 'Aushandeln' von Themen (vgl.KALLMEYER 1981) auch
bei ernsthaften Problemen nicht anders; allerdings ist dann bei allem Ba-
siskonsens - wechselseitig unterstellte Gesprächsbereitschaft und Verstän-
digungsabsicht - mit längeren Phasen zu rechnen, in denen es je nach
(Selbst-)Behauptungsstärke bereits beim 'Aushandeln' zu Konflikten kommt
(formalisiert: Geschäftsordnungsdebatte).
Wenn Gesprächsfähigkeit heißt,nicht nur nach 'Themenvorgabe' miteinander
sprechen zu können, sondern selbst zu suchen und sich zu einigen WORÜBER
(über sich oder über etwas oder über beides) miteinander gesprochen werden
soll, dann gehört 'Aushandeln eines Themas' in die Prozesse, in denen Gesprächsfähigkeit gelernt werden soll.
Als Methoden bieten sich an 'brainstorming', Kleingruppenarbeit, Arbeit
mit Tafel und Kreide, Kärtchen und Tusche (Magnet-oder Filztafel) - bei
sich selbst steuernden Gruppen bereits ohne Fremdimpuls, bei anderen noch
nach offenen, d.h.'fraglos' gegebenen provozierenden Wort- oder Bildimpul-
sen.((Ich lasse es hier bei diesen Andeutungen, weil ich später im Kap.3.1
'Rhetorische Kommunikation' ausführlicher auf die Methoden eingehen werde.))

Der **Prozeß der Thematisierung** ebenso wie das sich ihm anschließende Gespräch über das gemeinsam gefundene Thema wird beeinflußt, ja hängt ab von dem, was die einzelnen Gesprächspartner sozioemotional wie kognitiv in den Prozeß einbringen; ihre Vorerwartungen, Vorerfahrungen, Vorurteile, Vorwertungen, ihr Vorwissen und Vorverständnis, kurz: ihren Horizont. Bereits im Aushandeln des Themas, entscheidender aber im Gesprächsprozeß, bzw. der in ihm gelingenden Verständigung, kommt es zu einer 'Horizontverschmelzung' (GADAMER). Dies gilt in allen Formen mündlicher Kommunikation, auch in denjenigen, in denen Hörer sich nicht sprechend zurückäußern, sondern schweigen; denn wird der Hörer generell als Ko-Produzent von Sinn angesehen, dann ist er dies nur unter der Voraussetzung gelingender Horizontverschmelzung. Das **Thema-Horizont-Schema** ist in jeder Situation gegeben.

Zur Horizontverschmelzung, zur wechselseitig gemeinsamen Sinnkonstitution aufgrund gemeinsamer Thematisierung in einer gemeinsam gemachten und im Prozeß sich verändernden Situation gehört freilich mehr als der vorher erwähnte Basis- oder Minimalkonsens. Erforderlich ist vielmehr, daß auch Anlaß und Ziel berücksichtigt werden. Mit der WARUM-WOZU-Beziehung schließt die Situationsanalyse die beiden letzten Faktoren ein. Für die Aktualgenese des Miteinandersprechens gibt es die verschiedensten Anlässe, aber gemeinsam ist ihnen, daß wenigstens auf einer Seite ein Bedürfnis besteht, den Prozeß zu beginnen. 'Bedürfnis haben' ist die Grundbestimmung von Motivation, die sich mit dem 'leitenden' Interesse verbindet, aus dem heraus dann absichtlich/intentional versucht wird, gemeinsam den Zweck der Sinnkonstitution zu erfüllen, damit ein außerkommunikatives oder außersituatives Ziel erreicht werden kann. Zur Gesprächsfähigkeit gehört es also auch, sich über den jeweils eigenen Anlaß klar zu sein und über den Anlaß des anderen klar zu werden (werden zu wollen), weil nur auf diese Weise deutlich werden kann, welche Ziele die Miteinandersprechenden mit und im Miteinandersprechen verfolgen; weil nur so die Möglichkeit besteht, miteinandersprechend die Voraussetzungen zu schaffen, sich über sich oder sich über etwas oder über ein zu erreichendes Ziel zu verständigen. Vorausgesetzt ist dabei allerdings Aufrichtigkeit auf beiden **Seiten**, also kein taktisches oder 'strategisches' Verhalten. In der sozialen Praxis muß das Thema-Horizont-Schema immer übersetzt werden in eine Ziel-Mittel-Relation. Diese 'Übersetzungsfähigkeit' ist ebenfalls zu entwickeln.

Das 9tupel der W-Fragewörter, die für die entsprechenden Begriffe stehen, bietet im pädagogischen Vollzug ein geeignetes Frageschema (checklist), das zudem den Vorteil bietet, in unterschiedliche Praxisfelder übertragen werden zu können. Zur Zusammenfassung übernehme ich eine Formulierung aus der 'Sprechwissenschaft'((da gewiß nicht jeder Leser der 'Sprecherziehung' auch die 'Sprechwissenschaft' parallel liest, halte ich einige Doppelungen für notwendig;das gilt auch für die eine oder andere Skizze.)):
"<u>Die Verschiedenheit der die Thematisierung</u> (WAS aus WORÜBER) <u>bestimmenden Horizonte</u> (WER mit WEM) <u>machen im situativen Vollzug</u> (WIE) <u>des Handelns</u> - verstanden als die Überleitung von Möglichkeit in Wirklichkeit - <u>die Verbindung von bewirkender Wirkursache</u> (causa efficiens; WARUM) <u>zu bewirkender Zielursache</u> (causa finalis; WOZU) <u>abhängig davon, wie ego</u> (WER) <u>und alter</u> (mit oder zu WEM) <u>sich gegenseitig, sowie Ort</u> (WO) <u>und Zeitpunkt</u> (WANN) <u>einschätzen und interpretieren</u>" (SW 72).
Diese Aussage läßt sich rückübersetzen in eine einfache, von mir (1971) im Anschluß an die Suchformel der antiken Rhetorik (quis,quid,ubi...) entwickelte Konstituentenformel: "Wer spricht/liest Was, Wo und Wann, Wie (sprecherisch und sprachlich), Warum und Wozu, auf welche Weise (direkt oder medial), mit oder zu WEM, bzw. für WEN?". Im Hörhandeln entsprechen diesen Konstituenten des Sprechhandelns formal reziproke, konkret jedoch veränderte Konstituenten: "Wer versteht Was, Wo und Wann, Wie (sprecherisch und sprachlich), Warum und Wozu, auf welche Weise (direkt oder medial), mit oder von WEM?"(RhpB 192). Veranschaulicht habe ich das Beziehungsgefüge der 9 situationskonstituierenden Faktoren in folgender Skizze (1975 vgl. SW 73), die gelesen werden kann als ein BÜHLERs 'Organonmodell des Sprechens'erweiterndes 'Situationsmodell' des Gesprächs (hörens und sprechens):

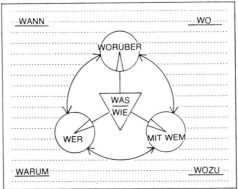

```
                         SITUATIONSANALYSE
            sprechdenken                    hörverstehen
WER       (welcher Mensch, in welcher Lebensrolle und sozialen     WER
          Rolle, Funktion, Vertrautheit oder Fremdheit, mit
          welchem emotionalen und kognitiven Horizont)

WO        (an welchem Ort; Zimmer, Haus, Stadt, Land; in wel-      WO
          cher Nähe oder Ferne, Annäherung oder Distanzierung)

WANN      (zu welcher Zeit; Minute,Stunde, Tag, Monat, Jahr;in     WANN
          welchem 'Zeithof': was ging - privat, beruflich,po-
          litisch - voraus, was folgt nach)

WAS       ('Eigenes' unmittelbar; eigene oder fremde 'Texte';      WAS
          sprachlich: Bedeutungen, Sprechhandlungsmuster;
          sprecherisch: Äußerungsformen,Aussagen oder Fragen)

WIE       (direkt oder medienvermittelt; sprachlich: präzis/       WIE
          umständlich, gewählt/salopp, mundartlich/umgangs-
          standardsprachlich, kompliziert/einfach usw.
          sprecherisch: laut/leise, hoch/tief, schnell/lang-
          sam; mundartlich/umgangs-standardlautend; lebhaft/
          monotonisierend, eindringlich/vorsichtig usw.)

WORÜBER   (welches Thema: Menschen,Sachverhalte,Gegenstände,       WORÜBER
          Probleme, Handlungen; sich selbst oder Fremde be-
          treffend, bekannte/unbekannte, interessante/'un-
          wichtige' usw.)

WARUM     (Anlaß, Motivation, Erwartung, erkenntnisleitendes       WARUM
          Interesse)

WOZU      (Absicht, Intention, handlungsleitendes Interesse,       WOZU
          Ziel)

MIT(zu)WEM  (welcher Mensch/welche Menschen, in welcher Lebens-    MIT(von)
bzw.für WEN rolle und sozialen Rolle, Funktion, Vertrautheit       WEM
          oder Fremdheit, mit welchem emotionalen und kogni-
          tiven Horizont).
                         (aus:GEISSNER u.GEISSNER 1975:12;erweitert)
```

2.1.1 P E R S O N A L E FAKTOREN

Die Situationsanalyse ergab, daß immer eine mehrdimensionale (polyfunktionale) Wechselbeziehung zwischen den Miteinandersprechenden besteht. Es geht - vereinfachend gesagt - immer zugleich darum:'WER spricht, WIE spricht er und WAS sagt er', reziprok darum: 'WER hört, WIE hört er zu und WAS versteht er'. In diesem Prozeß kommt der leibhaften Präsenz, der unmittelbaren Anwesenheit der Miteinandersprechenden besondere Bedeutung zu, vor allem auch den 'personalen Faktoren'. Sind aber, so könnte gefragt werden, diese 'personalen Faktoren' nicht bereits als 'subjektive Faktoren' in der Situationsgenese und - analyse hinreichend dargestellt worden? Nun, dort wurden sie berücksichtigt in ihrer Funtkion im je aktuellen Prozeß der situiert-situierenden Sinnkonstitution durch Miteinandersprechen; hier jedoch sollen sie dargestellt werden in ihrer Bedeutung für die miteinandersprechenden Personen in ihrer Geschichtlichkeit.

Beispielsweise wird im WIE der mündlichen Äußerung unmittelbar hörbar, wie es der Sprecher mit dem Hörer meint, als wer er sich in den Prozeß einbringt (einzubringen versucht), was dieser Hörer und dieses Thema für ihn in dieser Situation bedeuten. Deshalb gehört zur Gesprächsfähigkeit nicht nur die Fähigkeit 'Gegenstände, Sachverhalte, Inhalte' zu thematisieren und sachangemessen zu formulieren, sondern sie situationsangemessen (2.1.1) und in besonderer Weise 'personbezogen' zu äußern, aber auch, 'sich selbst' und die interpersonale Beziehung zu thematisieren. Die personalen Faktoren haben im Prozeß mündlicher Kommunikation eine andere Bedeutung als in allen Formen der Schreiblese- und der Medienkommunikation, gerade wegen der unmittelbaren Wechselseitigkeit der Handlungen und zwar sowohl bezogen auf den Sprecher (Selbstbezug) als auch auf den Hörer(Hörerbezug) (vgl.o.23f.).

Didaktik und Methodik sehen sich auf diesem Feld vor nicht geringen Schwierigkeiten, muß doch jeder Versuch, sich nur um die Aktualgenese zu kümmern scheitern, weil gerade in der personalen Beziehung die lebensgeschichtlichen Dimensionen nie ausgeblendet werden können. In dieser subjektiven Kommunikationsgeschichte oder Kommunikationsbiografie sind die Spuren von Soziogenese und Psychogenese unauslöschlich eingegraben. "Im Idealfall wie im gesellschaftlichen Realfall zeigt sich eine Konvergenz psychostruktureller und soziostruktureller Bedingtheiten, die das soziale, d.h. empraktische oder kommunikative, Lernen, folglich auch das kommunikative Handeln ermöglichen oder ausschließen" (SW 93). Wenn hier von 'Spuren' gesprochen wurde, dann sind dies nicht nur Spuren gelungener, sondern auch mißlungener kommunikativer Handlungen. Da in niemandes Kommunikationsgeschichte kommunikative Verletzungen oder 'Kommunikationsbrüche' vermeidbar waren (sind), sind ein Teil dieser Spuren präziser zu bezeichnen als '<u>Kommunikationsnarben</u>'."Narben, die manchmal hörbar werden, manchmal unhörbar bleiben, die aber dennoch die Fähigkeit oder Unfähigkeit zum Miteinandersprechen prägen; sei es 'nur' mit bestimmten Menschen, über bestimmte 'Sachen', über eigene Gefühle usw., oder sei es - wie beim 'Sprechängstlichen' - generell"(H.G.1981/5). Wenn es bislang noch nicht deutlich geworden sein sollte, hier müßte es klar werden,daß und warum 'Kommunikation' kein Lehrgegenstand ist wie irgend ein anderer.

<u>Wie können diese kommunikationsbiografischen Spuren und Narben</u>, die als personale Faktoren den Kommunikationsprozeß beeinflussen, <u>in pädagogische Prozesse einbezogen werden</u>? Ein Instrument ist ihnen ganz sicher unangemessen: Kritik. Kritik als rationale ist möglich gegenüber kognitiven Inhalten von Äußerungen, problematischer wird es schon bei Handlungen und Handlungszielen, noch problematischer wird es, wenn sich in Kritik moralische Urteile mischen. Im Falle der <u>Inhaltskritik</u> sind in der Regel sachliche Fakten und logische Regeln als Maßstäbe der Kritik gegeben, die ein Urteil über 'falsch oder richtig' zulassen (Salat ist eben kein Blumenkohl, 2x2 ist nicht 5 usw.). Bei <u>Handlungskritik</u>, zumal solcher, die sich auf Ziele künftigen Handelns bezieht, sind diese Maßstäbe selten anwendbar;(es ist nicht im gleichen Sinne 'richtig oder falsch', in dieser,jener oder keiner Partei zu sein, bei bewölktem Himmel einen Schirm mitzunehmen oder keinen);die Realdialektik entzieht sich formaler Logik (nicht jedoch die realdialektischen Aussagen, 'Sätze'.) <u>Moralkritik</u> schließlich hat als Maßstab nur die eigene Moral, bzw. die in Gruppen konventionalisierte (Ist es besser oder schlechter einem Todkranken die 'Wahrheit' zu sagen? Ist es 'anständig', nackt zu baden? usw.); auch in derartigen Fällen verfängt kein einfaches 'richtig oder falsch'; infrage stehen allenfalls Sitten, Bräuche, Konventionen, Normen.

<u>In allen 3 Hinsichten versagt 'Kritik' gegenüber den personalen Faktoren</u>, weil es für 'mein' Leben keinen 'allgemeingültigen' Maßstab gibt. Deshalb entscheidet in kommunikativen Prozessen letztlich eine im dialogischen Prozeß fundierte und an den dialogischen Prozeß gebundene kommunikative Ethik. (vgl.o.S.22)

Deshalb wiederhole ich meine Frage: Wie können die kommunikationsbiografischen Spuren und Narben, wie können die personalen Faktoren,in pädagogische Prozesse einbezogen werden, wenn sie der 'Kritik' entzogen sind? Nun ist ja Kritik nicht die einzige Möglichkeit, auf Äußerungen 'zu reagieren'. Jeder äußert als Hörer implizit bereits unaufhörlich zurück, wenn ein anderer mit oder zu ihm spricht, bevor er selbst explizit sich und etwas zurückäußert. Dies ist eine alte Einsicht, ohne die die Lehre von den 'pathe' in der Geschichte der Rhetorik nicht denkbar wäre."So spricht zu Beginn der sprechwissenschaftlichen Rhetorik Ewald GEISSLER bereits 1914 von den 'Rückwirkungen der Bewegungsempfindungen des Hörers auf den Redner'(...) und Fritz SCHWEINSBERG (1946 passim) von 'sensorischen Rückwirkungen'."(SW 214). Diese implizit zum Ausdruck 'kommenden' Rückwirkungen können explizit auch absichtlich zum Ausdruck 'gebracht' werden als Rückmeldungen. Für diese Art der Rückmeldungen ist eine andere Bezeichnung gebräuchlich geworden: **feed-back.** (vgl.SW 211ff.) Wenn sich die personalen Faktoren auch (weitgehend) der Kritik entziehen, sie lösen in jedem Fall Feedback aus; sofern uns der andere nicht völlig gleichgültig ist, ein implizites, sofern wir den anderen ernst nehmen, ein explizites. **Bezogen auf die personalen Faktoren rückt das Feedback an die Stelle der Kritik.**

Auch beim Feedbackgeben zeigt sich häufig die oben anläßlich der gemeinsamen Thematisierung besprochene Unsicherheit, oft Unfähigkeit. Von Kindsbeinen an sind wir in unserer agonalen Kultur weit häufiger der Kritik ausgesetzt, so daß wir das 'Kritisieren und kritisiert werden' - zumal in einer vorgeblich rational geprägten Konkurrenzgesellschaft - internalisieren, während wir vergleichsweise selten persönliche und auf uns als Person bezogene Rückmeldungen bekommen (bzw. geben). Die Folge ist, daß die Fähigkeit zum Feedbackgeben und Feedbacknehmen sich im allgemeinen erst gar nicht entwickelt, und wenn, dann unter dem Druck von Kritik, bald wieder verkümmert. Um nicht mißverstanden zu werden, ich meine, zur Gesprächsfähigkeit gehört beides: Kritikfähigkeit und Feedbackfähigkeit. Dies deshalb, weil es in Gesprächsprozessen immer, wenn auch unterschiedlich, um beides geht: Sich über sich und sich über etwas zu verständigen.

In pädagogischen Prozessen, so lautet die formale Antwort auf die (oben) gestellte Frage, können die in den personalen Faktoren erscheinenden kommunikationsbiografischen Spuren und Narben im Feedback einbezogen werden.

Diese formale Antwort ist nun zu konkretisieren; salopp formuliert: Wie geht Feedback? Allgemein gesagt, daß ich nicht kritisiere, nicht urteile, nicht interpretiere, sondern den Eindruck beschreibe, den ein Sprecher auf mich macht, die Wirkung, die er in mir auslöst, die Betroffenheit, das Vergnügen, Lust oder Unlust, in die er mich versetzt.

Z.B.: 'Das war gut' vs. 'Das hat mir jetzt gefallen'
'Du bist aufgeregt' vs. 'Du wirkst auf mich aufgeregt'
'Deine Stimme widerspricht Deinen Worten' vs.
'Mir sagt Deine Stimme etwas anderes als Deine Worte, an was soll ich mich halten? oder 'Was von beidem willst Du mir sagen?'

Der Unterschied zwischen den 'Urteilen' und den 'Feedbacks' liegt auf der Hand. <u>Urteile</u> sind 'richtig oder falsch'; sie verlangen von dem, zu dem sie gesprochen werden, über den sie gefällt werden, Annahme oder Unterwerfung, bzw. sie lösen, sofern der Beurteilte stark genug ist, Widerspruch aus, oft als Rechtfertigungshandlung. <u>Feedback</u> ist nicht 'richtig oder falsch'; es verlangt von dem,dem es gegeben wird, weder Annahme noch Unterwerfung, sondern die Bereitschaft,es sich mal durch den'Kopf'gehen zu lassen, vielleicht auch, es sich 'zu Herzen' zu nehmen, oder aber, es zu vergessen; Feedback verlangt zunächst nur widerspruchsfreies Zuhören, also gerade nicht Widerspruch oder Selbstrechtfertigung. <u>Urteile schließen ab, Feedbacks halten offen</u>. Feedbacks sind Lern-Angebote, aber keine Lern-Vorschriften. Sie eröffnen häufig, wie das dritte Beispiel zeigt - Fragen und Nachfragen. Aber dies setzt voraus, daß die Situation so ist, daß gefragt werden, daß 'angstfrei' nachgefragt werden kann. Urteile dokumentieren oder simulieren oder usurpieren Überlegenheit, Feedbacks sind nur möglich bei wechselseitiger Anerkennung, bzw. sie sind - im Lernprozeß - ein Weg dorthin.

Ich will noch etwas anfügen: Wenn es um Offenheit geht, dann ist kein Platz für 'Taktiken'; auch nicht für die 'ja-aber'-Taktik und ihre Spielarten. Deshalb halte ich auch nichts von der gruppenideologisch geprägten Forderung:"Zuerst ein positives Feedback". Derlei Forderungen gehören nach meinem Verständnis zum Bestand jener Sozialtechniken und -techniker, die "nicht nur den Begriff 'feedback' aus der Kybernetik übernommen haben, sondern auch das harmonistische Leitbild einer 'Gruppenhomöostase"(SW 215). Feedback ist in meinem Verständnis alles andere als ein 'Instrument zur Konfliktvermeidung'.

Wie kann man Feedbackgeben und -nehmen lernen? In der Sprecherziehung gibt es die verschiedensten Möglichkeiten mit Feedback umzugehen, jeweils im Anschluß an eine Sequenz von Sprech-Hörhandlungen, aber das setzt bereits ein hohes Maß an Sensibilisierung voraus. Gute Möglichkeiten sich zu sensibilisieren bestehen dann, wenn mit Tonband- oder Videoaufnahmen gearbeitet werden kann. Dann lassen sich von der Dokumentation her, bestimmte Wahrnehmungen mehrfach demonstrieren, und der 'Betroffene' bekommt einen Eindruck davon, wieso 'diese Eindrücke' bei seinen Feedbackgebern entstehen konnten.(Um es hier gleich einzufügen: Ein Lernziel der methodischen Feedbackarbeit ist es auch, zu der Einsicht zu verhelfen, daß 'ich auf verschiedene Partner unterschiedlich wirke', daß es Objektivität nicht gibt; auch das Feedback des 'Experten' ist subjektiv, wenngleich er/ sie (hoffentlich) über differenziertere 'Kriterien' verfügt.) Nachdem über mehrere 'Runden' über Aufnahmen vermittelt Feedbackgeben und -nehmen 'geübt' wurden, kann es den Lernenden selbst überantwortet werden. Dies geschieht im nächsten Schritt am besten als 'Tandem' im Paarfeedback; d.h. 2 Gesprächspartner, die sich selbst wählen,geben sich im Anschluß an einen Gesprächsprozeß wechselseitig Feedback. Oft ist es ratsam, dieses unmittelbar wechselseitige Feedback durch eine Trennung der beiden Teilanforderungen vorzubereiten. Dies geschieht auf folgende Weise: Für eine Zeitspanne (Mindestdauer 20 Minuten) übernimmt eine Gruppe in einem Innenkreis die unmittelbaren Sprechdenk-und Hörverstehenshandlungen in einem Gespräch, während eine zweite Gruppe im Außenkreis 'extrakommunikativ' bleibt,sofern sie ohne Recht des Widerspruchs oder Hineinredens sich ausschließlich aufs Zuhören konzentriert. Nach der festgesetzten Zeit wechseln die beiden Gruppen ihre Positionen, und die vormalige Außengruppe wird jetzt im Innenkreis'aktiv'.(Dabei ist es mit der Gruppe vorher abzusprechen, ob sie das 'Thema' weiter bespricht, also gleichsam das Staffelholz übernimmt, oder ob sie etwas Neues thematisiert; bei längerer Lernprozeßdauer empfehlen sich beide Verfahren.) Nach Beendigung der 2.Runde geben sich jeweils zwei Wahlpartner - von denen der eine zur Innen-, der andere zur Außengruppe gehörte- Feedback. Dies geschieht nicht gruppenöffentlich, d.h. es bleibt 'in der Verwaltung' (und Verantwortung) der beiden Partner.Möglich ist es allerdings, falls auch diese Gruppenprozesse aufgezeichnet wurden, die Aufzeichnungen - nach einem kurzem Expertenfeedback zu den Prozessen - kommentarlos zur 'Selbstkontrolle' vorzuführen(eine Art implizites Feedback-Feedback). Neben dieser auch 'fish-bowl' oder 'Zwiebelschalen' oder

'Tandem' genannten Methode gibt es noch andere, die z.T. später (Kap.3.1)
besprochen werden sollen. Hier darf jedoch der Hinweis nicht fehlen, daß
Feedbackübungen zugleich ausgezeichnete Hörverstehensübungen sind.
Es wird deutlich geworden sein, daß Feedback nicht nur auf das gegeben
wird, was dem Selbstbild entsprechend 'gezeigt' wird, sondern auch und vor
allem auf das hin, was sich von selbst oder vom Selbst - ohne es zu wissen
und zu wollen - zeigt. Feedback betrifft geradezu die Verschiedenheit von
Selbstbild und Fremdbild, von Selbst- und Fremdeinschätzung.
Ein brauchbares Modell zur Verdeutlichung dieser Verschiedenheiten liefert
das sog. **'Johari-Fenster'**, so genannt nach seinen 'Erfindern', den amerikanischen Sozialpsychologen (1955) Josef LUFT und Harry INGHAM (vgl. LUFT
1974:22ff.)

	Dem Selbst bekannt	Dem Selbst nicht bekannt
Anderen bekannt	I Bereich der freien Aktivität	II Bereich des blinden Flecks
Anderen nicht bekannt	III Bereich des Vermeidens oder Verbergens	IV Bereich der unbekannten Aktivität

Vorweg gesagt: Das Hauptinteresse im sozialen Lernprozeß des Feedbackgebens
liegt im Bereich des 'blinden Flecks'. Allerdings entspricht i.allg. die
Bereitschaft zum Feedbackgeben und -nehmen der Größe des I.Quadranten;d.h.
nur wenn der III.Quadrant, der Bereich des Vermeidens, abgenommen und das
Vertrauen in die Personen zugenommen hat, das bedeutet eine Vergrößerung
des I. Quadranten, besteht die Chance, daß Feedback offen geäußert und angenommen werden kann. Im Prozeß des sozialen Lernens müßte sich also das
'Fenster' verändern (vgl. auch NAGL 1974:50):
- der Bereich des Vermeidens müßte 'freiwillig' kleiner werden,
- der Bereich des blinden Flecks durch Feedback verkleinert werden
- durch beides müßte der Bereich der 'freien Aktivität' größer werden;
  allerdings nur in der Gruppenöffentlichkeit
- der Bereich der 'unbekannten Aktivität' ist eher Gegenstand von Psychoanalyse und Tiefenhermeneutik als des sozialen Lernens.

LUFT verdeutlicht den Veränderungsprozeß mit folgenden Skizzen (1974:25f.):

von　　　　　　　　　　　nach

I					II
	II		I		
III	IV			III	IV

Obwohl das 'Johari-Fenster' ein einleuchtendes und vielfach adaptiertes Modell der 'interpersonalen Beziehungen' ist, schien es mir als Erklärungsmodell für die Funktionen der personalen Faktoren in Prozessen mündlicher Kommunikation zu vage. Deshalb habe ich es in mehreren Versuchen umformuliert ((für kritische Anregungen danke ich Leo BERNARDIS)) und verwende es seit einiger Zeit auf folgende Weise:

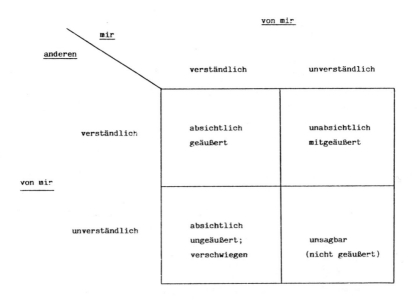

mir \ anderen	von mir verständlich	von mir unverständlich
verständlich	absichtlich geäußert	unabsichtlich mitgeäußert
von mir unverständlich	absichtlich ungeäußert; verschwiegen	unsagbar (nicht geäußert)

An der Hauptrichtung des Feedback hat sich nichts geändert; es betrifft
vor allem das 'unabsichtlich Mitgeäußerte', sei es in Worten, sei es - und
das ist noch wichtiger, weil meistens völlig 'unkontrolliert' - in der
Sprechweise. Das, was in Worten unabsichtlich mitgeäußert wurde, läßt
sich oft durch ein 'spiegelverkehrtes' Feedback aufdecken. Beispielsweise
kommt jemand nach Hause und sagt:"Draußen ist es warm", dann könnte das
spiegelnde Feedback lauten: "Ist es Dir hier drinnen zu kalt?" oder (bei
brütender Hitze draußen):"Ich find es hier auch angenehm kühl". Der mitgeteilte Wortlaut sagt also allein längst nicht 'alles' aus; im Beispiel ist
noch nicht einmal die Referenz auf die tatsächliche Außentemperatur eindeutig ohne den 'situativen Kontext'.Oder, wenn jemand sagt: "Du kannst
jetzt gehen", könnte die Spiegelung heißen: "Mir scheint, Du willst noch
bleiben". Bei diesem Beispiel, das ich früher (RhpB 107f.) in seinen sprecherischen Möglichkeiten permutiert habe, wird die Sprechweise - vor allem
Akzentuierung und Klangfarbe - besondere Bedeutung erhalten, sowohl für
die absichtliche Bedeutung, als für die Differenz zwischen absichtlich
gewähltem Wortlaut und unabsichtlich mitgeäußertem Stimmklang, der Ärger,
Bedauern usw. anzeigen könnte (vgl.2.1.5).

Wieviel an Feedback jeweils möglich ist, hängt auch hier von der gemeinsam
gemachten Situation ab, vom Vertrauen zwischen den Personen, aber auch von
der 'Frustrationstoleranz' der einzelnen. ((Österreichische Gruppendynamiker veranschaulichen die Frustrationstoleranz sehr anschaulich als die
'Strecke' zwischen Apathieschwelle = Grenzwert, jenseits dessen ich 'einschlafe' und Alarmschwelle = Grenzwert, jenseits dessen ich 'platze'.)).
Im allgemeinen regulieren sich Gruppen selbst und sehr behutsam; leider
gilt das in gleicher Weise für viele Lehrende nicht, die häufig im pädagogischen, diagnostischen oder therapeutischen 'Eifer' alles andere als behutsam sind, wenn sie Feedback geben.

Im Paarfeedback, dann im Gruppenfeedback wird allmählich der Raum des
'absichtlich Geäußerten' größer und gemeinsam, wobei allerdings auch im
Feedback immer (und immer wieder) Unabsichtliches mitgeäußert wird, wie
auch - nach Einschätzung der Verletzlichkeit des/der anderen - noch immer
(und immer wieder) einiges 'verschwiegen' bleibt. Eine völlige wechselseitige Transparenz ist auch auf dem Wege offenen Feedbacks so wenig zu
erreichen,wie eine völlige Selbsttransparenz je erreichbar wäre (wäre sie
überhaupt wünschenswert?). Dafür sorgt immer wieder der IV. Quadrant,

das 'Unsagbare', das ja allzuoft das 'Unsägliche' ist. - Ehe ich diesen
Gedanken weiter entwickle, möchte ich mit einer weiteren Skizze verdeutlichen, was im Paarfeedback geschieht:

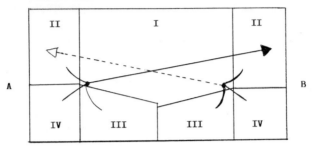

Wenn der IV. Quadrant 1) immer vorhanden ist,und 2) der blinde Fleck sich
nie völlig 'blank putzen' läßt, dann heißt das nichts anderes als,daß ich
nur immer mit Einschlüssen 'ich' sagen kann, die gerade dem bewußten Ich
entzogen sind.Dabei gilt ohnedies, daß ich nur 'ich' sagen kann in Sprach-
und Sprechmustern, die ich nicht selbst erfunden habe, sondern die als
Produkt gesellschaftlicher Kooperation und gesellschaftlicher Emotionalität auch mich als Ich geprägt haben. Für diese Einsicht hatte schon die
vorindividualistische, mittelalterliche Philosophie die Formel geprägt:
'individuum est ineffabile'; in freier Übersetzung: 'Was ich an und für
mich ganz bin, ist unsagbar'.Es ist unsagbar, exkommuniziert, 1) weil es
im Aussprechen gebrochen wird in die sozialisatorisch vermittelten Sprach-
und Sprechmuster, das sind Erlebnis-,Denk- und Handlungsmuster; 2)weil es
nie (höchstens 'sub specie dei') unteilbar ist, sondern als von Anfang an
in Gruppen lebend prinzipiell 'rollenhaft', so daß Ichbewußtsein sich -
außer der frühen Erfahrung der Identität des eigenen Leibes - nur in der
kommunikationsgeschichtlichen Diachronie entwickeln kann, allerdings so,
daß dieses Ich in den synchronen Schnitten (retrospektiv z.B. in markanten 'Lebenspunkten') gerade kein identisches ist.
Es zeigt sich, wie sehr die Ontogenese des Ich abhängig ist von seiner
Soziogenese, 'Individuation' abhängig von Kommunikation; wie sehr "Soziodynamik und Psychodynamik konvergieren" (SW 92). Ziel von Sprecherziehung
- und deshalb habe ich den Gedanken bis hierhin entwickelt - kann also
nicht ein sich selbst bestimmendes (identes), unabhängiges (independentes)
Individuum (als Un-Mensch) sein, sondern eine gesprächsfähige (kommunika-

tive), verantwortliche (interdependente) Person (als (Mit-Mensch). Dieses Ziel kann jedoch nur erreicht werden, wenn den werdenden Personen geholfen werden kann, sich aus den vielfältigen Abhängigkeiten (Dependenzen) allmählich zu befreien. Dabei geht es 1) um die gleichsam anthropologischen Konstanten (von der Mutter-Kind-Symbiose durch die Pubertät zum Erwachsenen), 2) um die in der gesellschaftlichen Formation jeweils mitgeschleppten sozioökonomischen und soziokulturellen'Konstanten'; in beiden Hinsichten 3) auch um die Lösung aus der Anpassung an Lebensrollen und soziale Rollen, um Rollendistanz. 'Rollendistanz' ist folglich eine Bedingung der Möglichkeit von Interdependenz, aber gerade nicht Rollenlosigkeit, die eine Bedingung der Möglichkeit von Independenz wäre, von letztlich asozialer Autonomie oder 'engelhafter' Transsozialität.

Freilich bedeutet 'Rollendistanz' nicht eine,gleichzeitig allgemeine Distanz von allen übernommenen oder zugemuteten Rollen, so wenig wie Verkleinerung des 'blinden Flecks' durch Feedback in einer Gruppensituation sein Verschwinden 'ein für alle Mal', für alle Lebenssituationen bedeutet. Wenn überhaupt, dann ist auch Ich-Identität kein Zustand, sondern ein offener Prozeß; entsprechend ist Rollendistanz kein Zustand, sondern ein offener Prozeß. In beiden Fällen sind, wenn nicht aus naivem Optimismus geurteilt wird, die Erfahrungen des Scheiterns zahlreicher als die des Gelingens. Der Begriff der 'Rollenbalance' scheint diesem Verständnis von der Prozeßhaftigkeit angemessen. Allerdings sind die Chancen - unter den Bedingungen unserer gesellschaftlichen Formation: spätkapitalistische Produktionsform, massenstaatliche Demokratie und massenmediale Bewußtseinsindustrie - Rollenbalance zu erwerben und fähig zu Rollenkonflikt zu werden ungünstig, weil die Möglichkeit, kritisch gesprächsfähig zu werden, eher schlechter geworden sind. Wenn kritische Gesprächsfähigkeit im sozialen Prozeß nicht 'erwünscht' ist, dann muß Sprecherziehung sich selbst kritisch fragen, wozu sie in Prozessen sozialen Lernens Personalität - auch durch Feedback - zu stabilisieren (oder zu entwickeln) versucht. Da sind verschiedene Antworten denkbar. Für mein Konzept einer sozialpragmatischen Sprechwissenschaft und ihrer Transformation in Sprecherziehung heißt die Antwort: Nicht Anpassung, weder Rollenanpassung noch Anpassung an ein harmonistisches Menschen- und Gesellschaftsbild, legitimiert die sprecherzieherischen Versuche, sondern Veränderung; Veränderung als Verbesserung der Kommunikationschancen vor allem der Unmündigen (oder unmündig gehaltenen) - freilich ohne jeden Anspruch von 'Heilsgewißheit'.

2.1.3 S P R A C H L I C H E FAKTOREN

In den vorherigen Kapiteln war bereits verschiedentlich von 'Sprache' die Rede; denn Sprechen ohne Sprache gibt es nicht. Verdrängt wird dagegen weit häufiger der Umkehrschluß: Sprache ohne Sprechen gibt es nicht. Die Dialektik von Sprechen und Sprache ist - synchron wie diachron - vermittelt von vergesellschafteten Menschen. Die Vermittlung geschieht in Prozessen des Miteinandersprechens (erst abgeleitet in Prozessen des Schreibens und Lesens). Auch deshalb ist Gesprächsfähigkeit das globale Lernziel von Spracherziehung.

Um das Verhältnis von 'Sprache und Sprechen' haben sich einige merkwürdige Ansichten gebildet, auf die ich kritisch eingehen will (mit Formulierungen aus GrSE 1981:35f.):

"Geschichtlich betrachtet ist 'Sprache' eine von 'Sprechen' abgeleitete Substantivbildung (wie schon im Griechischen 'logos' ein deverbales Nomen zu 'legein' war). Sprache bedeutet ursprünglich 'den Vorgang des Sprechens und das Vermögen zu sprechen. Die noch im Mhd. vorhandenen Bedeutungen 'Rede;Beratung, Verhandlung' sind im Nhd. auf Zusammensetzungen wie An-,Aus-, Mit-, Rücksprache beschränkt, die meist von verbalen Zusammensetzungen mit -sprechen abgeleitet sind' (DUDEN Bd.7:663). Diese etymologischen Hinweise sollen nur an vergessene Zusammenhänge erinnern, Beweislast ist ihnen nicht aufgebürdet. **Sprache als Sprechvermögen**, das ist die grundlegende, wenngleich in der Folgezeit fast vergessene (System-)Größe der Sprachwissenschaft im 19.Jahrhundert, die als faculté du **langage** noch die Fundamentalgröße in Saussures Konzept ist. Verhängnisvollerweise geriet sie - freilich nicht ohne Verschulden Saussures und der Herausgeber des 'Cours' - immer stärker ins Hintertreffen, je mehr sich die krude Dichotomie von 'langue' und 'parole' den Vordergrund eroberte. Mit dem langue-Begriff war nicht nur einer ethnozentristischen Betrachtungsweise von Sprache als 'Muttersprache' (gelegentlich sogar als 'Sprachmutter') der Weg bereitet, sondern die Reduktion auf 'Sprache als System'(Phonetik,Semantik,Syntaktik) festgeschrieben; alles übrige konnte jetzt der 'parole' zugeschoben werden. Daß bei Saussure selbst der parole-Begriff völlig unterbestimmt blieb, bemerkten 1916 bereits die Herausgeber des 'Cours', aber außer bei Gardiner (1932), Bühler (1934) und später bei Labov, der das prinzipielle'Saussuresche Paradox' formulierte (1972:126), gab es kaum kritische Auseinandersetzungen mit dem Saussureschen Ansatz. Festhalten möchte ich noch, daß Ludvik Zarbrocki (Posen) darauf hingewiesen hat, daß der Weg nicht 'schulüblich' von der langue zur parole, sondern im Gegenteil: 'Der einzige Weg um zur Langue zu kommen, führt über die Parole'(1965:598).Zwischenzeitlich hatte Hermann Lommel den Cours übersetzt und dabei die Überschrift des IV.Kapitels 'Linguistique de la langue et linguistique de la parole' mit 'Die Wissenschaft von der Sprache und die Wissenschaft vom Sprechen' wiedergegeben (1931:21). Wahrscheinlich hat diese Übersetzung einiges dazu beigetragen, Sprechwissenschaft als 'Parolewissenschaft' einzuschätzen; aber bereits Bühler hatte durchaus im Verständnis einer Sprechwissenschaft (1934)die Unhaltbarkeit der Saussureschen **D**ichotomie nachgewiesen und ausgehend vom platonischen Organonmodell der 'Sprechfunktionen' sein **Vier-**

felderschema entwickelt. In der kritischen Rekonstruktion des Bühlerschen Ansatzes, der Winklers Darstellung der 'Aktualgenese des Ausspruchs'(1954: 43ff.;bzw.² 1969:94ff.) ebenso bestimmt hatte wie meine Lokalisierung der Sprechwissenschaft im 'Funktionskreis' (1969:37f.), hat Norbert Gutenberg herausgearbeitet, daß das Selbstverständnis als Parole-Wissenschaft nur dann als stimmig betrachtet werden kann, wenn damit nicht mehr nur die parole einer langue gemeint ist, sondern - zumal unter dem Vorgriff einer allgemeinen Sprechwissenschaft - die **parole du langage** (1981:50 u.196). Dies freilich ist ein Gedanke, der bei Saussure überhaupt nicht 'in Sicht' kam. Er besagt: Sprechen ist zu begreifen nicht nur als z.B.'Deutsch sprechen' (das wäre parole einer langue), sondern 'Sprechen' begreifen als fundamental menschliche Sprechfähigkeit, genauer: als Fähigkeit zum Miteinander sprechen, also als **Gesprächsfähigkeit.**"

Allgemeine Sprechwissenschaft ist bezogen auf den Prototyp 'Gespräch', Sprecherziehung allgemein auf 'Gesprächsfähigkeit' als der prototypischen Sprechtätigkeit. Charakteristischerweise sprechen auch die sowjetrussischen Psycholinguisten (WYGOTSKY und LEONT'EV) von **Sprech**tätigkeit(rečevaja dejatel'nost') nicht von 'Sprach'(jazyk)tätigkeit; denn die gibt es i.str.s.gar nicht, weil Sprache nicht 'tätig' sein kann, sondern nur Menschen, eben sprechende Menschen.Nur um den Preis der Hypostasierung kann von 'Sprach'-'Tätigkeit' ebenso analog geredet werden wie von Schneetätigkeit, Vulkantätigkeit, Flußtätigkeit etc; Analogien, die zugleich deutlich machen, daß die im Tätigkeitbegriff prinzipiell gegebene gesellschaftliche und politische Dimension hinwegnaturalisiert oder -biologisiert oder -psychologisiert wird. Wird dagegen der Tätigkeitsaspekt in seiner gesellschaftlichen Bedeutung ernst genommen, dann nur in einer Theorie der Sprechtätigkeit. Für diese Theorie des Miteinandersprechens gilt generell, was ich (1971) für die Rhetorik formuliert habe: Sie steht zwischen 'Sprachtheorie und Handlungstheorie' (RhpB 198); genau dies ist auch der Ort einer Sprecherziehung, die 'Sprachvermögen' und 'Handlungsfähigkeit' als Gesprächsfähigkeit zu vermitteln versucht.

Deshalb stimme ich mit Christian WINKLER überein, der schon 1960 erklärte, daß eine Sprechwissenschaft, "die die Sprache überspringt, ihren Namen nicht mehr zu verdienen scheint"(1960:190), nicht aber mit seiner 1954 erhobenen Forderung an die Sprecherziehung: "Ihre Verfahren müssen die Brücke schlagen zwischen Sprache und Sprecher" (DtSK 30). Wir unterscheiden uns nicht nur hinsichtlich der Tatsache, daß bei ihm 'Sprecher' im Singular steht, geht es ihm doch um 'das Sprechen des Menschen'(a.a.O.20), mir aber um das Miteinandersprechen der Menschen als vergesellschafteter Subjekte. Daraus ergibt sich der zweite Unterschied hinsichtlich der 'Brückenfunktion'; während es WINKLER um die Brücke geht zwischen 'Sprache und Sprecher', also um eine eher sprach'psychologische' (a.a.o.30) Betrachtungsweise, geht es mir in meinem sozialpragmatischen Theorieverständnis um die Brücke, die das (situiert-situierende, sinnkonstituiert-sinnkonstituierende, persongebundene) Miteinandersprechen schlägt zwischen den im Symbolsystem einer Sprache geronnenen Bedeutungen, Bedeutungs- und Handlungsschemata und sozialen Handlungen. (Genau betrachtet bewegt sich auch WINKLER in diese Richtung). Hinter diesem Unterschied liegt aber eine für die jetzige Überlegung weitere Gemeinsamkeit, die wir dem gemeinsamen 'Ahnherrn' Erich DRACH verdanken, der 1926 eine Sprechtheorie im "Sprechdenken des Alltags" (1926:13), im "Alltagssprechen" (ebd.28) zu begründen versuchte; der dabei für alle Formen des Sprechens, auch und gerade für das "künstlerische Sprechen"(ebd.138) die Wechselbeziehung von 'Sprechsituation' und 'Hörsituation' betonte; der lapidar feststellte: "Situationsloses Sprechen voraussetzungsloser Sätze gibt es im Leben nicht"(ebd.15). Was für den 'Satz' gilt, gilt einerseits noch mehr für seine 'Elemente'(Glieder, Wörter, Silben,Laute), andererseits auch für die aus 'Sätzen' gebildeten 'Texte'. Welchen Sinn hat es dann überhaupt, nach der Funktion 'sprachlicher Faktoren' zu fragen? Oder mit DERWING & BAKER (1978):"Sprache wird weder isoliert gelernt noch isoliert gebraucht - warum sollte sie dann isoliert beschrieben werden?" (zit.HÖRMANN 1981:25).

Im Unterschied zu sprachwissenschaftlichen Darstellungen, deren Erkenntnisinteresse der 'Sprache als System' (falls man sie als solches betrachten will) gilt, gilt das Erkenntnisinteresse der Sprechwissenschaft der 'Sprache in Funktion', der Sprechtätigkeit; d.h. der 'Sprache' soweit die Handlungen des Miteinandersprechens davon geprägt sind, soweit der Prozeß der gelingenden oder mißlingenden Verständigung dadurch verständlich wird, soweit die durch beides geprägten Miteinandersprechenden in ihrer Sprechdenk- und Hörverstehenstätigkeit verstehbar werden.Für die Sprecherziehung - als Didaktik und Methodik der mündlichen Kommunikation - sind damit Ziele genannt; sie gerät immer wieder in das Dilemma: Grammatikalität oder Kommunikativität?

Dieses Dilemma will ich zunächst an einem Beispiel verdeutlichen, das ich vor kurzem im Zusammenhang mit 'Zielkonflikten im Sprachunterricht für Gastarbeiterkinder' dargestellt habe (1981/4:11ff.). Als ich 1956 ins Saarland kam, in ein Gebiet fränkischer Mundart, hörte ich an einem Häuserblock einen kleinen Jungen laut rufen "Magrine". Ich dachte zunächst, der Junge hätte seine Mutter gerufen, um von ihr ein Brot zu erbitten;diese hätte zurückgefragt, was er den 'drauf' haben wolle, und er habe zurückgerufen "Magrine". Ich verstand also die umgangssprachliche Aussprache von 'Margarine'. Als aber nun statt der erwarteten Bestätigung von 'oben' ein bestätigendes "Joo" von einem anderen Jungen von einer anderen Ecke des Hauses her erscholl, merkte ich, daß meine Deutung falsch war; es ging gar nicht um 'Margarine'. Was hatte nun der erste Rufer dem zweiten mitgeteilt? Ich rekonstruiere meinen Übersetzungsvorgang. Die drei Silben gehörten nicht zu einem Wort

    1.0 [ma'gri:nə] ,

sondern es waren drei Wörter einer 'Äußerung'

    1.1 #ma / 'gri: / nə#

zunächst war zu bemerken, daß die Morphemgrenze zwischen [gri:] und [nə] nicht scharf geschnitten, vielmehr das [n] leicht geminiert war:

    1.2 [ma 'grin̩nə]

Nun entpuppte sich das [nə] als eine Metathese von [ən], dieses wiederum als die mundartliche Variante des maskulinen Personalpronomens im Akkusativ [i:n]. Das die Äußerung eröffnende 'ma' war nun leicht zu 'entziffern' als die dialektale Variante der 1.Person Plural des Personalpronomens [ma ᑈ mɛɐ ᑈ vi:ɐ ᑈ vi:ʁ] mit der umgangssprachlich allgemeinen vokalischen Substitution des auslautenden [r]; dieser substituierte Laut ermöglicht die Assimilation mit dem (satzphonetisch schwachbetonten) Stammvokal zu einem Vokal geringerer Zungenhebung und Helligkeit [ɛ], schließlich zu einem Mittelzungenvokal [a]. Die Vertauschung der Anlaut-Konsonanten [v] und [m] ist auch bei ausgeformterem Vokalismus regional üblich, bzw. umgangssprachlich in anderen Formeln die Regel; z.B. 'hammer' für 'haben wir' oder 'wollemer' für 'wollen wir' usw. Bleibt zuletzt das den Kernakzent tragende [gri:], bzw. [gri:n]. Das als silbisch zu deutende [n] steht für das Infinitivmorphem [-ən]. Die silbische Realisation des [n] ermöglicht die Elision des in der Emphase hinderlichen, stammauslautenden Plosivlautes [-g], der sich nach den Regeln der deutschen Silbentrennung ohnedies mit dem [-ən] zu [gən] verbunden hätte;(vgl. [re:gən → ɛs 're:gnət → ɛs 're:gənt → ɛs 'rɛ:nt]).

    1.3 [mɛɐ 'gri:n̩ ən]

[gri:n] ist also keine - auch mögliche - entrundete Variante von 'grün' ('wir grünen' oder 'Wir Grünen!'), sondern eine kontaminierte Form des Infinitivs 'kriegen', hier mundartlich realisiert mit stimmhaftem Anlaut:

1.4 [viɐ 'gri:gən in]

Der Rekonstruktionvorgang erbrachte also den 'Satz':"Wir kriegen ihn":

1.5 [vi:ʀ'kri:gən i:n]

Unter rein grammatikalischer Hinsicht ist dies nicht nur ein 'richtiger' Satz, sondern sogar ein 'akzeptabler'; denn der Akzeptabilitätsbegriff bezieht sich nur auf die Satzebene, bzw. auf das Sprachsystem. Allerdings ist mit <u>dieser</u> 'Akzeptabilität' noch nichts gesagt über die tatsächliche kommunikative Angemessenheit, auch nicht im Falle meiner 'Übersetzung'.

Da 'kriegen' ein polyvalenter Ausdruck der Umgangssprache ist, könnte er in mündlichen oder schriftlichen Äußerungen auf standardsprachlicher Ebene kaum verwendet werden. In einem entsprechenden Kontext müßte folglich der innersprachliche Übersetzungsprozeß weitergehen; etwa so, daß zunächst einmal das 'kriegen' durch das vorgangsadaequate 'fangen' ersetzt würde. Dabei wäre zu überlegen, ob es nicht durch 'werden', oder noch besser durch 'können' modalisiert werden müßte. Dann hieße die Äußerung:

1.6 Wir werden(können) ihn fangen.

Nehmen wir an, der mündlich oder schriftlich Erzählende verwendete die direkte Rede, dann könnte er zum Ausdruck der situativen Emphase die Personalpronomina in ihrer Stellung vertauschen. Dies hätte zur Folge, daß 'ihn' zum demonstrativen 'diesen' würde, aber wahrscheinlich, weil kürzer, zum deiktischen 'den'. Die nicht mehr umgangssprachliche Übersetzung landete auf diese Weise schließlich bei der Äußerung:

1.7 "Den fangen wir!"

Wer sich freilich mit diesem Ausruf in die geschilderte Spielsituation stürzen würde, müßte mit eben dem Unverständnis rechnen, das er erntete, wenn er in einer überregionalen und übersituativen Darstellung "magrine!" riefe.

Wenn deutlich wurde, welch schwierigen Übersetzungsprozeß schon ein erwachsener 'native speaker' bei der Transformation einer relativ einfachen Äußerung zu bewältigen hat, dann wird einsichtig, wie schwierig, sogar unerfüllbar die Forderung nach einer derartigen Transformationsleistung für kindliche Zweitspracherwerber sein muß. Zweitspracherwerber sind nun nicht nur Gastarbeiterkinder, sondern alle, deren 'erste Fremdsprache' das Standarddeutsch ist. Entweder sie erlernen die standardsprachliche Variante, dann verhalten sie sich zwar 'normsprachlich' korrekt, bilden sogar 'akzeptable Sätze', sind aber aus den kommunikativen Handlungen ausgeschlossen;

oder sie erlernen im Vollzug der Tätigkeitshandlung 'Spiel' die kommunikativ angemessene Formel zu gebrauchen,sind ins Spiel eingeschlossen, verlieren aber die Möglichkeit einer kommunikativ angemessenen Ausdrucksweise im überregionalen, dann vorwiegend auch schriftlichen 'Ausdruck'.
Wenn es der Sprecherziehung um mündliche Kommunikation geht, dann heißt die Konsequenz: Ihr geht es in <u>erster Linie</u> um Kommunikativität, nicht um Grammatikalität, um Verständlichkeit, nicht um Korrektheit. Verständigung geschieht in 'Äußerungen' (WINKLERs 'Ausspruch' vgl. DtSk 1954:44 usf.), nicht in 'Sätzen'. Während 'Satz' als kleinste Einheit der Sprache betrachtet wird, ist die kleinste Einheit der Rede i.S.v.Miteinandersprechen, die 'Äußerung'. Sprachliche Elemente unter der Äußerungsebene stehen im Regelfall nicht isoliert, bzw. übernehmen, wenn sie isoliert stehen, Äußerungsfunktion;(freilich zusammen mit sprecherischen Ausdruckselementen, auf die ich im Augenblick nicht eingehe):

    2.1 (auf Wortebene) "des!"

    2.2 (auf Morphemebene) "ver-"

    2.3 (auf Phonemebene) "ei"

Die Beispiele können aus sog.Korrekturhandlungen stammen (Selbst- oder Fremdkorrekturen): 2.1 kann eine Ellipse sein von: "Es heißt nicht 'von dem' sondern 'des'!" oder:"Spiel 'des', nicht 'd'!" oder: "[dɛs] nicht [de:s]!"
2.2 eine Ellipse von:"Es muß/soll heißen 'ver',nicht 'zer'" usw.
2.3 eine Ellipse von: "Mach 'ei'" oder: "Möchten Sie ein Ei?" usw.
Wie auch immer, die Beispiele zeigen, daß es im Miteinandersprechen häufig nicht um syntaktische Wohlgeformtheit geht, sondern um Verständlichkeit, und Verständlichkeit ist keine Resultierende syntaktischer Vollständigkeit. Die situativen, personalen und 'leibhaften' Faktoren "ersetzen" Wörter, vervollständigen die Satzfragmente zu sinnvollen Äußerungen.
Auf die Frage

    3. "Wem gehört das Buch?"

wäre die Antwort

    3.1 das Buch gehört mir

in vielen Situationen ebenso übertrieben wie die Pronominalisierung von 'das Buch'

    3.2 das (es) gehört mir

Beides könnte kommunikativ sogar situationsunangemessen sein, sogar ein Zeichen für 'soziale Distanz'(SCHÖNBACH), bzw. Distanzierung.

Für die Verständigung reichte aus eine einfache 'Setzung':
   3.3 mir!

Es liegt auf der Hand, daß der Sprecherzieher selbst eine möglichst gründliche Kenntnis'seiner' 'Sprache als System' haben sollte; denn ohne diese ist er weder imstand, die 'Besonderheiten gesprochener Sprache' zu erkennen, noch Gesprochenes auf verschiedenen Formstufen zu verstehen (oder gar zu analysieren), noch beim situationsangemessenen Differenzieren der Formstufen mitzuhelfen. Dies gilt für sämtliche Formen des Sprechens, die transitorischen, produzierenden und reproduzierenden, eigene oder fremde, z.B.'theoretische ' oder'poetische' Texte. Nur aus sicherer Kenntnis lassen sich unterrichtend die Verschiedenheiten sachangemessen erklären und die Formen mündlicher Kommunikation für ihre kommunikative Funktion angemessen entwickeln, ohne einem 'Richtigkeitsideal' aufzusitzen, das etwa an den schriftlichen Kommunikationsformen entwickelt worden ist. Unter dem Erklärungsanspruch des jetzigen Kapitels, d.h. der 'sprachlichen Faktoren' stehen die Besonderheiten der gesprochenen Sprache im Vordergrund, wenngleich die Prozesse des Miteinandersprechens (wie teils gezeigt, teils zu zeigen) noch von anderen Faktorenbündeln bestimmt werden.

Zu den Besonderheiten gehören einige syntaktische.Vor der letzten Beispieläußerung 3.3) schrieb ich oben:

   4.1 Für die Verständigung reichte aus eine einfache 'Setzung'
   üblich wäre dagegen:
   4.2 ....reichte eine einfache 'Setzung' aus.

Während 4.1 'ausklammert','umklammert' 4.2. DRACH begründete (1937:38ff.) die 'Umklammerung ' als 'denkfunktionale' Besonderheit der deutschen Sprache und verteidigte sie gegen den Vorwurf der 'papierenen Schachtelung' mit dem Argument:"Ihr Wesen ist nicht Vorausnahme, sondern Hineinnahme; ihr Ziel nicht Auflösung, sondern Einschmelzung" (a.a.O.40). Die Spannung der klammernden Glieder wird nicht nur gehalten durch die Teile trennbarer Verben, z.B. 4.2 'reicht....aus', sondern durch die Melodie (vgl. 2.1.5), auch wenn mehrere 'Glieder' zwischen den Polen 'eingeschmolzen' werden.

   5.1 "... und ich hoffe sie fühlen sich durch die vergangene stunde
   ermuntert und ermutigt dann immer wenn sie etwas fragen möchten
   wenn es ihnen zu schnell geht oder zu unklar geblieben ist oder
   nicht informativ genug ist zu intervenieren" (TB v. 28.5.75)

Während die Verschriftlichung dieses 'Schlangensatzes' alles andere als verständlich ist, erweist sich die Äußerung durch die temporalen und melodischen Gliederungsmittel als durchaus 'anhörbare' Umklammerung:

5.2 ... und ich hoffe ' sie fühlen sich
'durch die vergangene Stunde''
ermuntert und ermutigt /
dann immer wenn sie etwas fragen möchten /
wenn es ihnen zu schnell geht''
oder zu unklar geblieben ist /
oder nicht informativ genug ist ˇ zu intervenieren //

(Musterbeispiele für 'Umklammerungen' sind viele KLEISTsätze; vgl. 3.2.3).
So wie 'Umklammerungen' auf allen Formstufen vorkommen, so auch 'Ausklammerungen' (DRACH a.a.O.61). Was einerseits eine Planungsschwierigkeit sein kann durch die 'reihendes Sprechen' (WINKLER 1962:32ff.) entsteht:

6.1 da bin ich gegangen ganz langsam nach haus....

kann andererseits Ausdruck bewußt geplanter Spannung sein:

6.2 "do geht er widder nüwwer / üwwer die brick / mei karl"
(Joy FLEMING)

ein Stilzug, der sich häufig in 'Reden' findet; sei es, daß das tatsächliche Geschehen schneller abläuft als der Sprechende es schildern kann wie in vielen Sportreportagen:

6.3 ... nun greifen sie wieder an die borussen aus dortmund über den rechten flügel....

sei es, daß durch die Ausklammerung (wie schon in 6.2) eine besondere Pointierung durch Rhythmisierung erreicht werden soll, sowohl in predigender Rede

6.4 "Da machte sich auch auf, Joseph aus Galiläa, mit Maria, seinem vertrauten Weibe, die war schwanger..."(Luk.2;LUTHER)

vgl. die predigtferne umklammernde Fassung:

6.4.1 "Da machte sich auch Joseph aus Galiläa mit seinem vertrauten Weibe Maria, die schwanger war, auf..."

als auch in poetischer:

6.5 Mit gelben Birnen hänget
Und voll mit wilden Rosen
Das Land in den See..... (HÖLDERLIN)

Die absolute, durch Ausklammerung erreichte, Endstellung des Aussagekerns nannte DRACH die 'Eindrucksstelle', die Gegenposition, absolute Anfangsstellung des Aussagekerns, die 'Ausdrucksstelle' (1937:18); während diese 'gefühls-oder willensbetont' eher die Sprecherexpressivität entlädt:

7.1 <u>Europas</u> Einigung, meine Damen und Herren, dürfen wir, so schwierig sie auch scheinen mag, in dieser Zeit nicht vergessen
dient jene eher der hörerbezogenen 'Persuasivität':
7.2 Was wir, so schwierig sie auch scheinen mag, in dieser Zeit nicht vergessen dürfen, ist, meine Damen und Herren, die <u>Einigung Europas</u>!

Beide 'Emphase-Positionen' - Expressivität oder Impressivität - unterscheiden sich von der 'einbettenden' Mittelstellung:
7.3 Wir dürfen, meine Damen und Herren, die <u>Einigung Europas</u> in dieser Zeit nicht vergessen, so schwierig sie auch scheinen mag.

Mit diesen Stilmitteln 'arbeitet' nicht nur der Redner, sondern auch der Dichter, sonst begänne etwa das 'Heidenröslein' (nach Muster 7.3) so:
Auf der Heide sah ein Knabe ein Röslein stehen....

Eine vergleichbare Spannweite vom 'Planungsfehler' bis zum literarischen Ausdrucksmittel hat auch der Anakoluth, der sog. 'Satzbruch'
8.1 ...//(Und die Frau hat bestimmte)(da is es sogar so,daß der also) bei den Germanen wurde ja die Frau so unheimlich hoch eingeschätzt. (vgl. RATH 1979:218ff)
8.2 "...Du solltest raten, daß ich mich wohlbefinde, und zwar - Kurz und gut, ich habe eine Bekanntschaft gemacht, die mein Herz näher angeht. Ich habe - ich weiß nicht."(GOETHE, 'Werther')
8.3 "Walter: Hm! O ja. Was ich sagen wollt -
Adam: Erlaubt ihr gleichfalls, daß die Parteien, bis Frau Brigitt erscheint - ?
Walter: Was? Die Parteien?
Adam: Ja, vor die Tür, wenn Ihr -
Walter: (Verwünscht!) Herr Richter Adam, wißt Ihr was?..."
(KLEIST, 'Der zerbrochene Krug')
8.4 1.Frau: Wo der herkommt
2.Frau: hatten sie das Brot nicht
1.Frau: über nacht da schleicht sich diese Sorte
2.Frau: durch den Bürgermeister könnte man vielleicht
1.Frau: erfahren sind die Kerle und gerissen....
(L.HARIG, aus 'Starallüren')

Der Anakoluth - das verdeutlichten die Beispiele - "erzeugt (..) mit syntaktischen oder semantischen Mitteln in der pragmatischen Ebene einen Erwartungsbruch" (H.G.1977/4:186).

Mit Ellipse, Ausklammerung und Anakoluth wurden einige Muster erwähnt,die in 'gesprochener Sprache' häufig vorkommen (vgl. BETTEN 1976); so häufig, daß es wenig sinnvoll erscheint, sie - gemessen an der 'Schreib'-Grammatik - weiterhin als Normabweichungen zu behandeln, sinnvoller, sie als spezifische Erscheinungsmuster in einer 'kommunikativen Grammatik' (vgl. DITTMANN 1981) zu berücksichtigen.

Auch für das Verknüpfen von Äußerungen gibt es auffällige Muster (Texte wie Textilien werden nach derartigen Mustern geknüpft, gewebt, verknüpft). Zu Beginn einer Äußerung wird oft die Aufmerksamkeit des Hörers gelenkt auf 'was ihm bekannt ist'(was er sieht, kennt usw.); an diesem Bekannten knüpft der Sprecher an, um den Hörer von da aus auf etwas Neues, Wichtiges hinzulenken - auf kurzen oder 'verschlungenen' Wegen. Diese Spannung von Bekanntem zu Neuem prägt nicht nur Einzeläußerungen, sondern auch die Verknüpfung mehrerer Äußerungen; dabei wird die 'Ziel-Neuigkeit'(ZN) der ersten Äußerung oft zum Anknüpfungs-Bekannten (AB) einer zweiten, die ZN der zweiten zum AB einer dritten usw.

9.1 "dá ⁓ des glás / $AB_1 \rightarrow ZN_1$

9.2 es steht ⁓ wacklig / $AB_2 \rightarrow ZN_2$

9.3 so ⁓ fällts gleich um /∧" $AB_3 \rightarrow$

Die drei Äußerungen im Beispiel (9) können noch etwas anderes deutlich machen. Nicht nur sind die Anknüpfungen verschieden: 'da'(deiktisch),'es' (pronominalisierend), 'so' (modalisierend), sondern die AB-ZN-Teile sind unterschiedlich 'aufgespannt'. Die Kulmination der Spreizspannung kann sprecherisch signalisiert werden durch eine Spannpause zwischen AB-Teil (WINKLER: 'Spannungsast') und ZN-Teil (WINKLER: 'Lösungsast'), so daß zwischen 'Höhepunkt' und 'Schwerpunkt'(= ZN) ein Scheitel (⁓) entsteht. Im elliptischen 9.1 vertritt der Gedankenstrich diese Position, in 9.2 ist sie zwischen 'steht' und 'wacklig', also mitten in der Verbalphrase(VP), in 9.3 nach 'so', d.h. auch hier trennt sie nicht Nominalphrase (NP) und (VP); zumal der Nominalkern hier von dem suffigierten (s-)Morphem in 'fällts' vertreten wird. Daraus ist zu schließen, daß die von der Phrasen-Struktur-Grammatik entwickelte Aufsplittung eines 'Satzes' in NP+VP kein angemessenes Erklärungsmuster liefert für die kommunikative Struktur von Äußerungen. Das heißt aber nichts anderes,als daß die so beliebten 'Baumgraphen' kein Hilfsmittel sind zum Üben von Sprechdenkplanungen.

Doch zurück zu dem AB-ZN-Verknüpfungsmuster, für das verschiedene Fachbezeichnungen gebraucht werden: Redundanz-Innovation, topic-comment, given-news; am gebräuchlichsten ist jedoch: Thema-Rhema. Frantsiek DANEŠ hat es so beschrieben: "In fast jeder Aussage unterscheidet man das, worüber etwas mitgeteilt wird (Das Thema) und das, was mitgeteilt wird (Das Rhema), die Aussage im eigenen, engeren Sinne" (1970:72f.) Er unterschied dann fünf verschiedene Verknüpfungstypen, von denen ein weiterer für uns vor allem auch im 'argumentativen Sprechdenken' (vgl. 3.1.1.2) bedeutsam ist; z.B.

    10.1"Wir beraten über TOP 3.

    10.2 Dazu wurde vorgebracht X.

    10.3 Ein anderer vertrat Y.

    10.4 Schließlich wurde vorgeschlagen Z.

    10.5 Alle diese Argumente überzeugen mich nicht."

schematisiert: (T = Thema, R = Rhema)

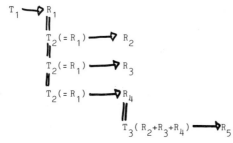

(Diese T-R Gliederung ist nur 'syntaktisch' eine Kette, sachlogisch sind die T_2-Schritte dagegen nebengeordnet, also eine 'Reihe'; vgl. S.126ff.)

Das textkonstituierende Thema-Rhema-Schema ist nicht zu verwechseln mit dem gesprächskonstituierenden Thema-Horizont-Schema (s.o.S.37), wenngleich dieses - zumindest phasenweise - durch jenes realisiert werden kann; denn was jeweils 'thematisiert' und 'rhematisiert' werden kann, hängt ab von der Thema-Horizontstruktur in der jeweiligen Situation. Als weitere Schwierigkeit ist zu beachten, "daß sich oft nicht genau festlegen läßt, was 'given' und was 'news' ist, was topic und was comment, Thema oder Rhema" (HÖRMANN 1981:115). HÖRMANN verweist in diesem Zusammenhang auf die Tatsache, daß die Unterscheidung zwischen Bekanntem und Neuem nicht nur durch die Wortfolge herbeigeführt werden kann, sondern - eine alte sprechwissenschaftliche Erfahrung - "durch entsprechende Betonung" (ebd.). (Wenn dabei auch für Sätze/Äußerungen besondere Regeln gelten, so sind 'Betonungen vor allem 'Hervorhebung' des Vokals der Stammsilbe eines Wortes). (vgl.2.1.5)

Nachdem einige syntaktische Besonderheiten der gesprochenen Sprache erörtert wurden, wobei bereits die Beziehung 'syntaktischer' Strukturen zu Melodie, Pause und Betonung - also genuin sprecherischen Faktoren - zum Vorschein kam, führt gerade die zuletzt angesprochene Akzentfrage ins Feld des 'Lexikalischen'.

Sowohl für die Sprechdenkplanung als auch für die sprecherische wie die paraphrasierende Interpretation ist das Verhältnis von Äußerungsstruktur und lexikalischem 'Material' wichtig, geht es doch (produzierend, reproduzierend wie interpretierend) um **'diese Wörter in dieser Ordnung'** als Voraussetzung der gemeinsamen Sinnkonstitution durch Sprecher und Hörer in 'dieser' Situation. Im Anschluß an SAUSSURE werden beide Organisationsprinzipien als 'syntagmatisch' (syntaktische Verbindung von Wortgruppen bis hin zu durchgegliederten 'Gefügesätzen', Phrasen) und 'paradigmatisch' (Auswahl der lexikalischen Einheiten aus den zur Verfügung stehenden gesamt-,regional-,gruppen-, fach-etc.sprachlichen Lexika) bezeichnet.
Ein (konstruiertes) Beispiel:
11.1

<─────────────── S Y N T A G M A ───────────────▷>

P	verwahrloster	schlief		neben		blutigen	
A	gepflegter	thronte		in		flauschigen	
R	frecher	hopste		über		schönen	
A	lustiger	kauerte		unter		alten	
D	ein	fremder	Junge	lag	zusammengerollt	auf	dem	breiten	Sessel
I	der		Bub		ausgestreckt		diesem		Stuhl
G	dieser		Knabe		schlafend		einem		Hocker
M	unser		Bengel		schreiend		eurem		Schemel
A	euer		Sohn		schnarchend		Müllers		Fauteuil

Aus dem Wortarten-'Speicher' werden jeweils die Wörter ausgesucht, die zu der vom Sprecher für den Hörer ausgewählten Sinn(konstitutions)Richtung am besten zu passen scheinen. Dabei haben einige Wörter eine größere gegenseitige Anziehungskraft, folglich eine größere 'Wahlchance', andere dagegen eine geringere Wahlchance; werden sie dennoch gewählt, klingts 'gewählt':
11.2 Euer gepflegter Knabe thronte lächelnd über unserem flauschigen Fauteuil.

Syntagmatisch möglich, ja sogar syntaktisch 'richtig', wenn auch semantisch 'falsch', wäre dagegen folgende Wahl:
 11.3 Unser gepflegter Lümmel hopste ausgestreckt unter diesem
   schmalen Hocker
wogegen
 11.4 Euer frecher Bengel hopste schreiend auf unserem schönen Sessel
aus einem interfamiliären 'Disput' stammen könnte oder
 11.5 Der vermißte Bub lag ausgestreckt neben dem blutigen Sessel
aus einem 'Krimi'.

Paradigmatische Auswahlhandlungen folgen also einem Handlungsplan, der die semantischen Anziehungen (Attraktionen) nicht überspringen kann. Deshalb ist es, sofern 'diese Wörter in dieser Ordnung' nicht als Selbstverständlichkeiten hingenommen werden, angebracht - gerade auch beim interpretierenden Textsprechen (vgl. 3.2) - derlei paradigmatische Versuche anzustellen, weil sich auf diese Weise die Besonderheiten der semantischen, gesteigert: der metaphorischen 'Attraktionen' erschließen lassen. Das aber bedeutet, es wird also kein 'Wort in dieser Ordnung' als 'selbstverständlich' hingenommen, sondern durch 'Ersetzproben' bewußt ins Verstehen aufgenommen.

Derartige Auswahlhandlungen werden freilich sprechdenkend nur vollzogen, wenn das Miteinandersprechen nicht routiniert ist; d.h. wenn nicht bereitliegende 'Fertigteile' in einem 'Schnellverfahren' zusammengebaut, in Fertigmustern übermittelt und vom Hörer nach bereit-gehaltenen Erwartungsmustern 'fertigmontiert'werden (vgl. SW 151). Gerade dies ist aber in den 'phatischen Gesprächen' des Alltags die Regel, in denen die 'objektiven' Situationsfaktoren und die formativen überwiegen. So meint auch FILLMORE, "daß ein enorm großer Teil der natürlichen Sprache formelhaft ist, automatisiert und auswendig gelernt eher als propositional, kreativ oder frei" (1976;zit.b.HÖRMANN 1981:118).

Diese 'Fertigbauweise' auf hoher Abstraktionsstufe läßt sich gut mit der von CONDON (1969) beschriebenen 'Weisheitsmaschine' demonstrieren, die nichts anderes ist als ein Spiel mit paradigmatischer Permutation zum Erzeugen oder Entlarven 'hochkarätiger Sprechblasen'. In einer Lernergruppe schreibt jedes Mitglied ein stark gefühls- oder wertbesetztes Hauptwort auf eine Karte (z.B.Wahrheit,Liebe, Sozialismus, Freiheit, Religion usw.) - insgesamt sollten 50-60 Karten zusammenkommen. Der Leiter schreibt der-

weil einige syntaktische 'Rahmenmuster' an die Tafel; z.B.
   a) Wenn..........zu..........wird, dann ist.............
   b) ....ohne...........ist............
   c) ....endet, sobald...............beginnt
   d) Weder..........noch.............., sondern.............
   e) Dies ist ein Zeitalter der...........und............
   f) Unser Land braucht.............nicht..............
   g) Die................der................
   h) ....und ....

Die eingesammelten Karten werden gemischt, und die Wörter in die Lücken eingesetzt (vorlesen oder anheften). Mit diesem mechanischen Verfahren "werden Sie meistens Äußerungen zu machen scheinen, die große Wahrheit verraten, manchmal rätselhaft und manchmal Klicheevorstellungen sind" oder die "wie Zitate aus einer Rede klingen" oder wie ein 'Motto',"das zu Beginn eines großen Buches steht"(1969:51); z.B.

   a) Wenn Eifer zu Sauberkeit wird, dann ist Gerechtigkeit Treue.
   b) Mutterliebe ohne Seele ist Ordnung
   c) Vernunft endet, sobald Ideologie beginnt.
   d) Weder Logik noch Hoffnung, sondern Biogemüse.
   e) Dies ist ein Zeitalter des Unsinns und Sportsgeists.
   f) Unser Land braucht Verzweiflung und Reinheit.
   g) Die Brüderlichkeit der Stärke.
   h) Marktwirtschaft und Krieg.

(Eine vergleichbare 'Spruchmaschine' zitiert GLASER (1972:66)).CONDON schlägt vor, die beiden letzten Muster als 'Buchtitel' anzusehen. Er regt als weitere Aufgabe an, jeder Teilnehmer möge sich einen ihn interessierenden Buchtitel auswählen und dazu einen 'Klappentext' gleicher Abstraktionsstufe(!) verfassen; möglich ist auch - was ich für mündliche Kommunikation empfehle - Stichwörter für einen Hörfunk- oder Fernseh-'Kommentar' zu sammeln (vgl.3.1.2.1).Dies sind allerdings Übungen, die nur im Zusammenhang mit der Vorurteilsproblematik angebracht sind; denn sonst ist - bei unkritischer Anwendung - die Gefahr zu groß, daß Freund-Feind-Schematismen verstärkt und Ideologisierung durch diese 'Sprechblasenphilosophie' befördert wird.

Durch die Beschreibung der Übungen ist dieses Stück länger geraten als es seiner Wichtigkeit zukommt. Auslöser war die Frage nach der Bedeutung des 'Lexikons'; genauer die Frage nach dem Unterschied zwischen Auswahlhandlungen aus einem semantischen Repertoire oder der routinierten Montage sprachlicher Fertigbauteile. Auswahlhandlungen und Routinefertigkeit machen unterschiedlichen Gebrauch von einer grundlegenden Eigenart der meisten Wörter, daß nämlich - wie BÜHLER es früh formulierte -, "die Wörter einer bestimmten Wortklasse eine oder mehrere Leerstellen um sich eröffnen, die durch die Wörter bestimmter anderer Wortklassen ausgefüllt werden müssen" (1934:173). Aus diesen Ansätzen hat sich die Valenztheorie entwickelt, vor allem für das - dies sei vorweggenommen - zur Äußerungskonstitution wichtige Verb. Das Verb 'sprechen' sagt isoliert wenig, es braucht einen der spricht (Agent), einen zu dem er spricht (Patient) und etwas, worüber die beiden sprechen. (s.o.S.12). Weil Verben ein-,zwei- oder dreiwertig sind, spricht man von Verb'valenz'. Weil 'sprechen' sinnvoll nur gebraucht werden kann, wenn Agent und Patient'menschlich'sind, dann kann mit Hilfe von semantischen Subkategorien (phys.Objekt- lebendig,tierisch -menschlich, männlich-weiblich, erwachsen-kindlich usw.) festgestellt werden, ob die erstgenannte Bedingung zutrifft;z.B.

12.1 Hans spricht mit seiner Frau übers Wetter

oder

12.2 Hans spricht mit seinem Kaninchen übers Wetter.

(12.2 wird wohl kaum jemand als semantisch stimmig bezeichnen, wenngleich einige Hundehalter zustimmen würden, wenn das 'Kaninchen' ein 'Hund', genauer: 'Ihr Hund' wäre.) Eine problematische Variante ist dagegen

12.3 Hans spricht mit seinem Baum über seinen Kummer;

denn wird 12.3 nicht als alltägliche Aussage verstanden, sondern als poetische, dann erlaubt ('Lizenz') 'man' einem Autor 'Freiheiten' (von der Regel).

Statt über die genannten 'Subkategorien' ist es auch möglich, sich dadurch der Stimmigkeit einer Äußerung zu 'vergewissern', daß der geäußerte 'Satz', so wie er auf der 'Oberfläche' erscheint, in seine Propositionen aufgelöst wird, die seine 'Tiefenstruktur' ausmachen. Für 12.1 heißt das beispielweise:

- Hans ist (da er mit seiner Frau spricht) verheiratet
- Die Frau von Hans kann ihn hören
- Beide interessieren sich für das Wetter
- Hans spricht mit seiner Frau.

Derartige analytische Operationen verraten theoretisches Interesse; allerdings kommen sie in abgewandelter Form auch 'alltäglich' vor. Vorausgesetzt ist dann, daß Sprecher/Hörer über 'Weltwissen' verfügen, über einen Rahmen, in dem verschiedene Äußerungen erwartet werden können, andere nicht; z.B. ist im 'Rahmen' kaufen-verkaufen folgende Sequenz'erwartbar!

13.1 Ich hätte gern dieses Hemd - Dieses? - Nein, das neben dem
blauen - Das? - Ja! Was kostet's?
dagegen ist die Schlußäußerung 'was kostet's' in der Sequenz
13.2 Du Idiot! - Das wirst Du mir bezahlen! - Was kostet's?
weder erwartbar noch 'angemessen', allerdings als ironischer Ab- oder Aufwiegelungsversuch durchaus denkbar.

Die Überlegungen zum Lexikalischen/Semantischen zeigen, daß eine einfache Zuschreibung von Wort und Bedeutung allzu simpel ist; daraus folgt, daß auch isolierte 'Wortschatzübungen', häufig auch 'Definitionsübungen' nicht weniger simpel, wenn nicht sogar unnütz sind. Weder ist z.b. zwingend 'ein Tisch ein Tisch' (BICHSEL), weniger weil es ein-,zwei-drei- und vierbeinige, runde, ovale, rechteckige, quadratische, hohe, niedere, Eß-, Schreib-, Küchen-, Operations-, Altar-usw. Tische gibt, sondern weil je nach Situation, Bedürfnis und Konvention ein Baumstumpf, ein Karton, eine Decke auf dem Boden 'Tisch' sein können.(In Gefangenschaft galt über mehrere Monate für meinen Zeltkumpel und mich eindeutig, daß der einzige Karton, den wir hatten, hinten im Zelt hochkant stehend 'unser Schrank' war, derselbe Karton tagsüber nach der Arbeit in seinen unterschiedlichen Positionen als Eß-,Spiel- oder Schreibtisch diente.) Hier erweist sich die Richtigkeit der 'semantischen Gebrauchstheorie', die besagt: Die "Bedeutung geschieht allererst" in ihrem "Vollzug" durch den Hörer (nach LIPPS 1938), oder sie ist nur als "ihr Gebrauch in der Sprache" (WITTGENSTEIN 1960),(vgl.SW 104f.). In beiden Fällen heißt das, Bedeutungen sind abhängig von dem Handlungsrahmen der Miteinandersprechenden, ihrer 'Lebensform', ihrer sozialen Praxis im jeweiligen soziohistorischen und soziokulturellen Kontext (vgl.z.B. Zeiten oder Kulturen, in denen es keine 'Tische' gab oder gibt.) Sprechererziehung kann sich auch aus diesem Grund nicht ausschließlich orientieren am System der deutschen Sprache, sondern an den Varietäten in der deutschen Sprache, (die im einleitenden 'magrine'-Beispiel problematisiert wurden), weil ja in den Lexika der Varietäten, die verschiedenen 'Lebenswelten' der verschiedenen Regionen, Gruppen, Berufe, Tätigkeiten wiedergespiegelt sind. Aber nicht im 'Wörterbuch' (und seinen oft willkürlich auswählenden Einträgen) sind die Wortbedeutungen von 'Bedeutung', auch nicht nur 'im Kopf' des einzelnen, sondern in ihrem Vollzug im Miteinandersprechen, in dem sie als 'Sachbezug' (s.o.S.23f.) Erleben und Denken bestimmen.

In allen Varietäten werden 'Syntax' (überlieferte Handlungsschemata) und 'Lexikon' (überliefertes Weltwissen; gesellschaftliches Gedächtnis) im Miteinandersprechen nicht einfach 'benutzt' oder 'angewendet' - das wäre schon wieder oder immer noch die Blickrichtung von der 'Sprache' aus -, sondern sie werden <u>aktualisiert</u> in Handlungen des Sprechdenkens und Hörverstehens in und für soziale(n) Handlungen. So wenig die Sprechwissenschaft die "Wissenschaft von der gesprochenen Sprache" ist, sie ist vielmehr - abkürzend gesagt - "die Wissenschaft vom Miteinandersprechen und erst insofern dann auch die Wissenschaft des Gesprochenen" (SW 103), so wenig ist <u>Sprecherziehung</u> die 'Erziehung zur gesprochenen Sprache', sondern <u>Erziehung zum Miteinandersprechen und</u>, sofern darin Sprache gesprochen wird, auch <u>Erziehung durch gesprochene Sprache</u>.

2.1.4 FORMATIVE FAKTOREN

In diesem Kapitel geht es darum, daß Sprechen immer formbestimmt ist; d.h. wir sprechen nicht einfach mit- oder zueinander, sondern wir unterhalten uns, führen ein ernsthaftes Gespräch, argumentieren, erzählen Witze, reden, lesen etwas vor, sprechen ein Gedicht, spielen 'Teekessel' oder Theater usw. Entsprechendes gilt für das Hörverstehen. Es wird also die prinzipielle Formbestimmtheit (vgl. GUTENBERG 1981; jetzt auch GOFFMAN 1981) von Sprechhandeln und Hörhandeln besprochen. Sie wurde im 1.Kapitel eingeführt als 'Formbezug'. Dort hieß es: "Es lernt niemand Sprechen von Sprachvarietäten zum Erlernen von Sprachvarietäten, sondern in bestimmten kommunikativen Formen (Formbezug) als funktionalen Vollzug kommunikativer Formen. Es lernt niemand Sprechen für den kommunikativen Vollzug kommunikativer Formen, sondern in gesellschaftlichen Handlungsmustern und sozialen Situationen (Situationsbezug) zum Erreichen kommunikativer Handlungsziele"(s.o.S.24).

Von diesem Ansatz aus scheint es wenig sinnvoll, 'Formbezüge' isoliert zu üben; für notwendig halte ich es aber, die prinzipielle 'Formhaftigkeit' des Mit-, Zu-, Für-, aber auch des Gegen- einandersprechens bewußt zu machen und zwar im Rahmen der jeweiligen sozialen Handlungen, und das heißt auch, im Rahmen der jeweiligen sozialen Situationen, die sie ermöglichen oder erfordern. "Streng genommen gibt es die Sprechtätigkeit als solche gar nicht. Es gibt nur ein System von Sprechhandlungen, die zu irgendeiner Tätigkeit gehören"(LEONT'EV 1971:31).So wenig die von der gesellschaftlichen Kooperation - mit der die Bedürftigkeit des vereinzelten Subjekts als 'Mängelwesen' überwunden wird - erforderten Tätigkeiten beliebige, atomisierte und je neu zufällige'Bewegungen', 'Operationen', 'Handgriffe' sind, so wenig gilt dies für Sprechhandlungen, die in diesen Rahmen eingebettet und auf ihn bezogen sind.

Wenn jemand eine schwere Last über eine große Entfernung von A nach B bringen will, dann er wird er den Gegenstand, weil er ihn nicht selbst hintragen kann, gut verpacken, z.B. bei entsprechender Größe in eine Kiste, und 'tragen lassen'. Die zielorientierte Handlung 'Transport', z.B. mit LKW, gliedert sich in die Transporthandlung (Kiste raustragen, aufladen, verstauen, sichern, fahren, abladen und reintragen), am Zielort in die Nachtransporthandlung (Kiste öffnen, auspacken, prüfen etc.) gleichsam als

Kontrolle der 'ordnungsgemäßen' <u>Vortransporthandlung</u> (Kiste suchen,Gegenstand verpacken, einpacken, Zwischenräume 'ausstopfen', Kiste schließen, adressieren, Transportunternehmen verständigen usw.). Das Handlungsziel bestimmt die Mittel aufgrund der aus einer Bedürfnislage entworfenen, geprüften und ausgewählten Lösungsmöglichkeit. Die Ziel-Mittel-Relation innerhalb der Intentionalitäts-Finalitätsstruktur bestimmt die Schritte des Vollzugs abhängig vom Thema-Horizont-Schema der daran Beteiligten. In der arbeitsteiligen Gesellschaft unserer Produktionsstufe, gibt es für die einzelnen 'Teilhandlungen' verschiedene 'Berufe':Einen Disponenten, der den Transport plant, einen Schreiner, der die Kiste macht, einen Lageristen, der die Ware verpackt, einen Schreiber, der die Begleitpapiere ausfüllt, einen Träger, der die Kiste 'bewegt', einen Packer, der sie im LKW verstaut, einen Fahrer, der den LKW fährt usw. Was für den einzelnen, der den größten Teil der 'Vortransporttätigkeiten' allein ausführen muß, eine seltene Tätigkeit sein mag, ist für Betriebe 'reine Routinesache'.In beiden Fällen - ob'mit Mühe oder mit Routine'- folgt der Transport einem <u>schematisierten Handlungsplan</u>, einem eingespielten Muster. Die <u>Gesamthandlung</u> 'Transport' <u>folgt einem Muster</u>, die <u>'Zwischen'handlungen</u> (verpacken,verladen, fahren usw.) <u>folgen Mustern</u>, die <u>'Einzel'handlungen</u> (z.B. beim Verpacken: Gegenstand einsetzen, sichern, Zwischenräume ausfüllen, Kistendeckel einpassen, vernageln oder verschrauben) <u>folgen Mustern</u>. Das Muster der Einzelhandlung 'nageln' gilt, ob eine Möbelkiste oder ein Sarg, Dachlatten angenagelt oder Pferde beschlagen werden, ob der Nagel'fürs Bild an der Wand'eingeschlagen wird, oder der Orthopäde einen Knochen nagelt, bis hin zur künstlerischen Nagelplastik (H.UECKER). <u>Musterhaftigkeit</u>heißt, die einzelnen Tätigkeiten folgen einem Muster, das sich für diese Tätigkeit im Prozeß der Kooperation als sinnvoll, nützlich, brauchbar, machbar, einfach, 'richtig' herausgebildet hat. Das Muster entlastet den einzelnen einerseits von Fehlversuchen, gibt ihm (wenn er es gelernt hat) Sicherheit, unterwirft ihn aber andererseits der sozialen Kontrolle derer, die befugt sind oder sich dafür halten, auf 'Mustergültigkeit' zu achten.Statt von 'Muster' ist auch von Regel, Schema, Form, Typ die Rede. In unserem Zusammenhang scheint es möglich, <u>Musterhaftigkeit und Formhaftigkeit als Synonyme</u> zu verwenden.
Lassen sich die an dem aufwendig geschilderten 'Transportbeispiel' gewonnenen Einsichten und Kategorien - Vorhandlung,Handlung Nachhandlung;

Gesamthandlung, Zwischenhandlung, Einzelhandlung; Entlastungs- und Kontrollfunktion der Musterhaftigkeit - auf 'Sprechtätigkeit' übertragen? Ich meine, ja.
'Sprechtätigkeit' ist zu verstehen als Komplex von Sprechhandlungen verschiedener Formhaftigkeit. Auch dabei geht der im strikten Sinne kommunikativen Tätigkeit eine präkommunikative Phase voraus wie ihr eine postkommunikative folgt. Die 'präkommunikative Phase' wird bestimmt von allen Faktoren, die anläßlich der 'Situationsanalyse' besprochen wurden (s.o.S.39), die 'postkommunikative' von allen durch die kommunikativen Handlungen ausgelösten Veränderungen der Ausgangs'lage': Wirkungen, Konsequenzen im Erleben, Denken, Meinen, in Einstellungen und/oder Überzeugungen, jegliches gedankliche (mentale) oder tatsächliche (reale) Folgehandeln.
Auch in der Sprechtätigkeit gibt es Gesamt-, Zwischen- und Einzelhandlungen. Die Gesamtsprechhandlung 'Gespräch' wird gebildet aus den Zwischensprechhandlungen:'Begrüßen, Eröffnen, Erzählen, Thematisieren, Argumentieren usw. Beschließen, Verabschieden, - die aus einfachen Sprechhandlungen gebildet werden: Fragen, Erklären, Bitten, Vorschlagen, Nachfragen, Auffordern usw. Auch dabei gilt, was vorher von den Einzelhandlungen ('nageln') gesagt worden ist: Die einfachen Sprechhandlungen, z.B. 'fragen' oder 'bitten' kommen in ganz verschiedenen 'Zwischen-' oder 'Gesamt'-Sprechhandlungen vor. Nicht nur aus theoretischen, sondern auch aus didaktischen Gründen ist es deshalb angebracht, formal zwischen mikro-, meso- und makrostrukturellen Sprechhandlungen zu unterscheiden, die als 'elementare, kombinierte und komplexe' Sprechhandlungen bestimmt werden können.(vgl. SW 112f.) Da aber auch diese Klassifikation noch immer formal bleibt, habe ich in 'Sprechwissenschaft' eine inhaltliche Bestimmung der Formklassen vorgeschlagen: elementare, szenische und dramatische Sprechhandlungen.(Der Term 'Drama' wird dabei im Anschluß an POLITZER zur Bezeichnung "alltäglicher Interaktionspraxis in sozialen Situationen" verwendet (1973:31)).
Die elementare Sprechhandlung 'fragen' spielt in den szenischen Sprechhandlungen des Unterrichts (als Lehrerfrage oder Schülerfrage, beide differenziert nach Personfragen - selbstbezüglich:'Wo hab ich denn meine Brille', fremdbezüglich:'Was soll das denn', bzw. 'Darf ich mal raus' oder 'Was haben Sie mich gefragt' - und Sachfragen: 'Wann lebte Friedrich der Große', bzw. 'Warum heißt dieser Friedrich denn'der Große') eine andere Rolle als nach dem Unterricht in den Szenen des Lehrerzimmers oder des Pausenhofs, obwohl alle diese Szenen in das Drama 'Schule' gehören.

Die genannten Szenen im Drama Schule, sind allesamt unterschieden von
Szenen im Drama Familie, von Szenen im Drama Spiel, von Szenen im Drama
Straßenverkehr, die von jeweils anderen Merkmalen geprägt sind. Das Schulbeispiel mag auch verdeutlichen, daß und wie die Formebenen der Sprechhandlungen korrespondieren mit den Formebenen der Situation. Auch für Situationen wurde (s.o.S.29) zwischen Mikro-, Meso- und Makrosituationen
unterschieden, bzw. zwischen elementaren, szenischen und dramatischen Situationen; wobei die letzteren auf der Seite der 'objektiven' Faktoren
ebenfalls von jeweils anderen institutionellen und organisationsstrukturellen Merkmalen geprägt sind, auf der der 'subjektiven' Faktoren von den
sozialisatorischen und psychostrukturellen Merkmalen der Person.
Die Formhaftigkeit der Sprechhandlungen ist also - allgemein gesagt -
bezogen auf die Formhaftigkeit von Situationen, Rollen, Sprache, Handlungen, Tätigkeiten. Eine sprechwissenschaftliche Sprechhandlungs-Typik muß
deshalb nicht nur die gesellschaftlich entstandenen 'Sprachmuster', sowie
die 'Sprechmuster' und 'Hörmuster' berücksichtigen, sondern die sozial-
und kommunikationsgeschichtlich geprägten 'Handlungsmuster' der Sprech-
Hörhandelnden, sämtliche Muster im Rahmen der 'Situationsmuster' als Ausschnitte der gesamtgesellschaftlichen'Tätigkeitsmuster' in der 'sozialen
Praxis'. Welche Konsequenzen ergeben sich aber für die Sprecherziehung?

Ich meine, Sprecherziehung kann nicht einfach bei 'elementaren Sprechhandlungen' ansetzen; 'fragen' oder 'auffordern' läßt sich nicht lernen wie
'nageln' oder 'feilen' (zu Beginn der Lehrlingsausbildung in nicht-kaufmännischen Berufen). Während nicht damit gerechnet werden kann, daß im
alltäglichen Umgang ein hinreichendes Erfahrungswissen und eine sachangemessene Fertigkeit im Nageln oder Feilen erworben werden konnten, ist davon auszugehen, daß bezogen auf 'fragen' und 'auffordern' im alltäglichen
Umgang sowohl ein hinreichendes Erfahrungswissen als ein kommunikativ angemessenes Können erworben wurden. Allerdings, so ist einzuschränken, wurden diese Fähigkeiten je nach sozialisierendem Milieu als schichtspezifische Sicherheit erworben in begrenzten Situationen (vgl.H.G.1981/4:19),
begrenzten Dramen und Szenen, führten also zu einer entsprechend eingeschränkten Fähigkeit und Sicherheit. Deshalb scheint das Einsetzen mit
elementaren Sprechhandlungen nicht einmal für eine Sprecherziehung im
Kindergarten oder in der Vorschulerziehung (falls es sie noch gibt) sinnvoll, sondern nur - dort wie überall - das Einsetzen auf der mittleren

Formebene der szenischen Sprechhandlungen. Entscheidend ist dabei die
Auswahl der 'Sprechanlässe'; je näher sie an der Erlebnislage, dem All-
tagswissen der Lernergruppe sind, desto besser. Allerdings ist es dabei
wichtig - wie ich 1977 begründete - "nicht nur 'fremdbestimmte' Sprechanlässe zu wählen (Rollenspiele, Filme, Bilder, Texte, Bänder), sondern
in erster Linie selbstbestimmende, d.h. die 'Lebensform' der Arbeitsgrup-
pe" (1982/1). Auch hieran zeigt sich das didaktische Grundprinzip: 'Kommunikation ist kein Lerngegenstand wie andere auch'. Was in diesen szenischen Sprechhandlungen vor allem entwickelt werden soll, ist kein ver-
haltenssicheres Umgehen mit elementaren Sprechhandlungen, sondern die
Erfahrung der Wechselseitigkeit von Sprechhandlungen und Hörhandlungen
im Prozeß des 'Gemeinsam-machens'. Gesprächsfähigkeit - oder bezogen auf
Sprechhandlungen - "Sprechhandlungsfähigkeit ist keine Frage kommunikativer Techniken oder sog. 'Strategien', sondern eine kommunikative Haltung"
(ebd.).((HÖRMANNs Auffassung, Strategien seien 'Patentrezepte'(1981:131a1)
entspricht meiner Einschätzung.))
Wenn mit der Entwicklung der Gesprächsfähigkeit eine kommunikative Haltung entwickelt werden soll, dann kann beides nicht geschehen - ich wiederhole bewußt - im Erlernen elementarer Sprechhandlungen; aus einem 'monologischen' Theorieansatz (Sprechakttheorie) mag anderes gefolgert werden, für den hier leitenden dialogischen Ansatz gibt es keine andere Konsequenz. Erst in kombinierten / szenischen und komplexen /dramatischen
Sprechhandlungen wird die Wechselseitigkeit von Sprechhandlungsformen
und sozialen Normen erfahrbar. Der Komplexität der Sprechhandlungen entspricht eine Komplexität von - handlungsleitenden oder handlungskontrol-
lierenden - Normen. Sprechhandlungen erfüllen keineswegs nur oder versto-
ßen gegen 'Sprachnormen', sie sind in gleicher Weise gebunden an Situa-
tionsnormen, Rollennormen, soziale Normen, moralische Normen, Arbeits-
normen, sogar Spielnormen - und an 'Sprechnormen'. Alle diese Normen
"sind keine subjektiven Erfindungen, sondern 'Prägungen' (...), die sich
im soziohistorischen Kontext vergesellschafteten Arbeitens und Lebens entwickelt haben und damit einerseits (...) als einsozialisierte Erwartungsmuster, Erlebnismuster und Denkmuster die Miteinanderlebenden, - arbeitenden, -handelnden, -sprechenden, (ich ergänze:-spielenden) entlasten, sie
damit andererseits in ihrem Leben, Arbeiten, Handeln, Sprechen und Denken
(ich ergänze: Spielen) der 'sozialen Kontrolle' ausliefern" (SW 109).

Wenn Normen soziale 'Handlungsvorschriften' sind (HARTUNG 1977:12) und
Sprechhandlungen (als kommunikative) soziale Handlungen, dann sind Normen
Handlungsvorschriften auch für Sprechhandlungen. Es ist deshalb theoretisch wie didaktisch unzureichend, Sprechhandlungsformen nur auf Sprachnormen zu beziehen oder nur auf Sprechnormen oder eine Beziehung herzustellen zwischen Äußerungstyp und Situationstyp, sondern auch der pädagogische Prozeß ist an der beschriebenen Normkomplexität zu orientieren.
Allerdings bedeutet dies keineswegs, daß damit der 'Normanpassung' das
Wort geredet sei; denn wenn Normen im Prozeß vergesellschafteten Arbeitens
und Miteinanderlebens sich entwickelt haben, also gerade nicht 'naturwüchsig' sind oder gar 'naturgesetzlich', dann können 'sie sich' im gesellschaftlichen Prozeß verändern. Diese Formulierungsweise ist üblich,
aber ungenau; es muß heißen, dann können sie im gesellschaftlichen Prozeß verändert werden - denn als menschliche, konventionelle 'Setzungen'
sind Normen nur durch Menschen zu verändern. Mit aller Erziehung, die
anderes zum Ziel hat als Sicherung des status quo durch Anpassung an den
status quo, ist es das Ziel der Sprecherziehung, die Bedingungen derartiger Veränderungen entwickeln zu helfen. Das bedeutet, Sprecherziehung,
die sich an der gegebenen Normkomplexität orientiert, um an ihrer schrittweisen Veränderung mitzuwirken, kann die außersprecherischen Normen nicht
ignorieren, zumal ein Bedingungsverhältnis besteht; sie straft sich aber
selber Lügen, wenn sie im Bereich der 'Sprechnormen' rigid auf 'Normerfüllung' besteht (vgl.ANHANG). Die Frage nach dem Warum-Wozu-Bezug jeder
Sprechhandlung ist folglich die entscheidende Leitfrage der Sprecherziehung und nicht die Frage, ob mehr oder weniger 'fragwürdige' sprecherische und sprachliche Normen erfüllt sind.
Die bis hierhin entwickelte Form-und Normkomplexität ist noch zu erweitern. Die Komplexität der Sprech-Hörhandlungen wird nicht nur gebildet
durch ihre mikro-,meso-und makrostrukturelle Vielfalt, diese wird noch
potenziert durch die Vielzahl der sprachlichen Varietäten, in denen es
ebenfalls Normen und Formstufen gibt; in der Ortsmundart genauso wie im
Regionaldialekt, in der dialektnahen Umgangssprache genauso wie in der
standardsprachnahen Umgangssprache oder in der Standardsprache selbst.
Die elementare Sprechhandlung 'Erklären' z.B. wird innerhalb einer dörflichen Ortsmundart anders vollzogen, impliziert andere situative, soziale,
moralische etc. Normen, wenn sie in der Dorfschule, am Stammtisch, in
einem Handwerksbetrieb, auf dem 'Feld', an der Tankstelle vollzogen wird.

(Die Andeutung mag genügen; ich verzichte hier darauf, das Zusammenwirken sämtlicher Konstitutionsfaktoren zu beschreiben, zumal dies letztlich sinnlos wäre ohne Schilderung der im jeweiligen Thema-Horizont-Schema intendierten Handlungsziele und Konsequenzen der kommunikativen Handlungen in den sie übersteigenden sozialen Handlungen.)
In einem Vortrag habe ich (1977) einen Katalog der Grundbestimmungsmerkmale von Sprechhandlungen zusammengestellt und dann an'Sprechhandlungen im Unterricht' exemplifiziert. Aus diesem Katalog greife ich hier zwei Positionen auf: "Sprechhandlungen können Sprechhandlungen auslösen oder andere Handlungen" (dies kann als Zusammenfassung des eben Entwickelten gelesen werden) und - worauf ich jetzt eingehen möchte - "Sprechhandlungen, die Sprechhandlungen auslösen, bilden - von reduzierten Formen abgesehen - entweder Sprechhandlungssequenzen oder Texte."(1982/1:247f.)
Mit der Formulierung "entweder Sprechhandlungssequenzen oder Texte" ist ein Unterschied formuliert, der die Subsumption sämtlicher Sprechhandlungen unter den Begriff 'Textproduktion' als falsch abweist, werden doch nicht in sämtlichen Sprechhandlungen 'Texte' produziert.
Der Ansatz beim 'Gespräch' als dem Prototyp der mündlichen Kommunikation erweist sich auch in diesem Problemzusammenhang als fruchtbar, denn Gespräche geschehen als Prozesse unmittelbaren Sprech-Hörhandelns, die mit dem Erreichen der Verständigung ihren Zweck erfüllt, ihr Ziel erreicht haben. Vergleichbares gilt von vielen Formen 'latent dialogischen' Sprechens, von Reden. In beiden Fällen werden nicht sprachliche Werke (Texte) als diese 'Werke' absichtlich hergestellt (produziert), sondern es wird absichtlich der Versuch unternommen, 'etwas gemeinsam zu machen', sich mit jemand über sich und/oder über etwas zu verständigen. Daß diese Prozesse auf Tonband oder Videofilm aufgenommen werden können und so entpragmatisiert als 'Texte' für entsprechende Untersuchungen dienen können, ist etwas anderes. Zum Beispiel: Wenn mir jemand eine Wegauskunft gibt, dann produziert er keinen Text, sondern er erklärt mir, wie ich im Situationsfeld 'von hier nach da' komme, und ich rezipiere keinen Text, sondern suche hörzuverstehen und mir einzuprägen, was der andere mir erklärt. Eine gleichzeitig gemachte Tonaufnahme kann später von mir oder jemand anderem als ein Text der Form oder Textsorte 'Wegauskunft' analysiert werden; aber das ist etwas völlig anderes. Es hat den Anschein, als zeige sich in diesem falschen Allgemeinanspruch des Text(produktions)begriffs

der alte Philologismus in neuer Gestalt, folgerichtig dann auch in ausschließlich sprachorientierten Formen der 'Gesprächsanalyse' (vgl. dazu H.G.1982/3).

Es sind also "mit BÜHLER (1934:53) zwei Grundformen von Sprechhandlungen zu unterscheiden, ein Unterschied, den auch Winkler (1954:33;[2] 1969:48) aufgriff, 1.'transitorische' Sprechhandlungen (Terminus von Gutenberg 1980: 93) und 2. 'sprachwerkerzeugende' Sprechhandlungen, die sich weder theoretisch noch praktisch über einen Kamm scheren, bzw. unter 'einem' Textbegriff subsumieren lassen"(GrSE 39)(vgl. auch SW 57f.). Wird dieser Unterschied übersehen - und genau dies ist die Folge des fälschlich absolut gesetzten 'Text'begriffs - dann ergeben sich didaktisch-methodisch unvertretbare Konsequenzen; z.B. die, daß Schüler stimuliert werden, etwas zu erzählen, Sachliches oder Persönliches, letztlich nur als Vorübung für eine schriftliche Darstellung (in der Primarstufe, werden dann besonders 'schöne' Wörter an der Tafel gesammelt als Vorbereitung der häuslichen Schreibaufgabe).Gegen derlei Praktiken, die sich nach wie vor großer Beliebtheit erfreuen, wandte HELMIG bereits 1972 ein, "daß die Funktion der gesprochenen Sprache neben der Tatsache notwendiges Kommunikationsmedium zu sein, nicht darin besteht, schriftliche Darstellungsformen vorzubereiten, sondern den Schüler zu befähigen, Sprech- und Erzählsituationen zu meistern. Wird das mündliche Erzählen einer Stilform der Schriftsprache dienstbar gemacht, so besteht die Gefahr, daß die Kriterien dieser schriftlichen Darstellungsform auch auf die mündliche Erzählung angewendet werden. Als Folge droht der Verlust der Erzählfähigkeit"(1972:22).Was HELMIG ausgehend von 'gesprochener Sprache' schlußfolgerte, wird noch gravierender, wenn tatsächlich vom Miteinandersprechen und seiner spezifischen Formhaftigkeit ausgegangen wird; dann geht es nämlich nicht mehr nur um Erzähl-, sondern generell um Gesprächsfähigkeit. Gespräche aber sind - von philosophischen oder literarischen Stilisierungen abgesehen - mündlich. Mithin führt kein ungebrochener Weg vom Mündlichen zum Schriftlichen, sondern nur ein - noch keineswegs zureichend erforschter - Übersetzungsprozeß. Noch nicht einmal auf der Ebene des Lautlichen gelten 'pädagogische Maximen'des Musters: 'Sprich,wie du schreibst' oder 'Schreib, wie du sprichst'. <u>Sprechdenken und Hörverstehen sind prinzipiell unterschieden von Schreibdenken und Leseverstehen.</u> (vgl.2.2). Da die 'formativen Faktoren' nur <u>in</u> den 'Formen des Sprechens' entwickelt werden können,können methodische Hinweise auch erst dort gegeben werden, im 3.Kapitel.

2.1.5 LEIBHAFTE FAKTOREN

In diesem Kapitel geht es um die somatischen Voraussetzungen für die Verständigung im Miteinandersprechen, also um die leibhaften Faktoren der Sinnkonstitution. Vorausgesetzt ist das Faktum: Sprechen wird immer leibhaft vollzogen. (vgl. den Begründungsgang in SW 116-127).(Auf 'sprechende' Maschinen gehe ich hier nicht ein; auch nicht auf organische und sprechphysiologische Voraussetzungen, zu denen im ANHANG einige Übungen dargestellt werden.)

Leibhaft erzeugt ist - wie der Volksmund sagt - der "Ton, der die Musik macht"; etwa im Unterschied zu den 'Noten' (um in der Metapher zu bleiben), nach denen die Musik gemacht wird. Hier kommt die Musik-Metapher an ihre Grenze. Es ist nicht so, daß das WAS einer Äußerung sprachlich festgelegt wäre (Inhalt) und sprecherisch lediglich das WIE (Ausdruck) verändert würde. Die Zuordnung: WAS zu 'Sprache' und WIE zum 'Sprechen' ist unzutreffend. In unmittelbar mündlicher Kommunikation sind WAS und WIE nicht abzulösen von der jeweiligen WER mit/zu WEM-Beziehung. Der psychosoziale Kontext einer konkreten Äußerung kann als Selbst- und Hörerbezug (s.o.40ff.) innerhalb gegebener und sich verändernder Situations- und Rollenmuster (s.o.27ff.) nicht einfach der einen oder der anderen Seite zugeschlagen werden. Dies gilt für die Sprechmuster, aber auch für die Sprachmuster. Barbara SANDIG sagt vom Sprecher:"Es mag ihm nur auf das Was ankommen, aber er vermittelt dem Adressaten auch das Wie; nur durch das Wie kann er dem Adressaten das Was übermitteln"(1978:16f.). Auch sprachstilistische Variationen sind allemal Variationen des Wie;

1. paradigmatische:

   1.1 Das ist mir gleichgültig, egal, einerlei, piepe, wurscht....

   1.2 Das interessiert, beschäftigt, berührt, kümmert, kratzt mich nicht.

2. syntagmatische:

   2.1 Ob du das so oder so machst, ist mir völlig gleichgültig.

   2.2 Das Ganze ist mir echt piepegal.

   2.3 Des is mer alles woascht.

   2.4 Des kratzt misch net. usw.

Die Verhältnismäßigkeit der WAS- und WIE-Faktoren (deshalb $\frac{WAS}{WIE}$ im Situationsmodell (s.o.38)) gilt also für die Sprachmuster; sie gilt in mehrfacher Hinsicht für die Sprechmuster.

Es gibt nämlich verschiedene Sprechmuster, diejenigen, die
- zum Sprach'system'
- zu Situation und Rolle
- 'zu' den Sprechern

gehören. (WINKLER unterscheidet die beiden letztgenannten als 'jeweilige und persönliche Sprechart' DtSK 114ff.; an anderer Stelle spricht er von 'lage'- oder 'personbedingtem' Klang, a.a.O.316).
((Ich gehe zunächst auf Sprechmuster ein, die zum Sprach'system' gehören, und schließe jeweils die 'sozial-expressiven' und 'diagnostischen' an (zur Terminologie vgl. H.G.1981/2) und folge dabei der Anordnung der 'Ausdrucksmerkmale' im 'kleinen Katalog' (1973 = RhpB 102), bzw. der 'Matrix'(SW 122))

Melodische Muster

Die Grundtonhöhe ist im Deutschen - im Unterschied zu Tonhöhensprachen - fast ohne Bedeutung.Lediglich in einigen syntaktischen Konstruktionen spielt - zumal in 'Langsätzen' - eine Tonhöhen-Änderung eine Rolle; z.B. wird die Parenthese

3.'....spielt - zumal in 'Langsätzen' - eine....'

'tiefer' liegen als die Umgebung. Ähnliches gilt (oft) von eingeschobenen Nebensätzen, sofern sie nicht die Kernaussage enthalten:

4. Dies ist, was zu beweisen war, ein typischer Fall von...

im Unterschied zu

5. Dies ist für mich, obwohl Du sicher ganz anders darüber denkst, ein typischer Fall von...

(Eine 'Umstellprobe' ergäbe für 4. wahrscheinlich einen schwachtonigen 'Nachklapp', eben 'was zu beweisen war'; in 5. könnte dagegen 'obwohl Du sicher anders darüber denkst' die auch melodisch hervorgehobene Kernaussage sein.) (vgl. WINKLERs Arbeiten zum 'Einschub', zuletzt 1979:119ff.)

Bedeutsamer als die Grundtonhöhe ist der Melodieverlauf, die 'Intonation' im engen Sinne; hier besonders der <u>Melodieverlauf an Äußerungsgrenzen</u>. Diese '<u>Kadenzen</u>' (wörtlich:'Tonfall') schließen die Äußerungen ab <u>und</u> qualifizieren sie. Im Anschluß an Otto von ESSEN (1964) ist es üblich, drei Kadenztypen als sprachsystemrelevante '<u>Melodeme</u>' zu unterscheiden: <u>terminal</u> (fallend, abschließend),<u>progredient</u> (schwebend, weiterweisend), <u>interrogativ</u> (steigend, -). Wenn in der letzten Klammer das zweite Adjektiv fehlt, so hat das folgenden Grund: Empirische Untersuchungen haben Alltagsbeobachtungen bestätigt (WINKLER 1979; ROYE 1981). Keineswegs überall, wo in schriftlichen 'Sätzen' ein Fragezeichen steht, steigt die Stimme. Die steigende Kadenz ist eine interrogative nur in Ausnahmen; z.B. in sog. 'Entscheidungsfragen' oder im zweiten Glied einer Doppelfrage usw. Ergänzungsfragen, z.B. die meisten W-Frage-Sätze, haben i.allg.terminale Kadenz (wie die 'Aussagesätze'); z.B.:

    6. Na, hats geschmeckt (terminal)

im Unterschied zu

    7. Hats geschmeckt (sofern 'ja oder nein',bzw. 'gut oder schlecht'
       herausgelockt werden soll:'interrogativ')

Ein Steigton in 6. signalisierte eine insistierende Frage; sozusagen aus antizipiertem Sprecherverdacht, es könnte nicht..., oder aus der projektiven Sprechererwartung (Wunsch), es möge außerordentlich gut geschmeckt haben. In beiden Fällen käme eine besondere Kontaktabsicht des Sprechers zum Ausdruck. STOCK/ZACHARIAS(1982) bezeichnen deshalb den '**Steigton**' allgemein als'**Kontaktmotiv**' (also gerade nicht mehr als 'Frage'-Kadenz). Ein 'Fallton' in 7.signalisierte im Grunde überhaupt keine Fragehandlung mehr, sondern weit eher eine wohlwollende 'Zustimmung', die vom Angesprochenen keine 'Antwort' mehr erwartet.Umgekehrt wird die feststellende Äußerung

    8. Du bist satt

durch Kadenzänderung zur Frage.

Festzuhalten ist: Weder garantiert ein Fragesatz eine Fragehandlung oder muß eine Fragehandlung als Fragesatz vollzogen werden, noch garantiert eine fallende Kadenz eine Nicht-Frage oder ein Steigton eine Frage; dennoch gehört die prinzipielle Unterscheidungsmöglichkeit von Frage und Nicht-Frage mit Hilfe der Kadenz zum Sprachsystem (deshalb spricht von ESSEN zurecht von 'Melodemen'). Diese Unterscheidungsmöglichkeit wird vom Sprechenlernenden i.allg. schon zwischen dem 4. und 8. Lebensmonat erworben (vgl. H.G.1978/1:131f.).

Die im Erstleseunterricht 'eingetrichterte' Formel:'Bei Fragezeichen steigt, beim Punkt fällt die Stimme' gilt nur für die zweite Hälfte der Formel. Sie ist genauso halbfalsch wie die andere: 'Beim Komma hebt,beim Punkt senkt man die Stimme'; denn durch Kommata eingeschlossene Äußerungen oder Äußerungsglieder können durchaus mit 'fallender Stimme' gesprochen - und gelesen(!) - werden, weil Kommata völlig unterschiedliche Funktionen haben. Ich erwähne die beiden 'falschen' Regeln nur, weil ihre Auswirkungen schier unausrottbar sind; wie sich immer wieder beim Vorlesen

zeigt, aber auch in Versuchen, "besonders schön" zu sprechen bei vielen Erwachsenen.
Es hat den Anschein, daß zumindest beim alltäglichen Kommunizieren der 3.Kadenztyp immer häufiger verwendet wird, die Progredienz. (vgl. WINKLER 1979 : 136 und 160ff. Dort sind 60-70% progrediente Kadenzen nachgewiesen.) Zumal in Gesprächen wird die Melodie häufig 'weiterweisend' in der Schwebe gelassen; sei es, daß der Sprecher seinen Gedanken noch weiterspinnt, sei es, daß er auf ein zustimmendes Hörersignal wartet, sei es, daß er sich den 'turn', den Redezug, vom Hörer nicht wegnehmen, sich nicht unterbrechen lassen will. Wenn der Progredienz auch keine eindeutige syntaktische Funktion zukommt, so gehört sie als o-Position dennoch zum 'System', weil es den Sprechern keine Alternative zwischen 'steigend' und 'fallend' abverlangt; Progredienz gehört aber mit Sicherheit in eine 'kommunikative Grammatik'.
Melodische Muster sind also auf das Sprach'system' bezogen; es gibt aber auch sozial-expressive und sprechergebundene Muster. Hier spielt bereits die 'Grundtonhöhe' eine wichtige Rolle; denn eine'tiefe,dunkle' Stimme wird z.B. allg. als 'glaubwürdiger, wärmer usw.' eingeschätzt als eine 'hohe, helle' - dabei spielen dann auch geschlechts- und altersspezifische Unterschiede eine Rolle. In der Pubertät differenzieren sich die ähnlich klingenden Kinderstimmen als 'sekundäre Geschlechtsmerkmale' aus. Da Frauenstimmen (in unserer Soziokultur) i.allg. im Oktavabstand 'über' den Männerstimmen liegen, "liegt der Hauptsprechtonbereich von Frauen i. allg. im Bereich der 'Emotionaloktav' von Männern, während die 'Emotionaloktav' von Frauen i.allg. außerhalb der stimmphysiologischen Reichweite von Männern liegt. Das führt häufig zu entsprechenden geschlechtsspezifischen Urteilen:'brummig und hart' auf der einen,'überkandidelt und schrill' auf der anderen Seite.(...) Abgesehen von derart klischeehaften (...) Zuschreibungen bleibt zu beachten, daß Frauen Frauen prinzipiell anders hören als Frauen Männer - und entsprechend, daß Männer Frauen anders hören als Männer Männer"(H.G.1981/2:40). Aber nicht nur verschiedene 'Grundtonhöhen' (Stimmlagen) werden verschieden eingeschätzt,sondern auch die 'Tonhöhenbewegungen', die <u>Melodie</u>,die schon bei entspanntem Sprechen oft mehr als eine Oktav 'durchläuft'. Freude oder Erregung, Müdigkeit oder Depression verändern den <u>melodischen Verlauf vor den Kadenzen</u>.
(WINKLER bezeichnet diese Tonhöhenbewegungen als 'Melos', von 'Melodie'

spricht er dagegen nur, wenn das Melos "im Vers geregelt und zum besonderen aesthetischen Wert wird" (DtSK 311). So schön es wäre, für die beiden Erscheinungsformen des Melodischen verschiedene Termini zu haben, diese Begründung halte ich für unangemessen, weil es sowohl im Alltag äußerst 'melodiöse' Sprecher gibt, besonders aber in institutionellen rhetorischen Formen, in denen - z.B. in Sportreportagen, Predigten, sogar in Vorlesungen - Melodie bis in Bereiche des 'Gesungenen' erzeugt wird, obwohl weder Verse gesprochen werden, noch ein'besonderer aesthetischer Wert' erzeugt wird.)

Schließlich gibt es noch'subjektive' Melodiemuster, in denen durch Stimme und 'Stimmführung' sowohl augenblickliche Stimmung als auch psychostrukturelle Gestimmtheit zum Ausdruck kommen. Vor allem in diesem Bereich sollte nicht 'überhört' werden, wie stark die subjektiven 'Gewohnheiten',(sogar deren konstitutionelle Voraussetzungen) sozial überformt sind.(vgl. SCHERER/GILES 1979 und SLEMBEK 1982/1). Das Zusammenwirken 'sozial-expressiver' und 'subjektiv-diagnostischer' Melodiemuster bestimmt zu einem nicht unwesentlichen Teil die 'sozialen Rollen als Sprechrollen' (s.o.33).

Zu den 'leibhaften' Merkmalen im melodischen Parameter gehören u.a. auch die Klangfarben, also die jeweilige von der Form des Ansatzrohrs abhängige Mischung von Grundton und Obertönen. Da sich die Vokale durch die Konstellation jeweils zweier Obertöne unterscheiden, lassen sich 'Vokale' als zum jeweiligen Sprach'system' gehörende Klangfarben bezeichnen. Über dieser Basis (vor allem) entwickeln sich dann die 'expressiven' Klangfarben, z.B. begütigend, ärgerlich, freundlich, drohend usw. So kann etwa die Äußerung

    8. du bist satt

je nach Klangfarbe in ihrer Bedeutung paraphrasiert werden:

    8.1 (begütigend): du mußt den Teller nicht leer essen
    8.2 (ärgerlich): nie schätzt du,was ich koche
    8.3.(froh): fein, daß es dir geschmeckt hat
    8.4 (drohend): es gibt nichts mehr
    8.5 (verwundert): das ist doch nicht möglich usw.usw.

So gewiß derartige Paraphrasierungsmöglichkeiten bestehen, so gewiß werden sie alltäglich selten 'gewählt', nicht nur, weil sie ein größeres semantisches Repertoire voraussetzen, sondern weil sie in ihrer 'verbalen' Deutlichkeit die kommunikative Beziehung verändern. Fraglich bleibt in

pragmatischer Hinsicht, wie weit Klangfarben 'systematisierbar' sind, vor
allem auch wieder hinsichtlich einer 'kommunikativen Grammatik'.
Daß durch alle sprachliche (Vokal) und sozial-expressive 'Färbung' des
Klangs im Grundklang der Sprecher hörbar wird ('jemanden an seiner Stimme
erkennen'),zeigt die dritte Dimension der Klangfarben, die 'diagnostische'.
Hörbar wird immer zugleich - um abzukürzen - z.B.1.ein'deutsches' $[o:]$,
das 2.'lustig' hervorgebracht wird, 3. vom Sprecher X.

<u>Dynamische Muster</u>
In diesem Parameter geht es vor allem um die Veränderungen des Schall-
drucks. Dabei spielt bezogen auf das Sprach'system' die Veränderung der
Lautheit (Lautstärke) kaum eine Rolle (es sei denn, das von Sprache zu
Sprache, von Sprachvarietät zu Sprachvarietät verschiedene Verhältnis von
Vokalen, Halbvokalen und - stimmlosen - Konsonanten würde berücksichtigt.)
Wichtig sind Lautstärke-Veränderungen aber sowohl im sozial-expressiven
als im diagnostischen Bereich. Die Einflüsse des sozialisierenden Milieus,
vor allem aber der Arbeitswelt (Werkstatt vs. Büro) wirken sich aus und
führen zu verschiedenen Einschätzungen."Beispielsweise gilt 'gesteigerte
Lautheit' in der Unterschicht eher als 'rauh, aber herzlich',in der Ober-
schicht eher als 'töricht und aggressiv'; leises Sprechen dagegen in der
Unterschicht eher als 'distanziert, vornehmtuend, wenn nicht verschlagen',
in der Mittelschicht als 'umgänglich und vernünftig'."(H.G.1981/2:39f.)
In allen drei Dimensionen werden aber die Lautheits-Veränderungen wichtig,
die 'Betonungen' genannt werden, die <u>Akzente.</u>'Betonbar' sind 'Tonlaute',
im Deutschen in der Regel der Vokal der Stammsilbe.
    9. só / dér / lében / tísch   usw.
Bei Zusammensetzungen wird es schon schwieriger:
    10.1 sobáld / der Tísch aber
    10.2 Schreíbtisch (nicht Eßtisch) oder Tíschbein (nicht Stuhlbein)
Während in 10.1 die 'enklitischen Wörter' ihren Akzent abgeben und zum
Präfix werden, zieht in den Beispielen 10.2 das Bestimmende den Akzent
an sich, nicht das'Bestimmte'(vgl. TROJAN 1961). Beim Lesen gibt es in
einigen Fällen Unsicherheiten, weil z.B. nicht auf Anhieb zu erkennen ist,
ob
    11. 'Beinhaltung' nach 10.1 oder nach 10.2 'betont' werden muß.
Gibt es in <u>Wortgruppen</u> eine übergeordnete Bedeutung, dann zieht sie den
Akzent an sich (Wortgruppenakzent):

12. Aufdemtischliegt ˇmeinebrílle

Dies führt dazu, daß schreibenlernende Kinder nach Höreindruck und Sprechgewohnheit zunächst oft ohne Wortzwischenräume schreiben:

    13.1 ichwünschmerenrad

    13.2 (noch im 2.Schuljahr:) '...ist das eis sodig'

    Soll heißen: '...ist das Eis so dick'(!)

Nachdem sie aber gelernt haben, Wortzwischenräume zu schreiben, sind sie nur mühsam davon abzubringen - ganz gegen ihre Sprecherfahrung - 'Wort für Wort' zu lesen. "Zusammenlesen" heißt, zusammengehörige Wörter unter einen Wortgruppenakzent zu spannen, letztlich unter den - bezogen auf schriftsprachliches Vorgehen - 'Satz'akzent. Für die mündliche Kommunikation sprechen wir zutreffender von 'Äußerungsakzent', weil es sich keineswegs nur um 'Sätze' handelt; er zeichnet das die Neuigkeit bringende Kernwort (auch Tonwort, Sinnwort, Sinnkern genannt) im Rhemateil aus. Diesen 'Hauptakzent' kann (nahezu) jedes Wort an sich ziehen (nicht nur die sog.'Hauptwörter'), wodurch wiederum eine Fülle von Sinnvarianten entsteht, die sich freilich wiederum paraphrasieren lassen; z.B.

    14. Da fährt mein Zug

als   14.1 Dá .... (nirgendwo anders)

    14.2 ...fáhrt..........(tut nichts anderes)

    14.3 ....méin.... (betrifft/gehört niemand anderen/m)

    14.4 ....Zúg (nichts anderes)

Auffällig ist zunächst, daß sich mit der Akzentstelle auch die Gruppenbildung in der Äußerung verändert, ja daß oft zwei Akzentstellen zu beobachten sind (Haupt´ und Neben ˋ Akzent), zwischen denen eine Spannung entsteht; so daß Gruppen entstehen, die meistens durch eine kurze 'gliedernde' Pause voneinander getrennt sind:

    14.1 Dâ ˇfährt mein Zug

    14.4 Da fährt mèin ˇZúg

Obwohl die letzte Bemerkung bereits in den temporalen Parameter gehört, möchte ich das Gesagte zusammenfassen: Werden sämtliche bislang besprochenen, zum Sprach'system' gehörenden Muster berücksichtigt, dann ergibt das z.B. für eine im Wortlaut unveränderte 4-Wort-Äußerung (wie 14) bei 4 akzentuellen Differenzierungen und (nur) 2 Kadenzen bereits 32 Sinnvarianten; werden weiterhin (wenigstens) 20 Klangfarbendifferenzierungen berücksichtigt, dann bereits 640 Sinnvarianten; von weiteren sozial-expressiven und subjektiv-diagnostischen Varianten ebenso abgesehen wie von mehrwortigen Äußerungen (Nach der gleichen'Rechenweise'erbrächte eine 7-Wort-Äußerung bereits 1960 Variationsmöglichkeiten.) Auf diese Weise werden - so hat es den Anschein - sowohl geringer 'Wortschatz', aber auch die relativ geringe Anzahl von 'Satzbauplänen' kompensiert. Wieder zeigt sich, daß Kommunikativität anderen Regeln folgt als Grammatikalität, ja, daß die Präskripte einer aus Schriftlichem destillierten Grammatik zu einer Verkümmerung kommunikativer Möglichkeiten führen können, und dies nicht nur für das 'Schriftliche'.

Temporale Muster

Im temporalen Parameter ist die Sprechgeschwindigkeit weniger systemrelevant als die Pausen, wenngleich Tempowechsel zumindest syntaktisch eine Rolle spielt zur Kennzeichnung von Parenthesen und eingeschobenen 'Nebensätzen'. Wichtiger jedoch sind die **Pausen**. Hier sind zu unterscheiden 'grenzende' und 'gliedernde' Pausen; während diese als Binnenpausen den Verlauf einer Äußerung gliedern, markieren jene die Äußerungsgrenzen.Die grenzenden Pausen sind (i.allg.) zusätzlich durch Kadenzen qualifiziert. Genau betrachtet erweist sich sogar der "präpausale Tonhöhenverlauf" als ausschlaggebend; d.h."daß die Intonation das fundamentale textsyntaktische Gliederungssignal ist"(DROMMEL 1974:34). Während in grenzenden Pausen i.allg. geatmet werden kann (oder wird), wird in gliedernden Pausen nicht geatmet (bzw. sollte nicht geatmet werden, um die Äußerungsspannung nicht zu zerreißen). Wird der Atem absichtlich 'angehalten', dann gewinnen die gliedernden Pausen oft den Charakter von **Spannpausen**; dies auch und gerade beim 'Versssprechen' in den Enjambements. Im Unterschied zu den intentionalen Spannpausen, die in alltäglichem Sprechen stark 'hörersensitiv' sind, werden andere gliedernde Pausen nicht intendiert. Sie sind oft Anzeichen für Wortsuche, bzw. Planungsschwierigkeiten und können im kognitiven Planungsprozeß 'leer' bleiben, bzw. routinehaft oder bei gesteigerter Sprecheremotionalität auch 'gefüllt' werden (Füll-Laute 'äh', 'äm' usw., aber auch andere Versatzstücke kommen vor, z.B. 'also','nun' usw.). Das Verhältnis von Tempo und Pausen ist freilich auch sozial-expressiv und diagnostisch kennzeichnend; so lassen sich beispielsweise Aufgeregtheit oder Ruhe, Besonnenheit oder Hektik, Gespanntheit oder Desinteresse 'temporal' zeigen und erkennen, bzw. dem erwarteten Hörverstehenstempo des oder der Hörer entsprechend variieren. Abgesehen von den sozialen Varietäten und sprechertypischen Unterschieden nach Häufigkeit, und Dauer lassen sich die Pausenqualitäten auf folgende Weise darstellen:

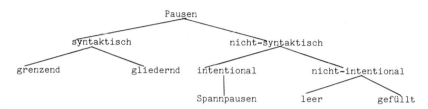

Artikulatorische Muster

Daß die 'Laute' zum Sprach'system' gehören, bedarf keiner großen Beweisführung. Zu unterscheiden sind das für jede Sprache unterschiedliche Verhältnis von Vokalen und Konsonanten. Dabei sind wiederum nicht nur die Unterschiede von 'langue' zu 'langue' zu berücksichtigen, sondern auch die von Varietät zu Varietät (vgl. etwa die Reihe 'Dialekt/Hochsprache - kontrastiv'). Weiterhin sind zu unterscheiden die 'kleinsten bedeutungsdifferenzierenden Lautmale', die Phoneme, und ihre Realisationen, die Phone, bzw. Allophone.
Da die Ebene der Laute die unterste Ebene der auditiven (nicht der apparativen) 'Zergliederung' des Sprachschalls ist, bezeichnet man sie auch als segmentale Ebene. Alle übrigen Parameter liegen oberhalb (supra) der segmentalen Ebene, weshalb man sie auch als Suprasegmentalia bezeichnet.

15. 'so' vs. 'wo' oder 'dir' vs. 'der'
    sind phonematische Oppositionen auf segmentaler Ebene,
16. 'so!' vs. 'so?'
    ist eine melodemische (satzphonematische) Opposition
    auf suprasegmentaler Ebene usw.

Was unter beschreibender Hinsicht (phonetisch) als suprasegmentale Merkmale beschrieben wird, wird in interpretierender Absicht (hermeneutisch) auch als prosodische Merkmale gekennzeichnet.
Daß die Suprasegmentalia sozial-expressive Funktionsmuster bilden -HEIKE spricht von 'Expressemen' (1969:73) - wurde bereits dargestellt. Aber auch die artikulatorischen Muster kennzeichnen nicht nur 'Sprachliches'. Verbissenes oder weiches, nuschelndes oder scharfes 'Lauten' wird sozial verschieden eingeschätzt, ebenso gaumiges (salbungsvolles) oder enges (schneidiges) usw. (vgl. LOCKEMANN 1954:13 und TROJAN 1954).

Zusammenfassend ist zu sagen: In allen vier Parametern der leibhaften Faktoren gibt es zum Sprach'system' gehörende Sprechmuster (standard-, regional- gruppensprachliche), sozial-expressive (institutionelle, situative, rollenhafte) und subjektiv-diagnostische (konstitutionelle, habituelle, okkasionelle) (vgl. die von mir 1981/2:38 entwickelte Matrix; zur Begründung auch SW 122). Weder die sozial-expressiven noch die subjektivdiagnostischen werden außerhalb von 'Sprache' geäußert, sondern durch und in sprachlichen Äußerungen.Sofern man ausschließlich 'Wörter und Sätze' als das 'Verbale' bezeichnen will, zu dem aber dann Segmentalia und Suprasegmentalia (in der sprach'system'relevanten Funktion) hinzugerechnet werden müßten, also Sprecherisches, mag man die anderen Dimensionen para-verbal nennen. Lediglich eine kleine Gruppe lautlicher Merkmale kommt auch ohne Bindung an Sprache vor, wir nennen sie extraverbal.

Daraus folgt: So einleuchtend die Trennung in 'verbal' und 'nonverbal' auch ist, so unrichtig ist sie; denn im Bereich des leibhaft vollzogenen Sprecherischen gibt es nicht zwei, sondern drei Dimensionen: verbale, paraverbale und extraverbale - oder, aber das hängt vom jeweiligen Linguistikbegriff ab: linguistische, paralinguistische und extralinguistische - oder,aber das ist sicher ein wenig zu einfach: sprachliche, sprachbegleitende und außersprachliche. Zu der 3.Gruppe gehören lauthafte Hervorbringungen wie rufen, schreien, jodeln, stöhnen, schnarchen, rülpsen, wimmern, lachen, weinen (vgl. H.G.GrSE 1981/1:40ff.). Bei den sog. 'Interjektionen' wie 'hm','oh','ah', den Füllseln 'äh', 'em' wird das schon mehr als zweifelhaft, nicht nur weil sie Morphemqualität haben, sondern weil sie als Abtönungspartikel strukturale Mittel des Gesprächs sind. Extraverbal, bzw. tatsächlich 'nonverbal' im strengen Sinn sind nur alle leibhaften Ausdrucksformen im Bereich des Gesichts (Mimik), der oberen Extremitäten (Gestik) und Gesamtmotorik (Kinesik) im Raum (Proxemik).Alderdings gilt sogar dies uneingeschränkt nur, solange sie stumm (aphonisch) verlaufen. Sind sie dagegen eingebettet in Prozesse mündlicher Kommunikation - und wann sind sie dies bei 'Vollsinnigen' außer in künstlerischen Pantomimen oder unter extremen Lärmbedingungen, bzw. außer 'Rufweite' nicht - dann sind sie schon wieder 'para'verbal (wie etwa die Pantomimen, mit denen Stewardessen·zu einem Tonbandtext die Sicherheitsbestimmungen 'demonstrieren'),wenn auch in einem anderen Sinn. Die aphonischen Ausdrucksbewegungen sind paraverbal als sprachbegleitende, die vorher ge-

schilderten phonischen Ausdrucksbewegungen sind dagegen nicht in diesem eingeschränkten Sinn 'sprachbegleitend', sondern sprachbezogen. Lediglich für denjenigen, der paradoxerweise von der geschriebenen Sprache (und ihrer Grammatik) nicht nur zur 'gesprochenen Sprache', sondern zum Miteinandersprechen kommt, mögen die Erscheinungsweisen der Paraverbalität vergleichbar sein. Mit solchen Scheuklappen mag einer dann auch dabeibleiben, alle faktischen Differenzierungen zusammenzufegen und als 'nonverbal' zu etikettieren. Auch dieses Vorgehen kann freilich nicht darüber hinwegtäuschen, daß die heute gängige sprachanaloge Bezeichnung des Aphonischen als 'Körper-Sprache' weder auf ein 'Lexikon' noch auf eine 'Syntax' sich stützen kann, dafür auf umso mehr 'semantische' Impressionen. Nicht einmal die Ebene des 'Segmentalen' ist bislang von der Forschung zuverlässig beschrieben. Was ich anläßlich des 'double-bind' schrieb, mag die Situation verdeutlichen: "Ist beispielsweise das Hochziehen einer (welcher) Augenbraue 'okkasionell, habituell oder konstitutionell' für diesen Menschen X, oder nur in seiner situativen, rollentypischen Beziehung zu dem Menschen Y in der und jener Institution, unter der Voraussetzung bestimmter soziolektaler oder dialektaler oder überregionaler Grundstrukturen; und korrespondiert dieses Hochziehen einer Augenbraue okkasionell, habituell usw. mit dem gleichzeitigen, gelegentlichen, ständigen Herunterziehen eines Mundwinkels (welches) oder einer vorgreifend abdrehenden Bewegung einer körpernah gehaltenen Hand mit ausgestrecktem Zeigefinger, bzw. abgespreiztem oder gekrümmtem kleinen Finger oder einer wippenden Bewegung in einem (welchem) oder beiden Kniegelenken usw.usw." (SW 125).
Merkwürdigerweise können wir alle uns im Dunkeln verständigen, miteinander telefonieren und Radio hören ohne 'Körpersprache', womit nicht gesagt sein soll, daß sie bedeutungslos ist, vielleicht nur nicht so bedeutungsvoll wie das im Videotrend behauptet wird. Wie auch immer: Eine schlichte 1:1 Zuordnung von aphonischer Körperbewegung und Bedeutung ist beim Stand der Forschung derzeit nicht möglich. Allenfalls konventionalisierte Signale wie Kopfschütteln oder - nicken oder der 'Daumen' beim Autostopp haben in einigen Soziokulturen 'Bedeutung'; verschränkte Arme oder geneigter Kopf dagegen nicht in vergleichbarer Weise. Hier hilft keine Etikettierung nur aus Beobachtung, sondern nur Interpretation im situativen Kontext der interpersonalen Beziehungen aus der, wenn möglichen, Kenntnis der psychostrukturell geprägten Motorik der sprechhandelnden Personen. Auch hier lassen sich 'Bedeutungen' nicht beobachten, sondern nur verstehen.

《Diese letzte Bemerkung leitet zwar schon über in den Schlußteil dieses Kapitels, aber ich muß wohl zuvor ein erklärendes 'Nachwort' anfügen: In der gerade abgeschlossenen Darstellung der 'leibhaften Faktoren' der Sinnkonstitution (!) habe ich Didaktisches nur implizit und Methodisches gar nicht angesprochen. Warum? Methoden werden, worauf ich einleitend (S.75) schon hingewiesen habe, im ANHANG besprochen. Zu dieser Trennung veranlaßte mich nicht etwa die Vielzahl methodischer Möglichkeiten, deren Darstellung im jetzigen Zusammenhang zu einem 'Ungleichgewicht' der Teile geführt hätte. Ausschlaggebend war vielmehr mein Verständnis der Ziele und Wege der Sprecherziehung. Wenn gilt, daß "Miteinandersprechen, nicht jedoch 'Sprechen', (..) Ausgangs- und Zielpunkt von Sprechwissenschaft und Sprecherziehung (ist)" (S.11) und "Gesprächsfähigkeit folglich das globale Lernziel der Sprecherziehung (ist)" (S.14), dann ist die Trennung angemessen. Wer nämlich diese didaktische Grundposition verstanden hat, der wird eingesehen haben, daß gerade auf dem Gebiet der leibhaften Faktoren reduktionistische Konzepte und Praktiken sinnlos sind. Eine Verquickung von Reflexion, Beschreibung und Methoden hätte es den 'Reduktionisten' allzu leicht gemacht, die didaktischen Reflexionen zu vermeiden, Kenntnisse - zumal über die oft vernachlässigten leibhaften 'Sprachmuster', bzw. die 'Sprechmuster' in den 3 geschilderten Dimensionen - sich nicht anzueignen und stattdessen 'Rezepte' für eine verkürzte 'Praxis' einzusammeln. Wer jedoch der Darstellung folgt, der wird erkennen, daß sich 'leibhafte Faktoren der Sinnkonstitution' nicht isoliert üben lassen, sondern immer nur in Sinnsituationen. 》

2.2 HÖRVERSTEHEN UND SPRECHDENKEN

Die Komplexität der leibhaften Faktoren in ihrer linguistischen, sozialexpressiven und subjektiv-diagnostischen 'Relevanz' konstituiert nach gegebenen Sprechmustern in situierten Sprechhandlungen und nach gegebenen Hörmustern in situierten Hörhandlungen den gemeinsamen Sinn mit. Hörverstehen und Sprechdenken beziehen sich folglich nie ausschließlich auf Semantisches und Syntaktisches, sondern immer und immer zugleich auf die leibhaften Faktoren als Faktoren der Sinnkonstitution. Nichts als der schiere Wortlaut ist in der Tat "ein trauriges Surrogat der Rede" (GOETHE).

Die Wortreihe

18. morgen - morgen - zigaretten - morgen - morgen - morgen - morgen - morgen

ist als 'schierer Wortlaut' sinnlos. Wird sie situiert und im Rahmen ritualisierter Begrüßung (2x'morgen') und Verabschiedung (2x'morgen') verstanden als Frage ('Zigaretten') - Antwort ('morgen') - Nachfrage ('morgen') - Bestätigung ('morgen'), dann ergibt sich ein 'Sinn'. Allerdings einen je anderen Sinn je nach Situation, Partnerbeziehung und Warum-Wozu-Bezug; z.B:

a) Frage eines Kunden nach Zigaretten in der tabaksarmen Nachkriegszeit an einen 'bedauernden' Verkäufer

b) Frage nach 'Ware' zwischen zwei 'Schmugglern', die sich beobachtet wissen

c) Verwunderte/vorwurfsvolle Frage eines Partners an einen anderen Partner, der zugesagt hatte, 'heute' mit dem Rauchen aufzuhören.

Freilich stellt auch dieses Beispiel das Verhältnis der 'Sprachfunktionen' auf den Kopf, sofern noch immer die Erwartungsmuster der sekundären (schreibdenken-leseverstehen) auf die primären (sprechdenken-hörverstehen) projiziert werden. Vielleicht gelingt es, durch den Verzicht auf alle 'diakritischen' Schreibzeichen das Gemeinte zu präzisieren.

19. HEUTEISTDERSIEBTE

Weggelassen wurden: Abstände zwischen den Buchstaben, Abstände zwischen den Wörtern, Interpunktionszeichen, Wechsel von Groß-und Kleinbuchstaben. Unter der Voraussetzung, daß dieses Buchstabenkonglomerat etwas bedeutet, erfolgt seine 'Entzifferung' nach bereitstehenden Mustern. Herausgelesen

werden kann z.B.
> 19.1 heute ist der siebte

aber das bleibt ähnlich nichtssagend wie das 'morgen'-Beispiel, wenn nicht durch Intonation, Akzent, Klangfarbe differenziert wird:
> 19.1.1 Heute ist der siebte. (feststellend, beruhigt usw.)
> 19.1.2 Heute ist der siebte! (behauptend, dann Akzent auf 'ist',
> freudig erregt, dann Akzent auf 'siebte)
> 19.1.3 Heute ist der siebte? (nachfragend, unsicher usw.).

Hier könnten alle möglichen Nuancen permutiert werden (vgl.S.81f.), die allesamt Sinnvarianten dieser ersten Lesart ergäben. Aber von der Schreibung her ist nicht zu disambiguieren, ob nicht eine zweite Lesart auch möglich ist; nämlich, ob HEUTE das Temporaladverb 'heute' ist oder eine Anredeformel'He Ute'? Jedoch auch die willkürliche Entscheidung für die zweite Lesart macht die Äußerung nicht 'eindeutig'. Wiederum gibt es die verschiedensten Sinnmöglichkeiten; z.B.:
> 19.2.1 'He! Ute, ist der siebte?' (nachfragend, freundlich,fordernd)
> 19.2.2 'He,Ute! Ist der siebte!' (Was schreibt die denn da? Es ist
> doch der siebte; oder: Mensch,Ute,
> morgen gibts Ferien! usw.)
> 19.2.3 'He! Ute! Ist der siebte' (Paß auf, das ist dein siebter
> Kaffee, Freund usw.; bzw. Toll, dein
> siebter 'Handstand' usw. vorwurfsvoll,
> bewundernd usw.)

An Disambiguierungen von Mehrfachbedeutungen kann wahrscheinlich am besten gezeigt werden, welche Funktion den Suprasegmentalia zukommt.
Die Lehreräußerung
> 20. 'gut Paul Marion'

kann bedeuten eine Äußerung:
> 20.1 'gut, Paul + Marion!'

oder zwei Äußerungen:
> 20.2 (lobend)'gut,Paul' (aufrufend) 'Marion!'

oder drei Äußerungen:
> 20.3 (einen Ungenannten lobend) 'gut!' (tadelnd)'Paul!' (aufrufend)
> 'Marion!'.

Die fiktiven wie die realen Beispiele verdeutlichen wohl auch, daß die üblichen Interpunktionszeichen nicht ausreichen zur Bezeichnung der sinnkonstituierenden Funktion der 'leibhaften Faktoren'und zwar in mehrfacher

Hinsicht:
a) zur Beschreibung von Gesprochenem als Voraussetzung seiner Interpretation, d.h. Analytik und Hermeneutik (Gespräch und Rede,gesprochene und gespielte Dichtung)
b) zur Erarbeitung sprecherischer Interpretationen schriftlich überlieferter Texte

Außer den genannten Funktionen der deskriptiven und interpretativen Notation kommt als allgemeine, didaktische Funktion hinzu

c) die zeichengestützte Sensibilisierung eigenen Hörverstehens und Sprechdenkens.

Es ist also für die sinnkonstitutiven Gliederungen im transitorischen, produzierenden wie reproduzierenden Sprechdenken ein Bezeichnungssystem erforderlich, mit dessen Hilfe die hörbaren (auditiven) Gliederungsmerkmale notiert werden können. Dieses 'auditive' Notationssystem muß auf alle Fälle die linguistisch relevanten Sprech-Hör-Merkmale bezeichnen, es sollte darüber hinaus, so weit es geht, auch die sozial-expressiven und subjektiv-diagnostischen Sprech-Hör-Merkmale bezeichnen.

Im Falle der Äußerung 20. hat der zu wenig verstanden, der nur die drei Wörter 'gut Paul Marion' hörversteht (selbst wenn er dies im Kontext der 'Meso'-Situation Unterricht versteht).Um aber hörverstehend mehr zu erfassen, d.h. die 3 Wörter als 3 Einwortäußerungen unterschiedlicher Intention, muß er die Äußerungen als 3 Komplexqualitäten in ihrem jeweiligen Verhältnis zu-einander 'hörverstehen'; d.h. er muß hörverstehen, daß

- die Tonhöhe zu Beginn jeder Äußerung verschieden ist
  (20.1 tief, 20.2 hoch, 20.3 mittel)
- die Kadenzen sich unterscheiden
  (20.1 fallend, 20.2 steigend, 20.3 'Halbschluß' oder Progredienz)
- die Lautstärke unterschiedlich ist
  (20.1 eher leise, 20.2 laut, 20.3 mittel)
- die Akzente unterschiedliches Gewicht haben
  (20.1 mittel, 20.2 stark, 20.3 mittel)
- daß die Äußerungen unterschiedlich lang dauern
  (20.1 gedehnt, 20.2 kurz, 20.3 mittel bis kurz)
- daß die drei grenzenden Pausen unterschiedlich lang sind
  (20.1 lang, 20.2 mittel, 20.3 kurz)
- die Klangfarben über unterschiedlich ausgeprägten Vokalen (im Verhältnis

zu verschieden 'scharfen' Konsonanten) sich unterscheiden (als - wie
schon benannt - lobend, tadelnd, auffordernd) usw.
Ein Blick auf die durch die Auflistung sich nahezu ergebende Tabelle (S.89)
zeigt, daß je Äußerung beträchtliche Differenzierungen vorhanden sind,
noch stärkere jedoch im Verhältnis der drei Äußerungen zueinander.
Zur Notation von Sprechleistungen in pädagogischen Prozessen - die ja ohne
viel Schreib- und Analysezeit - sofort wieder in den pädagogischen Prozeß
'rückübersetzt' werden müssen, arbeite ich weniger gern mit den Bezeichnungen '+ - 0', sondern mit 'Pfeilen', deren unterschiedlicher Neigungs-
oder Steigungsgrad größere Differenzierung ermöglicht. (Differenzierung
sowohl hinsichtlich der Beobachtung als auch hinsichtlich des 'feedback'
vgl.S.42ff.).((Im ANHANG gebe ich mein 'Beobachtungsformular' (vgl.S.213))
Ein Vergleich an einigen Positionen der Äußerungen 20. mag das verdeutlichen:

	20.1	20.2	20.3	20.1	20.2	20.3
Tonhöhe	−	+	0	↘	↗	↗
Kadenzen	−	+	0	↘	↗	→
Lautstärke	−	+	0	→	↗	↗
Akzente	0	+	0	↗	↑	→
Dauer	+	−	0	↗	↘	→
Grenzpausen	+	0	−	↗	↗	↘

Notationstheorie hat eine lange,wenn auch häufig vergessene,Geschichte.
In seiner Dissertation hat Christian WINKLER (1931) die verschiedenartigsten Notationssysteme aus der Zeit 1750-1850'zusammengetragen' und in ihrem jeweiligen wissenschaftlichen und didaktischen Anspruch analysiert.
Von diesen - wie er seine Arbeit nannte - "Elemente(n) der Rede"(weshalb
Überschriftenleser das Buch unter 'Rhetorik' einordnen) führt der Weg
über die Differenzierungen der SARANschule zu WINKLERs eigener Notation,
die er in seiner'Leselehre' (seit 1940) verwendet (vgl. 1962:41ff.).
Mit der Zuwendung zur 'Gesprochenen Sprache', in den letzten Jahren verstärkt zu 'Gesprächen',haben sich auch Sprachwissenschaftler, vor allem
'Gesprächsanalytiker' der Notationsproblematik angenommen (z.B. EHLICH/
REHBEIN 1976/1, 1979/1, 1981; HENNE/REHBOCK 1979:77ff.;RAMGE 1978:28ff.;
P.WINKLER 1980, 1981.) Im jetzigen Darstellungsgang ist es mir nicht möglich, mich mit diesen Ansätzen kritisch auseinanderzusetzen; ich gebe im fol-
genden Christian WINKLERs Notation, wie ich sie mit einigen Modifikatio-

nen seit mehr als zwei Jahrzehnten gebrauche:

1. PAUSEN
1.1 grenzende
- 1.1.1 ‖ Absatz — nach Abschnitt
- 1.1.2 /‖ Wende — nach gefügter Äußerung
- 1.1.3 ❙ Fuge tief — nach einfacher Äußerung
- 1.1.4 ❘ Fuge flach — nach Sinnschritt

1.2 gliedernde
- 1.2.1 ❙ Gelenk stark — nach Glied'satz'
- 1.2.2 ❘ Gelenk schwach — nach 'Satz'glied
- 1.2.3 ⁞ Stau (Spannpause) — temporaler Akzent zur Hervorhebung des folgenden Wortes oder Wortblocks

2. KADENZEN
- 2.1 \ Vollschluß — spannungslösend
- 2.2 ˋ Halbschluß — spannungslösend
- 2.3 — Schwebe — spannungshaltend
- 2.4 ／ Steigton — spannungssteigernd

bezeichnen den Verlauf der Melodie an grenzenden Pausen u. qualifizieren die von Grenzpausen eingeschlossene Äußerung

3. AKZENTE
- 3.1 • Überschwere — maximal 1 je Äußerung auf dem Sinnkern (meist) im Lösungsast (nach dem Scheitel)
- 3.2 ／ Vollschwere
- 3.3 ˋ Kaumschwere — bezeichnen die Beziehungspunkte d. Spannung

4. SPANNBOGEN
- 4.1 ╭ Spannungsast — isoliert nur bei Kurzfragen
- 4.2 ∨ Scheitel — 'Kippstelle' der Mitteilungsspannung (zwischen 'Höhe'punkt und Schwerpunkt)
- 4.3 ╮ Lösungsast — isoliert nur bei (kurzen) Ausrufen
- 4.4 ∪ Mulde — in den Spannungs- (seltener auch in den Lösungs-)ast eingeschobene Wortgruppen.

(Während diese Zeichen isoliert betrachtet 'distinktiv' sind, sind sie innerhalb von Texten 'ko-distinktiv', d.h. sie definieren sich nicht aus sich selbst, sondern nur aus der Textkohärenz, die im hermeneutischen Prozeß zu erfassen ist.)
Im Unterschied zur Verwendung der Zeichen in 'interpretativer Notation' entfallen bei der Verwendung in 'deskriptiver Notation' einige der in Spalte drei gegebenen 'grammatischen' Beschreibungen. Werden die Notate in 'verschriftlichte' Gespräch, Reden usw. eingefügt, dann können die 'Pausenzeichen' ersetzt werden durch:#,///,//,/ bzw.''','',' und 3.1 durch ^{x}.

Freilich muß dieses vorwiegend die 'linguistisch relevanten' Merkmale -
Pausen, Kadenzen, Akzente - notierende System ergänzt werden um Hinweise
zur/zum
- <u>Tonhöhe</u> bei Beginn der Äußerung: hoch (ht), mittel (mt), tief (tt)
- <u>Tempo</u> im Verlauf der Äußerung: schnell(s), mittel(m), langsam(l)
- <u>Lautstärke</u> im Verlauf der Äußerung: laut(ff),mittel(mf), leise(p)/(pp)
- <u>Deutlichkeit</u> im Verlauf der Äußerung:scharf(as),mittel(am),wischig(aw)
- Qualifikation der <u>Klangfarben</u> (z.B.)
  ärgerlich(ä), arrogant (ar),böse (bö), ernst(e), erschreckt(er),feier-
  lich(fei), frech(fr), fordernd(fo),fröhlich(frö),gütig (g),begütigend(gü),
  heiter (hei),klagend(kl), lachend (l), listig(li),lobend (lo),müde(mü),
  nörgelnd(nö), tadelnd(ta), traurig(tr), schmeichelnd(sch), streng(str),
  übermütig (ü), weinerlich (wei), wütend (wü), zornig (z);
  (vgl. HÖFFE 1966/1; HEIKE 1969).
Sollen die aphonischen (averbalen, extralinguistischen etc. vgl.S.84f.)
Merkmale einbezogen werden, dann ist in jedem Fall eine 'mehrkanalige'
(multimediale) Partitur erforderlich, die im Idealfall sämtliche Parameter
des multimedialen und polyvalenten Kommunikationsereignisses enthalten
müßte. Aus dem Bereich des Aphonischen nenne ich Notate zur
- <u>Mimik</u>: z.B. Augen ($\pm$ Blickkontakt), Mundöffnung (offen-gepreßt),Lippen
  (gelöst-verkniffen), Mundwinkel, Wangenspannung, Augenbrauen,
  Stirnfalten (längs-quer)
- <u>Gestik</u>: z.B. Finger(gestreckt-gespreizt-erhoben/scherzend-drohend-zei-
  gend), Hand (welche?)(geschlossen, geballt, halboffen, offen),
  Handgelenk (locker-gespannt),Unterarm, Oberarm, 'Achseln'
- <u>Kinesik</u>: Füße (Stand), Beine (Haltung, sitzend,stehend, laufend),Rumpf
  (gestreckt, gebeugt), Schultern (fallend,gehoben, beidseitig-ein-
  seitig), Hals (gereckt, gespannt,locker), Kopf (aufrecht,geneigt)
- <u>Proxemik</u>: Nähe (groß-klein,zuwendend-abwendend),Distanz (groß-klein),
  Bewegung im Raum(schnell-langsam,zielstrebig-ziellos)usw.usw.
(vgl. CAPUTO 1980). Auch für all diese Wahrnehmungen müßten 'eindeutige'
Notate vorhanden sein. Zur Sensibilisierung im Selbst-(Sprecher) und Fremd-
(Hörer)bezug, sowohl beim Hörverstehen als auch beim Sprechdenken, kann
die Differenzierung der Wahrnehmung auch im aphonischen Bereich hilfreich
sein.Gerade in diesem Gebiet ist vom Lehrenden nicht nur entsprechende Sen-
sibilität zu fordern, sondern große Behutsamkeit beim Feedbackgeben, vor
allem Verzicht auf jede vereindeutigende Zuschreibung.

Die Notationsproblematik konnte noch einmal die Einsicht verstärken, daß es bei der Sinnkonstitution im Miteinandersprechen - für Sprechdenken wie für Hörverstehen - um Komplexqualitäten geht, die sich bilden im Zusammenwirken sämtlicher situativer, personaler, sprachlicher, formativer und leibhafter Faktoren.

Dem Freiheitsgrad des isolierten Schreibers bei der Produktion eines Textes (vom Entwurf bis zur Endfassung) entspricht der Freiheitsgrad des isolierten (im Regelfall) Lesers, der den <u>simultan</u> ('Druckbild') angebotenen Text zu verschiedenen Zeiten, beliebig oft, hin und her, vor und zurück, wieder lesen kann, bis er ihn verstanden, d.h. einen adaequaten Sinn gefunden hat. In allen genannten Hinsichten unterscheiden sich Sprechdenken und Hörverstehen von Schreibdenken und Leseverstehen. Der Freiheitsgrad des Sprechers ist sowohl bei transitorischen, als bei produzierenden und reproduzierenden Sprechhandlungen eingeschränkt vom realpräsenten Hörer, bzw. Hörern, deren Freiheitsgrad vom realpräsenten Sprecher. Bei Hörverstehen fehlt die Möglichkeit der 'voraushörenden' Orientierung an Satzzeichen, Absätzen und Abschnitten als Integrationspunkten. Es gibt kein simultan gegebenes 'Bild' (Textgrafik; vgl.3.2.1), sondern immer nur <u>sukzessiv</u> Entstehendes und in der Zeit Vergehendes, mit dem Anspruch jeweils 'punktueller' Aufmerksamkeit, dem Anspruch jeweiliger Fokussierung. Während die unaufhaltsame Sukzessivität in Gesprächen - als dem Prototyp transitorischer Sprechhandlungen - durch Nachfragen, Bitte um Wiederholung, Erklärung usw., durch Sprecherwechsel und Nachdenkpausen - gebremst werden kann, ist die Sukzessivität beim Reden und textgebundenen Reproduzieren unaufhaltbar.

<u>Aus der prinzipiellen Sukzessivität ergeben sich Forderungen an den Sprecher</u>: (allgemein)

<u>sprachstilistische</u>: Klarheit, Anschaulichkeit, Übersichtlichkeit, Aufbau, Spannung

<u>sprechstilistische</u>: Verständlichkeit, Lebendigkeit, sach- und hörerangemessene Variation der suprasegmentalen Ausdrucksmuster im Rahmen der jeweiligen situativen, personalen, formativen Beziehungen, Erwartungsmuster (und Muster der Erwartungserwartungen).

<u>Es ergeben sich aber auch Forderungen an den verstehenwollenden Hörer</u>:
- <u>konzentriere dich</u> (laß dich nicht ablenken von eigenen Vorstellungen, Vormeinungen, Vorurteilen über Sache und Sprecher)
- <u>mach dir Notizen</u> (Stichwörter zum WAS und WIE, doch nicht alles u.jedes)

- zügle deinen Sprechdrang (hör besonders gut zu bei Äußerungen, die du
  nicht magst, mit denen du nicht übereinstimmst)
- sag in eigenen Worte, was du verstanden hast (wenn immer nur möglich!;
  wenn zeitlich möglich, überprüf es an der 'Quelle')
- frag nach! (wenn du kannst; sonst zeige dem Sprecher, ob du 'mitkommst'
  oder nicht; hör 'deutlich!').

((Über das Verhältnis von Hörverstehen und Leseverstehen soll nichts gesagt werden, weil es an dieser Stelle unmöglich ist, nur die vielfältigen Ergebnisse amerikanischer Forschung zu referieren; die Spezialbibliographie von DUKER nannte bereits 1968 über 1300 Arbeiten zum Hörverstehen. Ich verweise auf die Arbeiten von URBAN (1977) und STOFFEL (ab 1978); auch RAASCH 1982)).

Genau betrachtet sind die Fokussierungsleistungen beim Hörverstehen (bis auf den dritten 'Spiegelstrich') reziprok denen beim Sprechdenken (vgl. RhpB 137ff.):

- konzentrier dich (auf Sache und Hörer, laß dich nicht von Nebensächlichem ablenken)
- mach dir Notizen (schreib keinen 'Text', sondern einen 'Plan')
- orientiere deinen Mitteilungswillen an deinem/n Hörer/n (nicht an deinen 'Steckenpferden', Vorlieben usw.)
- sag in eigenen Worten, was du wünschst, daß es der Hörer verstehen soll
  (keine 'fremden Federn', keine 'z.B.Blümchenrhetorik')
- frag nach (im Gespräch) oder sprich aus einer Fragehaltung (in der Rede).

(Zum Zusammenhang von 'speaking and listening' vgl. die jüngsten Arbeiten BACKLUND et al. 1982, RUBIN 1982).

Da sich das Sprechdenken nur am Hörverstehen des jeweiligen Zuhörers orientieren kann, ist die Differenzierung der eigenen Hörverstehensfähigkeit die Grundlage für die Entwicklung der Sprechdenkfähigkeit. Werden beide bezogen auf das Ziel wechselseitiger Verständigung in gemeinsamer Sinnkonstitution, dann sind Hörverstehens-und Sprechdenkfähigkeit die Voraussetzungen für die Entwicklung der Gesprächsfähigkeit.

Auch bei diesen didaktischen Überlegungen ist die im 1.Kapitel entwickelte 'dialogische Funktion' vorausgesetzt, der Wechselprozeß von Sprecher und Hörer im Miteinandersprechen. Die langjährige Vernachlässigung des Hörverstehens in der traditionellen Sprecherziehung erklärt sich aus ihrer Orientierung am 'individuellen Sprecher', am 'sprechenden Menschen'.

Heutzutage stehen die - reduzierten Kommunikationsmodellen entlehnten - Begriffe 'Sender' und 'Empfänger' (vgl. meine Kritik in SW 14ff.) einem angemessenen Verhältnis der dialogischen Prozesse ebenso im Wege wie die Begriffe 'Produzent' und 'Rezipient' und 'Code'. "Überhaupt ist eine natürliche menschliche Sprache gar kein Code" - schreibt WANDRUSZKA (1981:25) und fährt fort - "Man sollte in der Linguistik endlich damit aufhören, unsere menschlichen Sprachen als Codes zu bezeichnen, von Codierung, Encodierung und Decodierung und ähnlichem zu sprechen; damit verrät man nur, welch geistlos verkürzte Vorstellung man von ihnen hat."
<u>Wer sprechdenkt ist kein encodierender Sender, wer hörversteht kein decodierender Empfänger.</u>

"Hören ist - wie Sprechen - nichts Passives (das Ohr ist kein Hörapparat), sondern Produktion, das gehörte Wort daher produzierte Sinneinheit" (ZWIRner 1966:136). Wenn der Hörer hörverstehend 'Sinneinheiten' produziert, dann ist er eben keiner, der nur 'empfängt' oder 'rezipiert', sondern einer, der aktiv das Gehörte an sein Wissen, seine Erfahrungen, an sein Vorverständnis 'anschließt', so wie es die Vorerwartungen in der Situation wahrscheinlich machen. Mit HÖRMANN: Wenn Verstehen "Sinnverleihen durch Hineinstellen in einen Zusammenhang" ist (er spricht kurz vorher von 'Sinnkonstanz'), "so gewinnt es einen konstruktiven Aspekt: es ist mehr als Rezeption. Der Hörer konstruiert aus dem, was die Äußerung anregt und möglich macht, aus seiner Kenntnis der Situation, aus seiner Weltkenntnis und aus seiner Motivation einen sinnvollen Zusammenhang" (1981:137). An anderer Stelle macht HÖRMANN diesen Zusammenhang noch deutlicher: "..Man hat unter dem Einfluß der Informationstheorie den Vorgang des Verstehens lange Zeit als ein De-Codieren angesehen, eine Art Rückübersetzung der Sprachzeichen in die Gedanken, die sie als Information enthalten. Dann wäre Verstehen in der Tat ein linguistisch bestimmter Vorgang, denn er würde sich im sprachlichen Code bewegen. Wir sehen jetzt, daß Verstehen ein schöpferischer, konstruktiver Vorgang ist, der immer über die in der Äußerung selbst codierte Information hinausgeht, manchmal auch viel von ihr ignoriert, immer jedoch sein Ziel von der Intention des Hörers angewiesen bekommt: die ihn umgebende Welt sozusagen durch die Worte der Äußerung hindurch intelligibel zu machen. Sprachliches Verstehen ist immer zugleich auch das Verstehen von Nicht-Sprachlichem" (1980:27). Hier formuliert der Psychologe einen Sachverhalt, der von linguistischen Theorien, zumal der 'monologi-

schen' Sprechakttheorie, noch nicht zur Kenntnis genommen scheint, wogegen
er in literaturwissenschaftlichen Theorien bereits berücksichtigt wird.
Wenn nämlich unter rezeptionsaesthetischem Ansatz gesagt wird, der Leser
sei ein 'Ko-Produzent', dann gilt dies in noch unmittelbarerer Weise für
den Hörer. So wenig es für die Sprechhandlungsanalyse genügt, nach der
Sprecherintentionalität zu fragen, so wenig genügt es für eine Analyse
poetischer Texte, nach der Autorintentionalität zu fragen. Ganz abgesehen
davon, daß es in beiden Fällen gar nicht ausschließlich um 'Analyse' gehen
kann, um 'Entzifferung', sondern um Interpretation. Die alltägliche mündliche Kommunikation liefert das Grundlagenbeispiel:
"Gewiß ist die Unterscheidung der vier in jeder Sprechhandlung integrierten Sprechakte von großem analytischem Gewinn, daß nämlich die sinnkonstituierende Äußerung einen phonischen Akt (eben als Geäußerte), einen Inhalt
(propositionaler Akt), eine Wirkungsabsicht (illokutionärer Akt) hat und
eine Wirkung (perlokutionärer Akt) haben kann; aber gerade die Perlokution
zeigt, daß dies nur im Handlungsvollzug so ist, d.h. der perlokutionäre Akt
letztlich nur zustandkommt, wenn im reziproken (...)Prozeß ein Hörhandeln-
der seine Hörerintentionalität auf den Sprechhandelnden und das von ihm Geäußerte richtet dergestalt, daß seine (des Hörhandelnden) Kooperationsab-
sicht (perlokutionärer Akt) als Teil seiner Hörverstehensleistung (illokutionärer Akt) und sein inhaltliches Interesse (propositionaler Akt) gemeinsame Sinnkonstitution ermöglichen, vorausgesetzt, daß er überhaupt 'zuhört'
(auditiver Akt)" (SW 98). Freilich ist damit kein 'Nacheinander' von Einzel-
operationen beschrieben, "das Verstehen konkreter Äußerungen wird vom Hörer
gerade nicht sukzessiv entlang der Ebenen Grammatik-Semantik-Pragmatik pro-
zediert, sondern gewissermaßen in mehrdimensionalen Zugriffen" (DITTMANN
1981:142), wobei vorher schon darauf hingewiesen wurde, daß sich diese
'mehrdimensionalen Zugriffe' überhaupt nicht nur an Sprachlichem halten.

Im dialogischen Prozeß sind Sprechdenken und Hörverstehen abhängig vom
Thema-Horizont-Schema in der jeweiligen Intentionalitäts-Finalitätsstruktur;
denn auch die auswählende Hörverstehensleistung ist absichtlich und ziel-
gerichtet. Deshalb kann der Hörer auch anderes, ja sogar 'mehr' hörverstehen als der Sprecher sagt (absichtlich äußert). Dies entspricht einer alten hermeneutischen Maxime: Die Kunst des Verstehens besteht darin, einen
Autor anders, sogar ihn besser zu verstehen,als er sich selbst versteht.
Ob 'Autor' oder 'Sprecher', der Hörer ist in beiden Fällen Ko-Produzent von
Sinn.

3. F O R M E N DER MÜNDLICHEN KOMMUNIKATION, IHRE DIDAKTIK UND METHODIK

Im Unterschied zur 'Sprechwissenschaft', in der ich mich im 3.Teil zu fünf Formklassen geäußert habe, werde ich im folgenden 3.Teil nur auf die Formen 'rhetorischer' und 'aesthetischer' Kommunikation eingehen. Das muß ich kurz begründen.

Über die Formen 'meta'kommunikativer Kommunikation ist dort (SW 205-216) alles mir Wichtige gesagt; außerdem wurden die drei dort unterschiedenen Typen der 'Meta'kommunikation bereits - wenn auch ohne ausdrückliche Bezeichnung mit diesem für mich fragwürdigen Terminus - in der bisherigen Darstellung berücksichtigt: 1) die theoretische 'Meta'kommunikation(S.11ff.) 2)die implizite 'Meta'kommunikation in der sinnkonstituierenden Funktion der 'leibhaften Faktoren'(S.75ff.) und 3) die explizite 'Meta'Kommunikation im Zusammenhang mit dem 'Feedback'(S.42ff.).

Die Formen 'therapeutischer Kommunikation' lasse ich hier weg, weil ich es unverantwortlich finde, auf wenigen Seiten Therapiemethoden vorzustellen, die 'in der Hand' des Dilettanten mehr Unheil anrichten, als sie beheben können.

Problematisch ist für mich das Weglassen der Formen 'phatischer Kommunikation'. Zu berücksichtigen wäre einmal die Forschungslage mit ihrem 'boom' an Untersuchungen zu 'Alltagsgesprächen'; tausende von Seiten, die hier weder referiert, noch anhand eigener Ergebnisse diskutiert, noch unmittelbar 'didaktisiert' werden können.(Zum letzten Gesichtspunkt verweise ich auf die Einführungen von RAMGE 1978, HENNE/REHBOCK 1979.).Wichtiger ist für mich der Gesichtspunkt, daß in sprecherzieherischer, und das heißt vorwiegend nicht-analytischer Hinsicht, 'phatische Gespräche' als ritualisierte und routinierte Alltagsgeschehnisse insofern kein angemessener Lerngegenstand sind, als in ihnen - wie schon erwähnt - 'die Fertigware des Routinewissens als Fertigbauteile alltäglichen Routinesprechens zur Fertigmontage im Routineverstehen 'ausgetauscht' werden.Das'Nachstellen' alltäglichen Routinesprechens wäre zwar in Simulationen ('Rollenspiel')zu erreichen, aber damit würde zugleich eine weitere Anpassung an die Rituale des 'bewußtlosen Bewußtseins' gefördert; dies zumindest sind Erfahrungen aus der von mir 'beobachteten' pädagogischen Praxis. Hier also liegt mein entscheidender Ablehnungsgrund. Sprecherziehung, die versucht ein sozialpragmatisches Konzept der Sprechwissenschaft in soziale Praxis umzusetzen, kann ihr Ziel nicht darin sehen, die 'Bornierungen des Alltagsbewußtseins' (LEITHÄUSER) zu verstärken, sondern an ihrer Überwindung zu arbeiten. Dies aber ist in meinem Verständnis Gegenstand von Prozessen rhetorischer Kommunikation. Erst wenn die thematischen und personalen Routinierungen thematisiert und die Ursachen der Bornierungen des Horizonts problematisiert werden, "so daß mit dem veränderten Thema-Horizont-Schema die Ziel-Mittel-Relation intentional ergriffen werden kann,(...) werden die phatischen Gespräche rhetorisch" (SW 152). Didaktisch heißt das, daß nicht fiktive oder fiktionale Situationen simuliert werden müssen, sondern daß die Lernergruppe selbst, ihre thematischen und personalen 'Bornierungen' der entscheidende Lerngegenstand sind (vgl.H.G.1977/3:301), wenn das globale Lernziel heißt: Entwicklung der Gesprächsfähigkeit.

3.1 RHETORISCHE KOMMUNIKATION

Werden **Gespräche** als <u>aktuell dialogisch</u>, **Reden** dagegen als <u>latent dialogisch</u> verstanden (vgl.RH 105),dann ergibt sich die <u>Lernschrittfolge vom Gespräch zur Rede</u> (vgl.RhpB 125). In beiden Fällen geht es dabei um die <u>Reziprokhandlungen von Sprechdenken und Hörverstehen</u>, von Rhetorik und Hermeneutik; beide differenziert in '<u>Gesprächsrhetorik</u>' (vgl.H.G.1982/2) und '<u>Gesprächshermeneutik</u>'(vgl.H.G.1982/3), sowie '<u>Rederhetorik</u>'(vgl. RhKO 10f.) <u>und 'Redehermeneutik</u>'(vgl.H.G. 1969:45ff. und KIRST 1981). In der **Gesprächsdidaktik** geht es folglich um **Gesprächsfähigkeit und Gesprächsverstehensfähigkeit**, in der **Rededidaktik** folglich um **Redefähigkeit und Redeverstehensfähigkeit**. Beide Formen rhetorischer Kommunikation sind bezogen auf das <u>Ziel der Handlungsauslösung</u>, sei das intendierte Folgehandeln mental ('mitdenken') oder real ('mitwirken', 'mitarbeiten'). Die folgende Skizze sucht den Zusammenhang zu veranschaulichen:

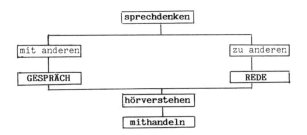

3.1.1 FORMEN DES GESPRÄCHS

Nicht jeder, der 'sprechen' gelernt hat, ist damit auch gesprächsfähig, schon gar nicht im rhetorischen Verständnis des Wortes. Solange Sprecher und Hörer eingesponnen bleiben in ihr Routinewissen, oder solange sie sich an gängige 'Situationsdefinitionen' halten (müssen), solange sie den 'Situationsmächtigen' das Sagen überlassen (müssen), solange bleiben ihre Gespräche 'phatisch', solange ist ihre Gesprächsfähigkeit eingeschränkt.Der Umschlag von phatischen in rhetorische Gespräche erfolgt aber keineswegs 'zwangsläufig'. Er erfolgt z.B. dann nicht, wenn die Gesprächsfähigkeit sozialisatorisch restringiert blieb (gehalten wurde), wenn es - psychostrukturell motiviert - angenehmer ist, den 'Kopf im Sand' stecken zu lassen, wenn Sozialtechniken die 'Umschlagstellen' verkleistern, wenn Konfliktvermeidung belohnt wird, - alles in allem: Wenn es nicht gelungen ist (gelingen konnte), die Stufe kritischer Mündigkeit zu erreichen; und dies ist weit eher eine Folge soziostruktureller Verhältnisse als subjektiven 'Verschuldens'.

Der Umschlag in rhetorische Gesprächsprozesse beginnt nicht mit 'blendenden Formulierungen', 'schlüssigen' Argumenten usw., sondern mit fragen und fragen lassen; damit also, daß die Partner zugeben, daß sie etwas nicht wissen, etwas infrage stellen, aber auch sich und ihre Meinung infrage stellen lassen (vgl. SLEMBEK 1979/1); weiter, "daß sie ratsuchen und sich beraten (U.GEISSNER 1975/2:41ff.), daß sie Situation, Sachverhalte und Beziehung klären; sich als Handelnde und ihre Handlungsziele problematisieren; gemeinsam zielführende Lösungen suchen; über vorgeschlagene Lösungen streiten; interessegeleitet verhandeln; Entscheidungsmöglichkeiten aushandeln; über Ziele und Wege gemeinsamen Handelns entscheiden" (SW 161).
Die genannten Begriffe bezeichnen in dieser Reihenfolge eine didaktische Prozeßfolge rhetorischer Gespräche. Dabei ist es wenig erheblich, ob es sich um Schritte in nur einem Gesprächsprozeß handelt, oder um abgekettete Gesprächstypen in zeitverschobenen Prozessen, oder um ihre Verknüpfung z.B. innerhalb einer 'Konferenz'. Aus didaktischen Gründen halte ich es jedoch nach wie vor für angemessen, nicht von Anfang an zu verknüpfen oder zu vermischen, sondern die Grundformen gleichsam 'idealtypisch' (vgl.GUTENBERG 1981:296ff.) zu entwickeln. Grundtypen sind 'Klären' und 'Streiten' (vgl. H.G.1975/1). ('streiten' meint dabei nicht alltagssprachlich 'zanken oder schimpfen' usw., sondern bezeichnet terminologisch die Gesprächshandlung,

die einsetzt, sobald etwas 'strittig' geworden ist.) Ehe ich mich den 'klärenden' Gesprächen zuwende, scheint es angebracht, auf zwei weitere Formen hinzuweisen, durch die Prozesse des 'Klärens und Streitens' gefährdet sind; ich habe sie als 'Scheingespräch' und als 'Kampfgespräch' bezeichnet. In 'Scheingesprächen' behält ein Situationsmächtiger Thematisierungs-,Frage-, Bewertungs- und Entscheidungsrecht; in 'Kampfgesprächen' dominiert das Freund-Feind-Schema, sie werden ohne Konsensintention geführt und enden häufig im Kommunikationsabbruch, bzw.'brachial'.

Die folgende Skizze(aus 1975/1:63) verdeutlicht einige Zusammenhänge:

((Fortsetzung der Skizze auf S.101))

	Gesprächsleiter und Gesprächsteilnehmer haben in ver-	
1. Formen		„Scheingespräch"
2. Beziehungs-Diagramm	Zeichenerklärung: ● = Gesprächsgegenstand ⌑ = Gesprächsleiter o = Gesprächsteilnehmer o—⌑ = Gesprächsverlauf o—o ⌧ = ohne Leiter	
3. Leiter-Rolle	Amtsautorität	+ (nicht abwählbar)
	Sachautorität (Sachkompetenz)	+ (Informationsvorsprung)
	Funktionsautorität (Sozialkompetenz) Vorgehen Eingriffe Zielvorstellung	± (Sozialkompetenz wünschenswert) Lernschritte inhaltsorientiert inhaltlich
4. Teilnehmer-Rolle	Einstellung Verhalten	Abhängige (Schüler) leiterorientiert
	Zielvorstellung	lernen = alle sollen das Gleiche wissen = „Lernziel" erreichen = Scheinkonsens (unfrei)
5. Gefahren		Scheingespräch = asymmetrisch Fragerecht und Bewertungsrecht beim „Situationsmächtigen" (Entscheidungsgewaltigen); bzw. auf Frage und Antwort verteilter (Lehr-)Vortrag

Beide Typen, Scheingespräch und Kampfgespräch, sind Erscheinungsformen
"struktureller Gewalt" (GALTUNG;vgl. K.DAHMEN 1979:60ff.), der repressiven
auf der einen Seite, entspricht die aggressive auf der anderen. Wenn und
solange 'Scheingespräch' in den öffentlichen Institutionen (Schule,Kirche,
Medien, Hochschule, Wirtschaft, Verwaltung) der herrschende Gesprächstyp
ist, dann ist es nicht verwunderlich, wenn die unmündig Gehaltenen ohne den
Druck von Situationsmächtigen nur mehr 'Kampfgespräche' zu führen imstand
sind. Wenn dagegen die Kluft zwischen 'Verfassung und Verfassungswirklichkeit' geschlossen, zumindest verkleinert werden soll, wenn also die Demo-
kratur der Scheingespräche keine Scheindemokratie stabilisieren soll,dann
müßten die 'Bürger' gesprächsfähig werden, d.h. fähig zum'Klären'u.'Streiten'.

schiedenen „Formen des Gesprächs" verschiedene Aufgaben:

Klärungsgespräch	Streitgespräch	Kampfgespräch
− (abwählbar) ± (Informationsvor- sprung nicht erfor- derlich) + (Sozialkompetenz erforderlich) Gruppentempo verlaufsorientiert inhaltlich/formal	± (nur nach Ge- schäftsordnung abwählbar) − (Sachkompetenz nicht erforderlich) + (Sozialkompetenz erforderlich) Geschäftsordnung verlaufsorientiert formal/inhaltlich	− (ohne Leiter = Leiter- autorität wird − in jeder Form verweigert; bzw. Funktionsautorität − (parteilich genutzt) ungeordnet keine inhaltlich (einseitig)
Partner partner- und sachorien- tiert gemeinsam Lösungen suchen = alle sollen mehr von der Sache wis- sen = Konsens nicht er- forderlich (offen).	Gegner streitfallorientiert entscheiden = ratio- nale Konfliktlösung = eine der konkurrie- renden Lösungen setzt sich durch (praktika- bel) = Konsens (frei) oder Abstimmung (formal)	Feinde feindorientiert Recht behalten = die eine Meinung (Partei) um jeden Preis durch- setzen, ohne Kon- sensversuch (Zwangskonsens)
bei Leistungsdruck eines zielorientierten Leiters = verkapptes ‚Lehrgespräch'; bei nicht-gruppenorientier- tem Teilnehmerverhal- ten Umschlagen in Streitgespräch	bei zunehmender Emotionalisierung Entsachlichung des Streitens (Verselb- ständigung des For- malverfahrens) = Umschlagen in Kampfgespräch	bei gesteigerter Emo- tionalisierung und/ oder Personalisierung statt Kommunikation brachiale Interaktion

3.1.1.1 KLÄREN

Ein klärendes (problematisierendes) Gespräch ist wie ein 'Puzzle' in einer Gruppe. Allerdings gibt es gravierende Unterschiede: Zum Puzzle gibt es eine Vorlage, die Spiel'steine' sind komplett, es gibt Figuren- und Randsteine, d.h. der Puzzler hat die Gewißheit, daß sein Puzzle bei genügender Ausdauer und Geschicklichkeit 'aufgeht'. Das klärende Gespräch ist kein Spiel zum Zeitvertreib,auch kein Geschicklichkeitsspiel unter mehreren. Hier gibt es keine Vorlage, die zeigt, was 'herauskommen' soll; es kann gar keine Vorlage geben, weil es (fast immer) um zukünftiges Handeln geht. Deshalb gibt es auch keine Sicherheit, daß die Steine 'komplett' sind.Weiterhin liegen zu Beginn die Steine, die Beiträge, nicht simultan auf dem Tisch, und sie lassen sich nicht einfach nach 'Figur und Rand' sortieren. Schließlich gibt es keine Gewißheit, daß das Puzzle 'aufgeht'. Auch im Vorgehen gibt es Unterschiede. Kein vernünftiger Puzzler wird bei irgendeiner Figur anfangen; sondern er wird zunächst die Ecken zusammenbauen und die Ränder vervollständigen. Danach wird er versuchen, die Figurenteile einzupassen, und erst am Schluß 'Wolken und Wasser'. Klärende Gespräche haben im Unterschied dazu weder vorliegende Ränder, noch festumrissene Figuren; keiner weiß genau, was für den anderen 'Wolke', was 'Wasser', was 'Figur' ist. Wenn es den Gesprächspartnern gelungen ist, einen Sachverhalt zu thematisieren (s.o.S.35ff.), dann bringt jeder seine Perspektive ein; bildlich z.B.

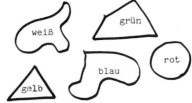

Im Gesprächsverlauf kann es gelingen, die einzelnen Ansichten zu 'verkitten', sozusagen ein 'ansehnliches', stabiles Gruppenmosaik zu basteln,aber das ist keineswegs das Ziel. Ebensowenig ist es das Ziel, einen 'Rahmen' - womöglich durch eine frühzeitige Nominaldefinition - zu finden, noch eine 'Überschrift' als Aufhänger oder eine 'Unterschrift' als Ständer. Vielmehr gilt es, in der Gruppe zu erfahren, genauer: zu erfragen, aus welchem Horizont diese Perspektive vom einen Partner, die andere von einem anderen eingebracht wurde. Im Idealfall ergibt sich so allmählich nicht eine gemeinsame Ansicht, wohl aber ein gemeinsames Problemverständnis und die Einsicht, daß andere lebensgeschichtliche, berufliche, soziale Erfahrungen, Erlebnisse, Geschichten zu anderen Perspektiven, zu anderem Problembewußtsein führen. Das immer wieder gesuchte 'Ergebnis' liegt in der Tat darin, daß alle mehr von der Sache wissen, keineswegs alle das gleiche. Der Prozeß bleibt offen.

Die Erfahrung eines klärenden Prozesses mit verschiedenen Menschen ist oft das entscheidende 'Ergebnis', wichtiger als jeder 'inhaltliche' Ertrag; anders gesagt: Der klärende Prozeß ist oft wichtiger als der geklärte Inhalt. Im Unterschied zum ergebnisorientierten Konkurrenzverhalten, wird im Klären problemorientiertes Kooperationsverhalten erfahren. Lernen von 'Klären' ist deshalb ein entscheidendes Lernfeld im Prozeß sozialen Lernens.

Wenn klärende Gesprächsprozesse gelingen sollen, dann geht das nicht ohne bestimmte Einstellungen bei allen Beteiligten. Gruppen, die ungeübt sind, sich also noch nicht selbst steuern können, tun gut daran, sich einen Gesprächsleiter zu wählen (im folgenden:GL). Auch Gruppen, die sich für 'sozial reif' halten, sind gut beraten, wenn sie sich einen GL wählen, der jedoch nur dann tätig wird, wenn es Konflikte gibt(dann ist's nämlich meistens zu spät für eine GL-Wahl).Allerdings sollte der - was auch immer er sein mag - 'Vorgesetzte,Leiter,Lehrer,Trainer' nur in Ausnahmefällen GL sein.

Für die Teilnehmer (im folgenden: TN) gilt allgemein (aus:RhpB 50):
"1. vorschlagen und entwickeln (nicht unbegründet behaupten)
2. nachfragen (angstfrei) und fragen lassen
3. gruppenverständlich begründen (klar für anderen)
4. Gesprächsprozeß offenhalten (nicht: eigene Meinung durchsetzen)
5. jeden Gesprächspartner (ihn und seine Meinung) ernst nehmen"

Vorausgesetzt sind bei diesen Hinweisen die allgemeinen Grundregeln:
- zuhören (konzentriert)
- ausreden lassen (eigenen Rededrang bremsen)
- nachfragen (Sachen, Meinungen, Gefühle)
- anreden, andere einbeziehen(persönlich adressieren, Hörerbezug deutlich machen = Namen nennen)
- kurz fassen (Roderecht der andern achten, gemeinsames Zeitbudget berücksichtigen)

(vgl. die allgemeinen Regeln für 'Hörverstehen' und 'Sprechdenken' S.93f.)
((Hinweise auf die Aufgaben des GL und des 'Berichterstatters' finden sich in RhpB 49f.))

Klärende Gesprächsprozesse kommen am besten in Gang, wenn in der Gruppe das Interesse besteht, etwas gemeinsam zu klären. In anderen Fällen wird der 'gruppenexterne' Leiter versuchen müssen, einen die Problemlage der Gruppe betreffenden Gesprächsimpuls zu finden. Das kann ein Zeitungsausschnitt sein, ein Bild, ein Film, eine Geschichte usw.(vgl.U.GEISSNER 1978) Methodisch wichtig ist nach meiner Erfahrung, daß der Impuls als 'Problemfeld', d.h. ohne 'Thema' fraglos gegeben wird. Wird nämlich ein Gesprächsimpuls mit einem 'Aufsatz'thema, bzw. einer Überschrift geliefert, wie sollen die Gruppen sich dann von dem einsozialisierten Leistungsverhalten emanzipieren, die 'richtige' Lösung (die des Leiters/Lehrers) finden zu wollen? Impulse für klärende Gespräche sind deshalb so zu wählen, daß es keine richtigen und keine falschen Lösungen gibt. Richtig ist das, was die Gruppe in diesem Feld als ihre Frage problematisiert. Bis lehrer- oder leiterorientierte Gruppen allerdings soweit kommen, ihre Sache zu klären, d.h. sich selbst in der Sache zu problematisieren, dauert oft sehr lange. (Bestürzend ist, daß selbst Erwachsene, die einen nichtthematisierten Impuls bekommen , oft darüber sinnieren, warum der Leiter ihnen gerade jetzt gerade diesen Impuls gegeben habe, was er sich von ihnen erwarte, was sie besprechen sollten usw.usw.; bzw. versuchen, diesen Leiter'mangel' auszugleichen und sich schnell ein 'ordentliches' Thema zu suchen, damit wieder alles 'wie gehabt' verläuft, nämlich im Sand.)Dies ist keine Gruppenschwäche, sondern unmittelbare Folge der institutionellen Scheingesprächspraxis.

Für den Klärungsprozeß in der Gruppe ist es wichtig, daß die Thematisierung der Eigenproblematik der Gruppe nicht zu früh erfolgt; nicht durch einen TN und schon gar nicht durch den GL! Zu frühe Problematisierung wird meistens abgeblockt, weil sie Angst auslöst. Gruppen vergraben sich dann lieber in Details ('Detektivspiel'), sofern sie den Impuls nicht 'distanzieren' (sich anderer Leute Gedanken machen),oder 'spekulieren' wild drauf los (was alles dort sein könnte, wenn...usw.).

Derlei 'Phasen'scheinen zu Anfang, zumal in neuen Gruppen, unvermeidlich (vgl. RhpB 51), aber in integrierten Gruppen werden sie allmählich in kürzerer Zeit durchlaufen, sofern eine Gruppe - was ihr gutes Recht ist - den vom Leiter gegebenen Impuls nicht verweigert, und dann z.B. ihre 'Verweigerung' problematisiert oder sich ein eigenes Problemfeld sucht. Wichtig ist (mir), daß Gruppen überhaupt dazukommen, sich selbst in einer Sache zu problematisieren; daß sie erfahren: Hier geht's um uns!

Als Beispiel wähle ich einen 'Bildimpuls' und skizziere die Phasen aus dem Klärungsgespräch in einer Gruppe(Erwachsener):

„Und wenn wir versuchen würden, miteinander zu reden?"

aus:WOCHENPRESSE (Wien)Nr.9 (2.3.82)

Verweigerung: 'entfällt'; die Gruppe hat den Impuls angenommen
Distanzierung: Aus welcher Zeitung kann das Bild stammen? Welche Unter-, Überschrift ist sinnvoll? Wo könnte man das Bild verwenden? Welchen Menschen müßte man es zeigen? Ich wähle die Programme aus!(zu frühe Problematisierung; abgeblockt) Das Thema heißt: Fernsehen und Familie. (nicht aufgegriffen, sondern)
Detektivspiel: Wieso hängt die Schnur aus der Wand? Warum ist in dem Bilderrahmen an der Wand kein Bild? Wurde das Fernsehgerät gepfändet?
Spekulation: In dem Rahmen ist kein Bild, weil die Leute nur noch das TV-Bild als 'Bild' ansehen. Wenn das Gerät gepfändet wurde, dann sind die Träger keine Fachleute, sonst könnte die Schnur nicht raushängen. Wer sind sie dann? Weshalb spielen die Eltern nicht mit ihrem Kind?(es folgen Spielvorschläge).
Problematisierung: Wie weit beeinflußt das TV unsere Denkwelt und unser Sprechen? Wie weit reproduzieren auch wir 'geliehene' Gefühle? usw. Was können wir tun? Macht das Fernsehen auch uns stumm?
(Zur Problematisierung blieben den 6 TN noch 5 von 30 Minuten Gesamtzeit.)

Eine Möglichkeit, die Anfangsphasen abzukürzen und mit der Gruppe zur Problematisierung zu kommen, liegt in folgenden 'gruppendienlichen' Fragen des GL:
- Wie wirkt der Impuls auf Euch/Sie? (erfragt wird: Befindlichkeit oder Betroffenheit;Reaktionen verschieden)
- Wodurch wird diese Wirkung ausgelöst? (erfragt wird:sehen wir alle dasselbe; auch wenn z.B. jeder eine Bildkopie vor sich hat, gibt es Präferenzen)
- Worin liegt das/ein Problem? (erfragt wird:Sammeln von Vorschlägen zur Thematisierung durch die Gruppe)
- Können wir uns auf folgende Schrittfolge einigen? (erfragt wird: Strukturierung des Verlaufs durch d.Gruppe)

Nachdem diese Schritte nacheinander miteinander gegangen wurden und der GL immer wieder 'bündelte' und öffnete:
- Was ist daran unser Problem? (erfragt wird:die Selbstproblematisierung der Gruppe in der 'gemeinsamen' Sache).

Klärende Gespräche der beschriebenen Art sind nicht überall und jederzeit möglich. Wichtigste Voraussetzung ist - wie gesagt -, daß die TN ein gemeinsames Interesse daran haben, etwas gemeinsam zu klären. Dieses handlungsleitende Interesse können sie jedoch nur haben, wenn sie bis dahin überhaupt erfahren konnten, daß es nicht nur 'verordnete' Koordination, bzw. Konfliktvermeidung gibt, sondern selbstbestimmte Kooperation durch und mit Kommunikation.

Zur Organisation klärender Gespräche sind zu beachten: Gruppengröße und - falls die Gruppe zu groß ist - Kleingruppenbildung, sowie Gesprächsdauer. Nach der Formel $n(n-1)$ brauchen 5 TN 20 Gesprächszüge bis jeder einmal mit jedem gesprochen hat; dauert jeder Beitrag 30'', dann brauchen sie dazu 10'; bei einer Gesamtzeit von 30' hat folglich jeder die Chance, 3mal mit jedem zu sprechen. Bei einer Gesamtzeit von 45' und einer Gruppe mit 15TN könnten entsprechende Prozesse in 3 Parallelgruppen laufen, und es blieben noch 15' für die Gruppenberichte ins Plenum. Versuchten dagegen die 15 TN gleichzeitig miteinander zu sprechen, wobei wieder jeder Einzelbeitrag nur 30'' dauern und jeder 3mal mit jedem sprechen soll, so ergäbe das eine Gesamtzeit von 5 Stunden 25 Minuten! (Ein Lehrer, der in Gruppenmethoden unsicher ist, oder der dem 'Gequatsche' ohnedies nicht traut, hat also in den 45 Minuten -'Stunden' ein handfestes Alibi, wenn er keine klärenden

Gespräche in seiner Klasse zuläßt. - Gibt es dort keine Doppelstunden? - Gleiches gilt für Vorgesetzte aller 'Provenienzen' die die 'Rationalität' ihrer Selbstlösungen mit Zeitdruck 'rationalisieren'.)
Wenn - wie 'errechnet' - 15 Personen zuviel sind für ein klärendes Gespräch, dann muß das 15er 'Plenum' sich auflösen. Es gibt verschiedene Wege zur Kleingruppenbildung; z.B.
- nach Meinungen (z.B. durch 'Parteiung' nach Entscheidungsfragen)
- nach Sachverstand
- nach Sympathie
    - TN wählen sich (offen)
    - 'designierte' GL wählen ihre 'Mannschaft' (offen)
    - TN ordnen sich den designierten GL zu (offen)
    - Soziogramm
- nach Sozialdaten (Alter, Geschlecht, Beruf etc.;Homogen-Heterogengruppen)
- Zufallsgruppierung (Los,Sitzordnung, Alphabet, Abzählen,usw.)

Es empfiehlt sich, Vor- und Nachteile der einzelnen Gruppierungsverfahren zu besprechen, und die Gruppe selbst entscheiden zu lassen, welches Verfahren sie wählen will.(In Kursen, Projekten etc. sollten mehrere Verfahren erfahren werden können.)

Auswertung klärender Gespräche.

Wenn eine Gruppe nicht nur ihren eigenen Prozeßeindrücken überlassen werden soll, oder wenn die Fähigkeiten im Feedback (geben und nehmen) noch nicht weit genug entwickelt sind, müssen Gruppen 'beobachtet' werden,damit ausgewertet werden kann;d.h. damit die TN verstehen lernen $\frac{WAS}{WIE}$ 'gelaufen' ist und worin ihre 'Mitwirkung' besteht.Im Anfang ist die extrakommunikative Beobachtung einer teilnehmenden vorzuziehen, weil die Autorität des Leiters selbst in der Rolle des teilnehmenden Beobachters durchschlägt. Als Außenbeobachter kann er sich - allerdings muß er vorher seine Beobachtungsziele 'deklarieren' und die Notwendigkeit des Beobachtens mit der Gruppe klären - auf unstrukturiertes Beobachten verlegen; also sich nur Prozeßphasen, Äußerungsformen, Verhaltensweisen merken, die ihm als besonders gruppendienlich (funktional) oder störend (dysfunktional) auffallen. Günstiger ist es jedoch, wenn er strukturiert beobachtet. Zu diesem Zweck habe ich vor Jahren ein Beobachtungssystem entwickelt (vgl. die erste Darstellung durch U.GEISSNER 1975/1), mit dessen Hilfe es gelingt, die TN-Beziehungen, Häufigkeit und Dauer der Gesprächsbeiträge und die Inhalte (in

Stichwörtern) im Gesprächsverlauf zu protokollieren. Die Methode heißt deshalb: Gesprächsverlaufssoziogramm(GVS).

Beschreibung des GVS-Formulars: Auf einem DIN-A4 Blatt sind als Kopfleiste ausgehend von der Mittelposition des GL nach links und rechts je 6 Felder abgegrenzt, in die die Namen der TN eingetragen werden. Ein Blatt reicht für 5Minuten; zur besseren Orientierung sind im Minutenabstand Querstriche gezogen. In der 'Fußleiste' sind 13 offene Felder, in die die Summe der Beiträge je TN eingetragen wird. Da für einen Gesprächsverlauf von 30' sechs Formblätter benötigt werden, empfiehlt es sich, die Blätter in der rechten oberen Ecke durchzunumerieren und - für jede der beobachteten Gruppen gesondert - die Anfangszeiten (der Beobachtung) zu notieren.

Protokollieren mit dem GVS: Wer lernen will, mit dem GVS zu arbeiten, geht am besten auf folgende Weise vor:

1. Notieren (nur) der Sprecherwechsel
2. "   "   "   " und der Sprechdauer
3. "   "   "   "   "   "   "   " und der Inhalte
(Stichwörter)
4. zusätzliche, den Gesprächverlauf beeinflussende, Äußerungen (phonische und aphonische)

(Zu den Lernschritten 1-3 wird auf S.109 ein Beispiel gegeben).

Es ist ratsam, die ersten Versuche mit dem GVS ohne Gruppendruck und Auswertungsverpflichtung bei einer - allerdings nicht streng ritualisierten - 'Fernsehdiskussion' zu üben. Dabei wie in der eigenen pädagogischen Praxis kann sich der Beobachter für die Phasen 2 und 3 zunächst auf den GL konzentrieren.

Vorbereiten der Auswertung: In der Pause nach den Gruppengesprächen - bei Zeitdruck oft auch während der Gruppenberichte ins Plenum - wird die Auswertung vorbereitet in folgenden Schritten:

1. Summieren der TN-Beiträge,Gesamtsumme der Beiträge,Prozentanteil je TN
2. Summieren der TN-Sprechzeit,Beobachtungsdauer,Prozentanteil je TN
3. Markieren gruppendienlicher oder-störender GL-Interventionen
4. Markieren gruppendienlicher oder -störender TN-Interventionen
5. Eingrenzen thematischer Sequenzen im Gesprächsverlauf u.a.m.

Auswerten des GVS:Nach einer Selbsteinschätzung der TN (wer hat am meisten/wenigsten, kürzesten/längsten gesprochen) werden die Prozentwerte der Beiträge (b) und Sprechzeiten(t) angegeben; aufschlußreich ist das Verhältnis der b-und t-Werte. Eine absolute Gleichverteilung ist nicht nur utopisch,

GVS - Formular (verkleinert)

(Die 'Stichwörter' im 3.Übungsschritt stammen aus einem Gespräch zu dem 'Fernseh-Impuls'(S.105).)

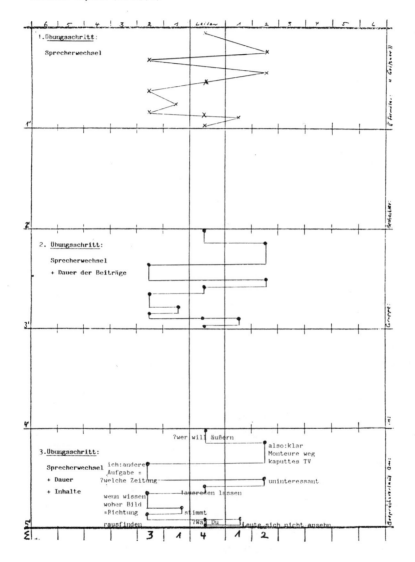

sondern formalistisch; eine große Differenz jedoch Zeichen einer wenig integrierten oder stark emotionalisierten Gruppe. Eine Streuung von etwa ± 5% um den Ø-Wert zeigt i.allg.eine integrierte,arbeitsfähige Gruppe an. Auf diese Weise werden zwar zunächst nur 'Köpfe' und keine Gedanken gezählt, aber bereits dies ist für die Entwicklung der Gesprächsfähigkeit in mehrfacher Hinsicht wichtig:

1. zur Überprüfung des Verhältnisses von Selbsteinschätzung und Fremdeinschätzung (vgl. Johari-Fenster; S.45ff.)
2. zur Entwicklung des Hörverstehens (Zuhörbereitschaft vs. Sprechdrang)
3. zur Entwicklung einer Kooperationssensibilität (gruppendienliches Verhalten; Wahrnehmen, wer noch nichts gesagt hat, wer wen 'reizt' usw.)
4. zum Erkennen eigenen Dominanzstrebens (wenn eine Gruppe nur eine begrenzte Zeit zur Verfügung hat, dann dominiert der, der sich das größte Stück aus dem gemeinsamen 'Zeitkuchen' herausschneidet, unabhängig davon, was er in dieser Zeit sagt)
5. zum Erkennen von Dominanzstrukturen in der Gruppe (Dominanz des GL; Konkurrenzverhalten einzelner TN mit dem GL; wer am häufigsten spricht, wird i.allg. auch am häufigsten angesprochen usw.)

Wenn - wie oben konstatiert - der klärende Prozeß oft wichtiger ist als der geklärte Inhalt (falls sich der überhaupt 'klären' läßt), dann ist diese Stufe der Auswertung keineswegs nebensächlich, sondern als ebenso teilnehmer- wie prozeßorientierte ungeheuer wichtig. Oft ist die sich anschließende Auswertung der Äußerungen - seien es Fragen, Vorschläge, Argumente - nur mehr die inhaltliche Auffüllung der Prozeßqualitäten. Mit Hilfe seiner Stichwörter kann der Beobachter (hoffentlich) die einzelnen Äußerungen oder Prozeßphasen reformulieren, kommentieren (lassen) und Änderungsmöglichkeiten mit der Gruppe entwickeln.

Didaktische Vorteile des GVS: Ein geübter Beobachter protokolliert mit dem GVS den gesamten Gesprächsprozeß (mit Ausnahme des genauen Wortlauts der Äußerungen). Die Vorbereitung der Auswertung geht - entsprechende Übung vorausgesetzt - schnell; die Auswertung erfolgt unmittelbar.Diese Auswertung mit Hilfe des GVS greift unmittelbar in den fortdauernden Gruppenprozeß ein (in vielen Fällen kann auf das zeitaufwendige Abspielen einer Tonband- oder Videodokumentation des Gesprächs vor der Auswertung verzichtet werden; und wo steht schon für jede Gruppe eine Aufnahmeanlage zur Verfügung, wenn z.B. drei Kleingruppen parallel klärende Gespräche führen?)

Die TN bleiben die Gesprächssubjekte, d.h. sie werden nicht zu Versuchspersonen 'reifiziert'. Die Gesprächsprozesse werden nicht zu Objekten späterer 'Analyse', noch wird über die TN gehandelt, sondern es wird mit ihnen besprochen, wie es mit ihrer Gesprächsfähigkeit und ihrer Gesprächsverstehensfähigkeit steht.Die Frage ist also, "ob es bei 'Lauschangriffen' anonymer Beobachter oder bei den Belauschaktionen selbst 'teilnehmender Beobachter' bleibt, und die Belauschten in ihrem (weniger subjektiv als gesellschaftlich verschuldeten) bornierten prähermeneutischen Wissen 'belassen' werden, oder ob sie in die hermeneutische Kritik ihrer Gespräche einbezogen werden" (H.G.1982/3).

Hermeneutische Kritik setzt voraus, daß der Leiter/Lehrer den Gesprächsverlauf in seiner Oberflächenstruktur als Konkretisierung eines Formtyps, hier 'klären', versteht und von daher den Prozeßverlauf auswerten kann. Je intensiver er aber die Situation der Gruppe oder sogar einzelner TN kennt, ihr Thema-Horizont-Schema, ihre Kommunikationsgeschichten und -narben, die subjektiven wie die gesellschaftlichen Restriktionen, je intensiver er selbst in der Gruppe ist, desto mehr kann er sein und der TN prähermeneutisches Vorwissen (Vorverständnis) hermeneutisch vertiefen. Die horizontale Hermeneutik (des ersten'Zugriffs') wird durch die vertikale Hermeneutik aus der Tiefenstruktur des Gesprächs interpretiert. (vgl.LEITHÄUSER/VOLMERG 1979:56ff.)

Theoretische Konsequenzen der Arbeit mit dem GVS: Es liegt auf der Hand, daß das GVS auch für die wissenschaftliche Untersuchung von Gesprächen geeignet ist.(Auf die Problematik im Verhältnis von 'Gesprächsanalyse zu Gesprächshermeneutik' will ich über das eben Gesagte hinaus nicht eingehen. 'Analyse' steht nach meinem Problemverständnis zwischen prähermeneutischen und hermeneutischen Komplexhandlungen; 'Analyse' kann sich in beiden Richtungen nicht aus 'hermeneutischen Zirkeln' herausmanövrieren - es sei denn mit einem Münchhausentrick, aber der war bekanntlich ein Lügenbaron.) Das GVS liefert bereits eine Verlaufspartitur, die zum Zweck einer aus der Gesprächssituation losgelösten Untersuchung aus Tonband- oder Videodokumentationen vervollständigt werden muß (Wortlaut der Äußerungen, phonische und aphonische 'Signale'). In der Verlaufspartitur lassen sich die turntakings, die sprecherbestätigenden, äußerungssichernden etc. Partikel usw. in ihrem funktionalen Stellenwert für den Prozeß erkennen.(Ansätze in dieser Richtung haben entwickelt GUTENBERG 1979/1:108ff. und VARWIG 1979/2:58).

Ebenso lassen sich mit Hilfe des GVS Art, Umfang und Dauer des 'Aushandelns von Bedeutungen' (KALLMEYER 1981) ablesen, bzw. alle anderen Fakten, je nach Forschungsinteresse.
Der Gesprächskurs geht weiter, indem mit immer neuen Impulsen, schließlich mit 'eigenen' der Gruppe, die Fähigkeit zum gemeinsamen 'Klären' entwickelt wird. Optimal ist es, wenn so viele Klärungsgespräche stattfinden können,daß jeder TN einmal die Funktion des GL übernehmen kann. Gleichzeitig entwickelt sich die Hörverstehensfähigkeit, sowohl beim Klären als in den nachfolgenden GVS-Auswertungen. Ist eine der Gruppe angemessene Sensibilisierung erreicht, dann kann von der Leiter-Auswertung, bzw. dem Prozeßfeedback zum Partnerfeedback übergewechselt werden. Dazu muß die äußere Ablauforganisation des Gesprächs verändert werden: Es gibt nicht mehr räumlich getrennte Kleingruppen (zu einem oder verschiedenen Impulsen), sondern alle TN bleiben in einem Raum; während eine Gruppe im Innenkreis spricht, beobachtet eine Außengruppe, dann werden die Positionen gewechselt (vgl. Beschreibung der Übung S.44f.). Für diese Übung "Gruppe in Gruppe" sollte eine Doppelstunde (90') zur Verfügung stehen (10'Partnerwahl und Gruppeneinteilung, 2x30' Gespräch, 10'nicht-öffentliches Paarfeedback, 10' gruppenöffentliches Prozeßfeedback. Das Prozeßfeedback kann bei 'ungerader' TN-Zahl der 'überzählige' TN übernehmen). Gerade weil in dieser Übung die Aufmerksamkeit nur auf einen einzigen Sprecher gerichtet ist, wird besonders intensiv erfahren, wie schwierig 'widerspruchsfreies Zuhören' allgemein ist und konzentriertes Hörverstehen im besonderen; zumal dann, wenn es nicht nur um Kognitives geht, sondern zugleich um Affektives in dieser Beziehungsstruktur. Konzentrieren sich die Beobachter auf das WIE ihres Partners, dann bekommen sie häufig das WAS nicht mit; konzentrieren sie sich auf das WAS, dann geht ihnen sein WIE verloren, der Ausdruck seines Selbst- und Hörerbezugs im zeitlichen Verlauf des Prozesses. Diese von den TN selbst bemerkte Schwierigkeit ist deshalb Gegenstand einer sich anschließenden
<u>Übung zum Hörverstehen.</u> Bekannt ist diese Übung i.allg. unter dem Namen "<u>kontrollierter Dialog</u>", eine Bezeichnung, die sich von dem (z.B. bei ANTONS 1973) beschriebenen 'setting' herleitet: 3 TN bilden eine Kleingruppe; A und B sprechen miteinander, C ist der 'Kontrolleur'; B und C sprechen miteinander, A kontrolliert; C und A sprechen miteinander, B kontrolliert. Dies Verfahren bringt dem 'Kontrollierenden' Lernvorteile,

muß er doch beide Sprecher 'hörverstehen'. Was wird 'kontrolliert'? Das ergibt sich aus der Methode, die vorschreibt, daß nicht unmittelbar ('spontan') geantwortet wird, sondern immer erst,nachdem das Gehörte in eigenen Worten sinngemäß (es ist eine Verstehensübung und kein Gedächtnistraining) wiederholt worden ist. In diese sinngemäßen Wiederholungen (Reformulierungen, Paraphrasen) schleichen sich nur allzuleicht Ungenauigkeiten ein, Wertungen, Interpretationen, bzw. es wird Wichtiges überhört, weggelassen, Unangenehmes verdrängt, Angenehmes 'zurechtgehört' usw. Hier liegen die Ursachen für 'Aneinandervorbeireden', für Mißverständnisse; hier greift deshalb der Kontrollierende ein, entweder sofort oder nach einer Gesprächssequenz.

Das 3er-Setting ist nicht unbedingt erforderlich. Gerade in Gruppen, die sich bereits im Paarfeedback sensibilisiert haben, ist dieser 'methodisch gebremste Dialog' auch zwischen Zweien möglich. Sie kontrollieren sich dann selbst. Es ist dann ein sich 'kontrollierender Dialog'. Dabei wird den Partnern vollends deutlich, daß wir i.allg. nur wenig von dem hören, was gesagt wird, sondern nur das hören, was wir hören wollen! Obwohl Schüler 60-70% eines Schultages hörend zubringen, wird Zuhören nicht gelernt, geschweige Hörverstehen! Die 'schwarze Pädagogik' reagierte auf ihre Weise: "Wer nicht hören will, muß fühlen" (statt eigener Sinnkonstitution im Hörverstehen also Gehorsam!). Schon Zuhören erfordert eine besondere Art der Konzentration, um wieviel mehr: Hörverstehen.Mir ist es deshalb noch sympathischer - und nach meinen Erfahrungen löst diese Bezeichnung auch geringere Abwehr aus, bezeichnet sie doch genau das, worum es geht - wenn diese Methode genannt wird: 'Konzentrierter Dialog'. Verlangt wird nämlich weniger Kontrolle als Konzentration. Konzentration auf zweifache Weise: Konzentration auf das Gesagte im Hörverstehen und Konzentration des Gehörten in eine (nicht-interpretierende) 'Spiegeläußerung'. (Die methodische Nähe zu ROGERS (1981), bzw. der nicht-direktiven Gesprächstherapie dürfte deutlich sein.). Das Muster:

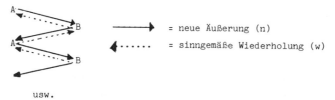

usw.

Es empfiehlt sich, zunächst die Methode einzuüben, am besten an alltäglichen 'Redegegenständen'; z.B.

              A   B

```
        A                              B
n: wie spät is es denn?
                               w: wie spät es is?
w: hm, 8                       n: 8 Uhr
n: da könnten wir doch aufhörn
                               w: du meinst, wir könnten aufhörn
                               n: und: was machen wir dann?
w: was wir dann machen?
n: was hälst du davon, daß
   wir in die kneipe gehn?
                               w: in die kneipe?
                               n: ich weiß nicht, dazu hab ich
                                  keine große lust -
w: du hast keine große lust
n: ich hab aber nen riesendurst
                               w: du hast........
```

In einem zweiten 'Durchgang' sollten sich die TN dann 'Gegenstände' aus ihren Arbeits-, Sach-, Interessensgebieten auswählen. Dabei ist zu erwarten, daß es z.B. dem 'Hondafan' nicht leicht fällt, sein Fachwissen so zu transformieren, daß es der 'Discofreak' hörverstehen kann; oder der Jurist den Kernphysiker, der Konstrukteur den Verkäufer, der Lehrer den Schüler usw.usw. Den Partnern wird bewußt, wie sehr sie 'Fachsprachliches' in Grundsprache übersetzen müssen; ob und wie es ihnen gelingt, komplizierte Sachverhalte nicht in komplizierten Äußerungen zu verschachteln, sondern sukzessiv zu entwickeln; ob und wie es ihnen gelingt, das Zuhörinteresse zu wecken und zu erhalten, bzw. im Rückspiegeln die Sprecherhaltung zu steuern; vorausgesetzt, daß es ihnen gelingt, ihre -sozialemotionale- Distanz zu überwinden und den Partner mit seiner Eigenart, seiner 'Skurrilität' ernst zu nehmen; bzw. zu bemerken, wo und warum eine vorurteilige Einstellung diesem Partner und seiner Sache gegenüber das Hörverstehen mindert, erschwert, vereitelt.

Im 'konzentrierten Dialog' läßt sich das Zusammenwirken der sinnkonstituierenden Faktoren im konkreten Vollzug erkennen, ohne daß eine kognitive Faktorenanalyse vorab erforderlich wäre. Dies gilt besonders auch für das Thema-Horizont-Schema. Im konzentrierten Dialog wird vollends deutlich, wie sehr alles Miteinandersprechen der Versuch ist, aus der eigenen Welt in die Welt des anderen zu übersetzen.

Mit diesen Erläuterungen möchte ich (im Zusammenhang dieses Buches) auch deutlich machen, warum der 'Konzentrierte Dialog' aus den 'klärenden' Gesprächen entwickelt wird. Spiegelverkehrt interpretiert heißt das: Ich halte nichts davon, den KD als taktische Fecht- und Fintenübung zu mißbrauchen. Entweder begründet sich Sprecherziehung in einem sozialpragmatischen Konzept von Sprechwissenschaft, das mit seinen politischen Zielsetzungen kritische Mündigkeit als Modus kommunikativer Ethik zu erreichen versucht, dann muß dieses Konzept bis in den 'letzten Zipfel' des Methodischen reichen; oder sie gibt diesen Anspruch auf, reiht sich in die marktgängigen Sozialtechnologien ein, dann mag auch methodisch 'jeder sehen, was er treibe'; dann mag er auch die 'strukturelle Gewalt' stärken, statt zu versuchen, die auch rhetorische Herrschaft von Menschen über Menschen zu überwinden.

Praktisch heißt das: Es wird zwischen den TN vereinbart, daß der Kontrollierende eingreift, wenn es in einem KD zum Konflikt kommt; bzw. die sich selbst Kontrollierenden versuchen sofort, die Ursache des Konflikts herauszufinden. Warum dies kein Konfliktvermeidungsverhalten bedeutet, wird im Anschluß an das nächste Beispiel erörtert:

```
              A                              B
n: Ich finde diesen Raum scheußlich
                                w: du findest's hier scheußlich
                                n: was gefällt dir nicht? mir
                                   gefällt's nämlich gut
w: dir gefällt es, und du fragst,
   was mir nicht gefällt?
n: gefallen dir vielleicht diese
   komischen tapeten?
                                w: diese komischen tapeten?
                                n: was findest du denn daran
usw.                               'komisch'?
```

In diesem Beispiel provoziert der 'Frontaleinstieg' mit einer 'globalen' Wertung eine Gegenwertung, sofern nicht Übereinstimmung herrscht. Dies eskaliert in eine den Partnergeschmack abqualifizierende Detailwertung, die der Partner prompt mit einer Gegenfrage abwehrt. Der Einstieg mit der Frage 'Wie gefällt dir denn dieser Raum?' hätte zwar auch zur Äußerung der kontroversen Geschmacksurteile geführt, aber der Konflikt hätte als begründender Dissens ausgetragen werden können, nicht als letztlich 'blinder' Kampf. Es geht eben nicht nur um 'Konsens' oder 'Dissens', sondern auch bei bestehender Meinungsverschiedenheit, also im Konflikt, um die Möglichkeit eines 'begründeten Dissens'. Diese Feststellung leitet

über zu der (vor dem letzten Beispiel) angekündigten Klarstellung. Meine
Abwehr, den KD als Übungsinstrument zum 'Streiten' einzusetzen, sollte
nicht als Konfliktvermeidungsverhalten interpretiert werden. Es soll im
anschließenden Kapitel dargestellt werden, wie 'streiten' gelernt werden
kann. Die Alternative heißt nicht: sozialdarwinistische oder sozialromantische Methoden, vielmehr geht es um konkret sozialverantwortliches Handeln - und dies bedeutet auch Handeln im Konflikt, Handeln aus Interessensgegensätzen, eben Streiten über Wege und Ziele künftigen Handelns. Es gibt
keine Kommunikationsfähigkeit ohne Konfliktfähigkeit.Nur so läßt sich kritische Mündigkeit einlösen als "Inbegriff von Gesprächsfähigkeit, Kritikfähigkeit, Konfliktfähigkeit und Verantwortungsfähigkeit"(SW 157).

Für die Entwicklung der Hörverstehensfähigkeit im KD halte ich dann eine
weitere Übung für außerordentlich fruchtbar: Es wird vereinbart, daß die
Partner über sich selbst sprechen, wobei der 'Rücksprecher' die Aufgabe
übernimmt, eigene Beiträge als offene Nachfragen zu äußern. Auch diese
Aufgabe wechselt zwischen den Partnern. Diese Aufgabe ist vorzüglich geeignet, die Arten der elementaren und gesprächskonstituierenden Sprechhandlung 'fragen' zu üben: erfragen und nachfragen vs. abfragen und verhören. Dabei wird auch der Modalitätsunterschied geübt zwischen 'offenen'
(wie war es denn, worum geht es..) und 'geschlossenen' Fragen (weißt du,
wer das war; warum sagst du nichts...), Extremfall: Suggestivfrage (meinst
du nicht auch...); außerdem Frage'batterien' (wer war das, wo kam er her,
was wollte er hier und was hast du gesagt....)
Da die Lust am Fragen anscheinend mit dem sog.'Fragealter' ausgetrieben
wird, wird die Freiheit zum Fragen weder begriffen noch ergriffen. Unsere
Sozialisationsagenturen scheinen allesamt mehr von 'richtigen' (gesellschaftlich wünschenswerten) Antworten zu halten, als von"störenden, überflüssigen 'dummen'usw." Fragen. Der insistierende Frager wird als Querulant denunziert, öffentliche Fragwürdigkeiten zu Querelen heruntergespielt.
Deshalb scheinen spezielle Angebote zum Fragenlernen besonders wichtig;
denn ohne Fragehaltung und ohne Fragen gibt es kein Gespräch (vgl.RhpB 196).
Derlei Ansichten werden (mit VAN RIPER und IRWIN 1958:9) "diejenigen beirren, die sich sicherer fühlen, wenn sie an Stelle einer richtigen Frage
die falsche Antwort wissen".Allerdings sind sie meist fähig, die falsche,
aber positiv sanktionierte Antwort - wie die höchst kommunikative Wendung
heißt - 'wie aus der Pistole geschossen' abzuliefern. Genau in diese, mit

der pseudodialogischen Schieß- und Fechtmetaphorik bezeichneten Antwortroutinen, baut der 'Konzentrierte Dialog'eine Sprechdenk- und Hörverstehensbarriere ein.

Dies gilt auch, wenn die Partner im KD 'über sich selbst sprechen'; denn 'Befindlichkeiten äußern oder erfragen' ist außerhalb des floskelhaften 'Wie geht's' unüblich, weil sozial nicht gelernt, Mitleidsfragen (Parzifal zum Trotz) verpönt, usw.

A	B
n: ich habe ein problem	
	w: du bist bedrückt
	n: willst du mit mir drüber reden
w: ob ich mit dir drüber sprechen will?	
n: ich kanns ja mal versuchen	
	w: du meinst,du kannsts versuchen
	n: das find ich gut - worum gehts denn?
w: du machst mir mut und fragst worum es geht	
n: weißt du, ich hab auf einmal schwierigkeiten mit X	
	w: für dich ist die beziehung zu X auf einmal schwierig geworden
usw.	n: kannst du mir erzählen, was daran für dich schwierig ist?

Mit diesem Beispiel will ich das Kapitel 'Klären' abschließen und nur noch auf einen manchmal gehörten Einwand eingehen: "Zu klärenden Gesprächen fehlt uns die Zeit". Gewiß fehlt in der sozialen Praxis, zumal der institutionalisierten, manchmal die Zeit für derart zeitaufwendige Prozesse;aber auch in Institutionen gibt es viel mehr Zeit und Möglichkeiten als Routiniers wahrhaben wollen. Wer auf 'Klären' verzichtet und ohne sachangemessene Problematisierung 'schnell entscheidet', handelt so irrational wie der, der der Maxime folgt: 'Eine falsche Entscheidung ist besser als gar keine'. Wenn dagegen durch sachangemessenes und personbezogenes 'Klären' ein Sachverhalt problematisiert worden ist, sind die unterschiedlichen Fähigkeiten und Erfahrungen der 'Kooperationsverpflichteten', der Mitarbeiter, fruchtbar gemacht, so, daß langfristig gesehen, Klärungsprozesse zeitsparender (und kostengünstiger) sind, also rationaler und rationeller, als der Verzicht auf sie. Wer auf klärende Gespräche verzichtet, sieht sich außerdem dem Verdacht ausgesetzt, er verzichte auf sie, um seine Herrschaftsposition zu stabilisieren.Ein Grund mehr, 'Klären' früh zu lernen.

3.1.1.2 STREITEN

Die Kategorie des 'Strittigen' ist die Grundlage des Streitens. Als 'strittig' gilt i.allg. etwas dann, wenn in gesellschaftlichen Handlungszusammenhängen verschiedene Subjekte/Gruppen über eine Sache unterschiedliche Meinungen haben, wenn sie Unterschiedliches für wahr, sinnvoll, machbar usw.halten. Hat einer der Meinungsgegner 'das Sagen', ist er der sozial Mächtige, dann beendet er (meistens) den Streit (zu seinen Gunsten) durch sein 'Machtwort'. Versuchen die Meinungsgegner (Opponenten) dagegen, die Meinungsverschiedenheit zu überwinden, ohne ihre Macht (strukturelle Gewalt) zu gebrauchen, dann beginnen sie ein 'Streitgespräch', d.h. sie fangen an, begründend oder rechtfertigend miteinander zu 'streiten'. Sie streiten über das 'Strittige', die Streitsache oder Streitfrage (quaestio), für die es einen <u>Streitgrund (causa concertiva)</u> gibt.(lat.concertare heißt streiten. Im 'Konzert' streiten die Instrumente miteinander, jedes erhebt seine 'Stimme', ohne das andere zu übertönen; Ziel ist kein 'langweiliges' uni sono, noch der 'Sieg' dessen, der am lautesten 'auf die Pauke haut'.)
Die **Partner** des Klärungsgesprächs werden in der Streitsache **Gegner**. Dennoch haben 'Klären' und 'Streiten' einiges gemeinsam. Wie die Partner beim Untersuchen und Erörtern beim Klären (lat.discutere erörtern, untersuchen) tragen die Gegner auch beim Streiten (lat.concertare;engl.to debate) zunächst ihre 'Puzzlesteine' bei; allerdings ist (oft) mit der Streitsache bereits die Streitfrage thematisiert und der Rahmen gegeben, das 'Streitfeld' abgesteckt. Auch beim Streiten gibt es in der nicht-institutionalisierten Praxis keinen, der weiß, 'was richtig ist' oder 'wie's richtig geht'. Die Meinungsgegner selbst müssen versuchen, die Streitfrage zu beantworten, den Streitfall zu lösen.
Ich halte deshalb die Orientierung des Streitgesprächs am Muster des juristischen Prozesses für wenig sinnvoll (d.h. nicht, daß nicht viele im alltäglichen Streit sich verhalten wie vor Gericht: beschuldigen, anklagen, sich verteidigen und vor allem:'urteilen'); denn dort gibt es den entscheidungsbefugten Dritten, <u>vor</u> dem die 'Parteien' streiten.Ich halte die Gerichtsanalogie noch aus weiteren Gründen für unzutreffend: 1) geht es dort (i.allg.) um die Beurteilung vergangener Taten und (nahezu) nie um zukünftiges Handeln (höchstens vor den Verfassungsgerichten), 2) gibt es in jedem Fall eine gemeinverbindliche 'Richtschnur', mit der und an der

Täter und Tat 'gemessen' werden (gesagt bei aller Würdigung der Rechtsschöpfung im Richterrecht, durch das das Gesetzesrecht verändert werden kann und wird). Vergleichbar ist allenfalls, daß es eine Richtschnur gibt für den prozessualen Verlauf (Prozeßordnung), der in streng formalisierten Streitgesprächen (Debatten) die Geschäftsordnung entspricht.
Wenn Partner erkannt haben, daß sie an einem 'Punkt' Meinungsgegner sind, dann können sie entweder **ergründen**, warum das so ist, oder **begründen**, wie es ihrer Meinung nach geändert werden kann. Ob 'ergründen oder begründen', in jedem Fall heißt streiten **'mit Gründen streiten'** oder **argumentieren**. Wenn Argumentieren rückgebunden ist an die Kategorie des Strittigen und 'zwischen' Subjekten oder Gruppen geschieht, dann folgt daraus, "daß zwar jede Argumentation dialogisch ist, aber nicht jeder Dialog argumentativ" (H.G. 1980:33).

Voraussetzungen beim 'Streiten'

((Ich übernehme die folgenden Passagen, die für Streitgespräche, aber auch für die latent-dialogischen Meinungs- oder Überzeugungsreden gelten, aus meinem Aufsatz 1980:34f.))
"Wer argumentiert, d.h. mit Gründen streitet - über Begründungen, Bewertungen, Rechtfertigungen, Handlungen und Handlungsziele - setzt einiges voraus. Er setzt voraus, daß der mit dem er streitet, das Strittige, die **Streit**frage (...) als Streit**frage** (quaestio) versteht. Er setzt weiter voraus, daß der mit dem er streitet, daran interessiert ist, den Streitfall zu lösen. Schließlich setzt er voraus, daß der, mit dem er streitet, 'bereit,willens und fähig' ist, Begründungen, Rechtfertigungen, Bewertungen ernst zu nehmen und seinerseits zu begründen, zu bewerten, (sich) zu rechtfertigen.(...)
Was heißt 'die Streitfrage als Streitfrage' verstehen? Die Streitenden -Subjekte oder Gruppen - müssen zunächst die Sprechsituation, in der sie sich treffen und die sie durch ihr Miteinandersprechen allererst zur gemeinsamen Sprechsituation machen, als Weltausschnitt begreifen. Von diesem Punkt aus sprechen sie über dasselbe Erfahrungsfeld, selbst wenn sie darin auf ganz verschiedene, unmittelbar gemachte oder kommunikationsgeschichtlich vermittelte, Erfahrungen zurückgreifen. Erst aufgrund dieser Gemeinsamkeit des - mentalen oder realen - Erfahrungsfeldes - das in praktischen Argumentationen zugleich die Basis wahrscheinlicher (verisimile!) Lösungsversuche ist - können sie Erfahrungsunterschiede und Mei-

nungsverschiedenheiten wahrnehmen und formulieren. Nur so kann ihnen eine Meinungsverschiedenheit als Strittiges zum Problem werden.
Ein Problem hat also immer einen Fragehintergrund. 'Problem' heißt aber auch das 'Vorgelegte' (wörtlich: das Vorausgeworfene), das eingeholt,'die Aufgabe', die gelöst werden soll, die wie jede Frage eine Antwort verlangt. Eine gemeinsame Antwort kann nur gefunden werden, wenn jeder der Streitenden nach dieser Antwort sucht. Dazu ist es erforderlich, daß keiner den Streit verweigert, sondern jeder sich auf den Streit einläßt und die Auseinandersetzung riskiert(ich ergänze: daß er sogar bereit ist, eigene Argumente aufzugeben und seine Meinung zu ändern; denn "wer das Risiko nicht läuft, seine Überzeugungen zu ändern, der argumentiert nicht, sondern betreibt letztlich Schein-Argumentation" (SW 161f.)). Jeder der Streitenden muß also ein Interesse daran haben, daß die Antwort gefunden, daß das Problem gelöst wird. Wie verschiedenartig auch immer die Sachinteressen, die Bedürfnisse und Handlungsziele sein und bleiben mögen, dieses 'Lösungsinteresse' muß vorhanden sein.
Problemverständnis (vergangenheitsbezogen) und Lösungsinteresse (zukunftsbezogen) beschreiben um das Problem (gegenwärtig) den Fragehorizont. Der Meinungsstreit setzt mit der Streitfrage (...) ein, für die im Rückgriff auf das Erfahrungsfeld oder im Vorgriff auf das Problemfeld Lösungen gesucht werden.Diese Lösungsvorschläge sollen nicht nur verstehbar sein, sondern im Prinzip annehmbar (akzeptabel). Da unbegründete Behauptungen (zwar verständlich, aber) selten annehmbar sind, müssen die Lösungsvorschläge begründet werden.Diese Begründungspflicht gilt für alle als Frager und Antworter (Proponent und Opponent) an einem Streitgespräch Beteiligten.
Liegt das Strittige im Bereich praktischer (moralischer,d.h.nicht-technischer oder theoretischer) Fragen, dann geht es nicht nur um Rechtfertigung vergangener 'Taten', sondern häufiger um Entschlüsse und Beschlüsse für zukünftiges Handeln. Weil es im Bereich praktischer Fragen, zumal bei Entscheidungen über Wege und Ziele künftigen Handelns, kein einfaches 'logisches' 'wahr'oder 'falsch' gibt (...) ist das Situationsverständnis (..) die entscheidende Voraussetzung für den Verlauf der Argumentation. Insofern muß der Sprechdenkende - abhängig von seinem Situationsbezug - nicht nur einen Sachbezug herstellen, sondern einen Hörerbezug, der wiederum abhängig ist vom Selbstbezug (des Redenden) und seinem -bzw.dem gemeinsamen,vorhandenen oder gemeinsam zu machenden - Zielbezug."

Die mit dem ausführlichen Zitat dargestellten 'Voraussetzungen beim Streiten' sind zugleich der Kommentar zu einer früher veröffentlichten Skizze (H.G.1979:14):

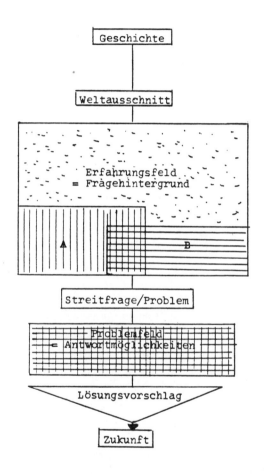

(Eine 'Streitfrage' kann also als 'sinnvolle' sich nur ergeben in der 'Schnittmenge' der Erfahrungsfelder von A und B. Dabei können 'A' und 'B' Personen bezeichnen oder Gruppen. Wenn divergente Erfahrungsfelder bestehen - wie oft in Generationskonflikten - , die auch historisch nicht vermittelt werden können, woher soll dann ein 'Konsens' kommen?)

Streiten lernen

Auf die Behauptung von A: "Das ist gut", reagiert B mit der Gegenbehauptung: "Nein, das ist schlecht". Besteht A auf seinem 'gut', ist es B seiner Selbstachtung schuldig, auf seinem 'schlecht' zu bestehen. Das kann in vielen 'turns' fortgesetzt werden. Auch bei Erwachsenen kommt, wenn auch verbal variabler, oft nichts anderes zum Vorschein als die bei Kindern üblichen 'Nein-Doch'-Sequenzen. Das Nein-Doch-Spiel liegt nahe, wenn nur behauptet, d.h. wenn weder ergründet noch begründet wird. So entsteht eine 'Streiterei' (Behaupterei), aber kein Streitgespräch. Wie läßt sich diese Streiterei vermeiden, wie läßt sich eine Basis für 'Streiten' gewinnen?

Wenn A nicht 'begründet', kann B versuchen, durch Rückfragen zu 'ergründen' Dabei können die im 'Situationsmodell' (S.38f.) zusammengestellten Fragen helfen; z.B.:

WIE: Wie meinst du das? Wie kommst du zu dieser Ansicht?
WAS: Kannst du mir das mal erklären? Kannst du das begründen?
WANN: Ist das immer gut? (nur heute? vorübergehend? manchmal?)
WO: Ist das überall gut? (nur hier? an einigen Orten? in einigen Ländern?)
WARUM: Warum meinst du das? Warum sagst du das?(jetzt?zu mir? hier?)
Wozu: Was willst du damit sagen? Was willst du damit erreichen?
WER: Wie kommst 'du' zu dieser Ansicht,Meinung, Feststellung?
FÜR WEN: Für wen ist das gut?(für alle? für einige? für welche?
      Personen, Gruppen, Schichten usw.)

Derlei Rückfragen von B, versuchen den Horizont von A zu erschließen, versuchen, den Fragehintergrund gemeinsam zu machen. Hätte A nicht mit einer 'leeren' Behauptung' eröffnet, etwa um B zu provozieren, dann hätte er von sich aus B vorab einiges von dem mitgeteilt, was er nun nachtragen muß. Die Haltung von A ist sinnvoll dort und dann, wenn kein Widerspruch zu erwarten ist, wenn Übereinstimmung (Konsens) in der Wertung angenommen werden kann; aber dann wird ja auch nichts 'strittig'. Weiß A jedoch, daß B anderer Meinung ist, oder vermutet A, daß B anderer Meinung sein könnte, dann muß er damit rechnen, daß seine leere Behauptung die Meinungsverschiedenheit (Dissens) aufdeckt oder auslöst. Äußert A seine Behauptung dennoch 'leer', dann hat das Folgen. B wird, sofern er nicht 'leer' gegenbehauptet (Nein-Doch-Spiel), die Behauptung befragen (s.o.) oder bezweifeln. Dadurch gerät A nicht nur in Zugzwang, wenn ihm an der Fortsetzung der Kommunikation gelegen ist, sondern in Begründungszwang. Da B aber die

Wertungsaussage (Kernaussage, These, claim, Zwecksatz) bereits kennt, ist zu erwarten, daß er die nachgetragenen Begründungen äußerst kritisch, oft 'vor'urteilsvoll, kaum jedoch noch widerspruchsfrei sich anhören wird. Folglich ist es nicht nur 'klüger', sondern für die Verständigung besser, wenn A gleich nicht 'leer', sondern 'begründet behauptet'. Eine begründete Behauptung ist ein 'Argument'.

Wenn ich sagte, es sei besser, wenn A 'gleich' begründet behauptet, so heißt das nicht, daß er gleich mit seiner Begründung eröffnen, sozusagen 'mit der Tür ins Haus fallen'soll. Also nicht:"1.das ist..., 2.weil..., 3.weil... usw., sondern weil...., weil..., weil..., ist das...".Bei der grundsätzlichen Sukzessivität von Sprechdenken und Hörverstehen gilt dies (in der Regel) überall: im einzelnen Beweisschritt, in einem Streitgespräch, in einer Rede. Bei der prinzipiell andersartigen Situation beim Leseverstehen ist es oft umgekehrt sinnvoll: erst die These, dann die Begründungen; aber 1. ist der Leser allein, kann also nicht unmittelbar widersprechen, bezweifeln usw., 2. hat er den 'Text' vor sich, kann also zeitunabhängig mehrfach lesen, 3. kann er aus beiden Gründen sich 'in Ruhe' seine Gedanken machen. Deshalb halte ich es i.allg. für falsch,die Strukturen schriftlicher Argumentation in mündliche Kommunikationsprozesse zu übertragen. Das gilt z.B. auch für 'Vorträge', die nicht ausschließlich Kognitives kognitiv für ausschließlich kognitiv interessierte Zuhörer vermitteln (Wo gibt es das?). Ich überbetone das 'kognitiv', weil ich es auch nur bei rein kognitivem Lernen (Wo gibt es das?) für sinnvoll halte, Lernschritte und Lernziele vorab anzukündigen (und damit die Erwartungsspannung abzutöten, zumal bei den Nicht-Hochmotivierten); in Prozessen sozialen oder gar sozial-emotionalen Lernens halte ich diese sog. 'lernpsychologische' Einstellung der Vorabankündigungen für absurd. Hörverstehen ist eben etwas völlig anderes als Leseverstehen, Schreibdenken etwas völlig anderes als Sprechdenken; und soziales Lernen in sozialen Situationen ist etwas völlig anderes als 'Lernen unter Laborbedingungen'.

Der sprechdenkende A (unseres Beispiels) ist aber nicht nur auf 'weil'-Begründungen angewiesen, wobei er übrigens statt der 'ist'-Urteile auch hörersensitive Ich-Aussagen verwenden könnte:'weil..., schlage ich vor, meine ich, halte ich es für, bezeichne, betrachte ich es als, scheint es mir..'usw. Statt der Nebensätze (H̶y̶p̶o̶t̶a̶x̶e̶)̶ ̶k̶a̶n̶n er auch selbständige Äußerungen setzen (Parataxe). In beiden Fällen folgert die abschließende

Äußerung aus den vorausgegangenen die Meinung, Ansicht, Behauptung.Dies kann dem Zuhörer verdeutlicht werden durch ein schluß-einleitendes 'daher, daraus ergibt sich, darum, demnach, deshalb, deswegen, folglich usw.'. Wieder eine andere Möglichkeit (des Argumentaufbaus) besteht darin, die Bedingungen zu nennen, unter denen A seine Folgerungen für 'schlüssig' hält; z.B.'falls..., so ...daß' oder 'vorausgesetzt,daß...dann...'. Am häufigsten wird die Formel verwendet 'wenn..., dann...'.Dieses Vorgehen ist vorsichtiger, weil es schon planend mögliche Einwände (Anfechtungsgründe) berücksichtigt (und gerade wegen dieser Vorausplanung ist es für viele Lerner sehr schwierig). Genau betrachtet geht es hier nicht mehr allein um den Argumentaufbau, es ist vielmehr bereits eine Frage der Argumentgewißheit. In dieser Hinsicht liefern Modalisierungswörter eine andere Möglichkeit: 'möglicherweise, wahrscheinlich, mit an Sicherheit grenzender Wahrscheinlichkeit' im Unterschied zu 'sicher, bestimmt, gewiß, zweifelsfrei'(falls es das je gibt) usw.

Zwar können in verschiedenen Gruppensituationen, sobald etwas 'strittig' wird, sowohl die zunächst geschilderten Rückfragen der Hörverstehenden geübt oder die zuletzt erwähnten Formulierungsmöglichkeiten erprobt werden, aber auf diese Weise wird eines noch nicht erreicht, was gerade für hörerbezogenes, argumentatives Sprechdenken erforderlich ist: das schrittweise Entfalten eines Gedankens für den Hörer, das ihn bis in die 'Pointe' mitdenken läßt. Gleichzeitig wird dem Hörer mit der Pointe mitgeteilt: Jetzt bist du dran!(wird ihm das 'Rederecht' übergeben). So wie ein Witz 'verkorkst' ist, wenn die Pointe zuerst erzählt wird, so, wenn die Kernaussage zuerst geäußert wird, das Argument (Ausnahmen wurden bereits erwähnt). Damit die Pointe nicht gleich zu Beginn oder zu früh 'herausgelassen' wird, muß sie zwar 'gewußt' sein, aber 'bewußt' zurückgehalten und alle übrigen Gedanken ihr untergeordnet werden. In einem Argument heißt die Pointe: Zwecksatz. Der Zwecksatz gibt Antwort auf die Frage: Was will ich erreichen, wenn ich jetzt spreche; konkret: was begründen, was widerlegen, was verstärken, was infrage stellen, worum die Hörer bitten, wozu sie auffordern usw. Der Zwecksatz formuliert also die für diese Hörer in dieser Situation beabsichtigte Konsequenz.Die Konsequenzaussage überschreitet die nur logische Schlußfolgerung (conclusio) in die soziale Realität der Miteinandersprechenden. Die Konsequenzaussage macht den 'Schluß' praktisch. Von der Handlungskonsequenz aus (Finalitätsprinzip) muß beim Planen des Arguments rückwärts gedacht werden: Wie kann ich diese Konsequenz stützen, begründen, veranschaulichen, plausibel machen? In der Regel reichen dazu drei Denkschritte aus. Schließlich ist es sinnvoll, den/die Hörer an den Gedankengang heranzuführen, sie zum Mitdenken einzuladen.

Ich nehme ein Beispiel aus dem gerade entwickelten (S.123) Gedankengang:

1. ?Warum soll man beim Streiten nicht unbegründet behaupten
   Nehmen wir an, A äußert eine 'leere' Behauptung
   B wird daraufhin diese Behauptung hinterfragen oder bezweifeln
   In jedem Fall bringt B den A in Begründungszwang
   Deshalb: Gleich begründen!

oder (sozusagen als Fortsetzung):

2. Dabei sollte der Argumentierende nicht 'mit der Tür ins Haus fallen'
   Der Hörer kennt sonst schon die Absicht (die Pointe)
   Er hört nicht mehr widerspruchsfrei zu
   Jede nachgetragene Begründung liefert sogar neuen Widerspruchsstoff
   Folglich gehört der Zwecksatz an den Schluß!

Die Minimalzahl für ein rhetorisches Argument sind **5 Denkschritte**. In einer Zeit, in der noch nicht zwischen 'Satz' und 'Äußerung' unterschieden wurde, nannte Erich DRACH (1930) dieses Verfahren Fünfsatz. Ich habe Methode und Bezeichnung von ihm übernommen, die Methode ausgebaut, sie überhaupt erst für argumentierendes Sprechdenken begründet, in vielen Jahren neue Argumentfiguren erprobt und als Methode auch für die Vorbereitung argumentativer Kurzreden angewandt. Der 'Fünfsatz' wurde, seit ich ihn 1968 zum ersten Mal veröffentlichte, in der Folgezeit oft übernommen (einen ungefähren Eindruck vermitteln die Literaturangaben bei BERTHOLD 1981/1). Ich habe mich weiterhin mit dem Fünfsatz beschäftigt (vgl. zuletzt 1980), aber ich habe nirgends die methodische Erarbeitung des Fünfsatzes beschrieben. Ehe ich das hier wenigstens zu skizzieren versuche, will ich Ängstliche beruhigen und Beckmesser befriedigen:

3. Der Fünfsatz ist eine alte Sache
   Er besteht aus fünf Sätzen, aber fünf Sätze machen keinen Fünfsatz
   Obwohl es in der Praxis gleichgültig ist, ob es 3.49 oder 6.31 Sätze sind, sind fünf Sätze optimal
   Das entscheidende ist die Unterordnung der Vordersätze unter den Zwecksatz
   Dieses Finalitätsprinzip ist die Quintessenz der 'Quintsentenz'

Oft wird gefragt, woher der Fünfsatz kommt:

4. Unsere Menschenhand hat fünf Finger

An 'fünf Fingern' können wir's uns abzählen

Dies ist eine alte 'Kunst' des Menschen

Sie ist die 'empirische Grundlage' auch beim Argumentieren

?Können Sie sich denken, wie alt der Fünfsatz ist

Doch nun zu den Methoden der Erarbeitung des '5-Satz'. Die Methoden richten sich auch hier nach der Fähigkeit der Lerner; deshalb sind verschiedene Wege zu gehen. Es gibt TN-Gruppen, die während der klärenden Gespräche, beim Feedbackgeben, vor allem aber durch die Selbsterfahrung beim 'konzentrierten Dialog', die Grundeinsichten selbst gefunden haben:

- wenige Äußerungen
- kurze Äußerungen (am besten: Hauptsätze)
- nur eine Kerninformation je Äußerung
- hörerzentriertes Äußern
- das Wichtigste zuletzt

In diesen Gruppen können die sieben (in tausenden von Fällen erprobten, wenn auch (noch) nicht durch empirische Untersuchungen evaluierten) 5-Satzstrukturen als Argumentfiguren vorgestellt und anhand von Beispielen veranschaulicht werden. In allen Strukturmustern liegt die Spitze (mit der die Planung beginnt) im fünften, also dem letzten Satz (Zwecksatz, Pointe, Konsequenzaussage usw.). In der Mehrzahl der Muster liegt ebenso der Einstieg (mit dem die Planung abgeschlossen wird) fest im ersten Satz. In diese - ich greife vor -'situative Klammer' hinein wird nun der 'Mittelteil' eingepaßt. Für den Mittelteil gibt es verschiedene Variationsmöglichkeiten:

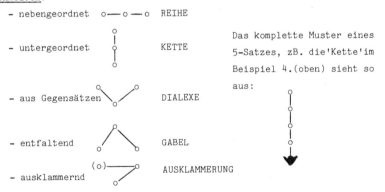

- nebengeordnet   o—o—o   REIHE

- untergeordnet   (Kette)   KETTE

- aus Gegensätzen   DIALEXE

- entfaltend   GABEL

- ausklammernd   AUSKLAMMERUNG

Das komplette Muster eines 5-Satzes, zB. die 'Kette' im Beispiel 4.(oben) sieht so aus:

Zum Üben empfiehlt es sich, am Anfang wirklich nur 'Einfachsätze' zu bilden. Später können dann - allerdings oft um den Preis der Unübersichtlichkeit und Unverständlichkeit - auch 'Gefüge' verwendet werden. Die einfachen (Nebensatz- und Parenthese-losen) Denkschritte lassen sich leichter planen. Einfache, schrittweise angebotene Äußerungen erleichtern das Hörverstehen. Verständlichkeit ist gerade beim oft emotionalisierten Streiten besonders wichtig.

Ein paar - kommentierte - Beispiele zu den skizzierten 5-Satzmustern:
Die 'Reihe' ergibt allenfals ein 'einleuchtendes', ein'plausibles' Argument. Es werden lediglich drei nebengeordnete Denkschritte 'gereiht'(aufgezählt). Sie sind untereinander (selten) sachlogisch verknüpft. Gerade darin liegt für Denkungewohnte die Anziehungskraft dieser Figur. Deshalb wird sie auch häufig in der Werbung verwendet.

5."Es gibt eine junge Schokolade. Quadratisch. Praktisch.Gut. Ritter's Sport!"

Ich will nicht über 'junge' Schokolade etwas sagen, sondern mich nur zum Mittelteil äußern. Die adjektivischen Kernwörter sind elliptisch gereiht (asyndetisch). Allerdings sind diese Prädikate keineswegs 'logisch'; denn die Schokolade ist nicht gut, weil sie praktisch ist; nicht quadratisch, weil sie gut ist; nicht einmal (generell) praktisch, weil sie quadratisch ist; denn dazu braucht der Käufer entsprechende Taschen. Es gibt keine 'Kette': quadratisch, also praktisch, also gut, sondern nur eine Aufzählung nebengeordneter 'Prädikate', die so etwas wie 'Sachlogik' vorspiegeln. Allein durch die Anzahl der Prädikate wird eine gewisse Plausibilität erreicht: Anschaulichkeit vor 'Schlüssigkeit'.

Die 'Kette' liefert dagegen eine chrono-logische Folge von Denkschritten (zuerst, dann, danach, weiter, schließlich), oder , noch konsequenter, eine 'logische' Folge. Die Schritte im Mittelteil sind so denknotwendig miteinander verkettet, daß sie in weil- oder wenn-dann Schritte umgesetzt werden können.

6. A hat einen Plan vorgelegt. Der Plan ist gut durchdacht. Wir
   können ihn mit unseren Mitteln verwirklichen. Er verspricht
   uns (deshalb) Erfolg. Aus diesem Grund stimme ich dem Plan von A zu.

Für die Planung geht die Denkbewegung von der 'Konsequenz' rückwärts. (Warum stimme ich dem Plan von A zu?), weil er uns Erfolg verspricht. (Wieso verspricht er uns Erfolg?), weil er nicht über unsere Kräfte geht. (Woher weiß ich das?), der Plan ist gut durchdacht.

(Wer garantiert dafür?), A, denn von ihm stammt der Plan.((Bei diesem Kettenargument ist vorausgesetzt, daß die Zuhörer, die Glaubwürdigkeit von A ähnlich hoch einschätzen wie der Sprecher.))
Während die 'Kette' ein einseitiges Argumentationsmuster ist, also nur einen Strang verfolgt, ist die 'Dialexe' eine zweiseitige Argumentfigur; denn in ihr werden zwei gegensätzliche Positionen (pro und contra, These und Antithese) in einem dritten Schritt 'aufgehoben', abgewogen, verglichen (Synthese). Dieses abwägende Argumentieren fällt nicht allen Lernern leicht (Begründung weiter unten), obwohl kritische Zuhörer 'ungern' einer nur 'einseitigen' Argumentation folgen.

7. Was ich von Karajan halte? Nun, die einen halten ihn für einen hervorragenden Künstler. Andere halten ihn nur für einen hervorragenden 'Schauspieler'. Ich meine, ein Dirigent ist immer beides. Was hälst du von ihm?

Die 'Gabel' kehrt zwar figürlich den Mittelteil um, nicht aber die Denkbewegung; denn hier enthalten die parallel liegenden Äußerungen keinen Gegensatz, sondern es sind zwei nebengeordnete positive oder negative 'Beweisstücke'. (Die 2 parallelen Äußerungen sollen keinen Gegensatz enthalten, weil sonst der letzte Satz, sowohl conclusio als auch Konsequenz sein müßte.)

8. Viele Leute sagen:'Dagegen kann man doch nichts machen.' Stimmt das? Viele Menschen werden nicht übersehen. Viele Menschen werden nicht überhört. Massenhafter Protest ist die einzige friedliche Chance der Nichtregierenden.

Die 'Ausklammerung' ist verwandt mit der 'Dialexe'. Auch hier wird nämlich im zweiten und dritten Schritt ein Gegensatz formuliert. Allerdings gibt es im vierten Denkschritt keine Synthese. Stattdessen wird das zweite Glied des Gegensatzpaares verstärkt. Auf diese Weise kann der Argumentierende seine 'Konsequenz' deutlicher stützen.

9. Viele Mitbürger regen sich auf über Vermummungen bei Demonstrationen. Dabei geht es immer nur um vermummte Demonstranten. Ist die Polizei etwa nicht vermummt mit Helmen, Gesichtsschutz, Uniform? Jeder Helm, jede Uniform ist auch eine Vermummung. Deshalb wie in anderen Ländern: Dienstnummer an die Uniform!

Diese Argumentfiguren (auf die beiden anderen vgl.z.B. RH 125 gehe ich hier nicht ein) werden dann in verschiedenen 'Durchgängen' geübt.

In anderen Gruppen hat es sich bewährt, mit der Übung des Mittelteils zu beginnen. Dies ist vor allem dann angebracht, wenn es den TN schwerfällt, einen Gedankengang folgerichtig zu entwickeln. Vor den kompletten 5-Satz rückt also eine Übung im 'Dreischritt'. Erprobt wurde diese Methode von Ursula GEISSNER.

Für die 'Reihe' werden dabei 3 Prädikate zu einer Sache, Sachverhalt, Ereignis gesucht und syntaktisch verknüpft;z.B.

10. Im Süden ist es landschaftlich schön. Dort ist es warm. Außerdem ist es abwechslungsreich.

oder:

Im Süden ist es landschaftlich schön. Dort scheint immer die Sonne. Man kann viel unternehmen.

In der kritischen Besprechung wird darauf hingewiesen, daß 'Unverbundenes' nicht durch 'und-Anreihungen' verbunden werden sollte; vor allem darauf, daß die Aussagen gleichwertig sind, d.h. daß die Prädikate auf einer Denkebene stehen (Gegenbeispiel:'quadratisch - praktisch - gut'; dort liegt 'gut' auf einer anderen Ebene). Vielen TN fällt es schwer, für die 'Reihe' ein drittes Prädikat zu finden; daher kommt dann häufig das 'Ungleichgewicht'.

Zum Üben des Mittelteils der 'Kette' eignet sich folgender Dreischritt: Ansage (Ereignis), Inhalt, Wertung. (Vorgeschlagene Themenfelder: Buch, Theater, Kino, Fernsehen, Ausstellung, Sport usw.)

11. (ANSAGE) Ich war vor kurzem beim Fußballspiel X gegen Y

(INHALT) In diesem Halbfinale des Z-Pokals hat X mit Glück noch 2 : 1 gewonnen.

(WERTUNG) Es war ein spannendes Spiel

In der Besprechung wird darauf geachtet, daß z.B. nicht schon die Ansage eine Wertung enthält, daß die Inhaltsangabe nicht zu umfangreich, zu informationsdicht wird, daß die abschließende Wertung aus dem vorher Gesagten verständlich wird. Häufig hängen TN an ihre Wertung noch eine Begründung an; z.B. 'das hat mir gefallen, weil....'. Dann kann bewußt gemacht werden, wie viel hörerbezogener die Vertauschung ist: 'Weil...., hat es mir gefallen.'

Größere Schwierigkeiten macht in vielen Fällen das Üben des Mittelteils der 'Dialexe'. Der Hauptgrund liegt meiner Meinung nach darin, daß viele Menschen überhaupt nicht gelernt haben, in Gegensätzen - und das heißt

doch wohl: kritisch (abwägend) - zu denken, sondern, wenn schon, dann
'einsträngig' (folgerichtig). Dialektisches Denken ist aber 'zwiefältig',
nicht 'einfältig'. Zwiefältiges Denken kommt ohne 'zwei-feln' nicht aus.
Wer zweifelt, ist weniger leicht zu organisieren, reglementieren, regieren; was Wunder, wenn unsere Sozialisationsagenturen lieber zur Einfalt
erziehen. Zurück zu den Übungen: Als Formulierungshilfen eignen sich'die
einen - die andern' oder 'einerseits - andererseits'; weil die meisten
erfahren haben, daß die Meinungen über Menschen auseinandergehen, wird
zunächst mit Äußerungen über bekannte 'Persönlichkeiten' geübt. (Deshalb
auch oben das 'Karajan'-Beispiel;Nr.7).

Das mag genügen, um die Methode zu verdeutlichen. Bereits in diesen drei
Übungen kommt es häufig vor, daß auf den dritten Satz ein situations- und
hörerbezogener Schlußsatz folgt, bzw. auch, daß der/die Sprecher/in schon
einen 'Anknüpfungssatz' für die Zuhörer vorausschickt.

Beispielsweise für die 'Kette' (Beispiel 11):

Ich weiß nicht, wer von Euch auf den Fußballplatz geht?
....
Ich war vor kurzem...........
In diesem Halbfinale.........
Es war ein spannendes Spiel
Geht doch beim nächsten Mal mit!

Auf diese Weise wird der Mittelteil 'situiert'; d.h. er ist eingespannt
in eine situative Klammer. Diese situative Klammer ist im gegebenen Thema-Horizont-Schema nichts anderes als die ausdrücklich (explizit) gewordene
Warum-Wozu-Beziehung. Mit dem Einstieg wird dem Hörer die Motivation des
Sprechers deutlich; im finalen Zwecksatz erkennt der Hörer mit welcher
Absicht (Intention) der Sprecher ihm 'das Ganze überhaupt erzählt'. Erst
nach dem (Hör)verstehen des Ganzen kann der Hörer sinnvollerweise erwidern.

Hier möchte ich kurz auf zwei andere Argumentationsverfahren eingehen:
Syllogismus (Schließen -conclusio - aus zwei Vordersätzen - Prämissen-)
und TOULMIN-Schema (Datum, gestützte Schlußregel, modalisierte Konklusion). Beiden Verfahren fehlt die dialogische Einbettung. Warum sollte
sich jemand 'aus heiterem Himmel' anhören, daß "alle Menschen sterblich
sind" oder "Harry auf den Bermudas geboren ist" ? Was folglich mit der
(noch so 'concludenten') Einsicht anfangen, daß auch "Sokrates sterblich",
bzw. "Harry wahrscheinlich britischer Staatsbürger" ist. Im Prozeß des

Streitens gilt es, den oder die Zuhörer immer wieder an die 'Sache' heran
zu bringen, besser: in die Sache hinein, und ihnen die Konsequenz zu verdeutlichen, die sich aus der conclusio ergibt. Gerade durch seine dialogische Grundstruktur ist der 5-Satz, so meine ich, den beiden anderen Verfahren überlegen. Dazu kommt, daß er auch im Mittelteil, d.h. in den Denk-
wegen, zumindest variabler ist als das TOULMIN-Schema, wenngleich sich dieses auch als 'Mittelteil' in die situative Klammer fügen läßt (wie F.VAR-
WIG gezeigt hat; vgl.SuS 8,1982:138ff.). Wegen dieser Vorteile für die
rhetorische Kommunikation halte ich es für sinnvoller, die Fähigkeit im
argumentierenden Sprechdenken mit Hilfe der 5-Satzmuster zu entwickeln
und in der Praxis - des Streitens - fünfsätzig zu argumentieren.

Eine dritte <u>Methode zum Entwickeln des '5-Satz'</u> ist angebracht bei Gruppen,
die im Unterschied zu den zuletzt beschriebenen weniger Schwierigkeiten
mit dem (ein- und zweisträngigen) Denken haben als mit der Konsequenz ihres Denkens im dialogischen Prozeß. Für sie ist oft weniger das Planen
eines Arguments vom Zwecksatz her problematisch, als die Formulierung
des Zwecksatzes. Dies gilt vor allem, wenn es sich nicht um eine 'Feststellung' handelt, sondern um eine unmittelbar hörerbezogene Frage, Bitte, um
einen Wunsch oder gar (!) eine Handlungsaufforderung. Für diese Gruppen
empfiehlt es sich, mit einer gesonderten <u>Zwecksatzübung</u> zu beginnen.
In einem (möglichst 'einfachen') Problemfeld werden 'Konsequenzaussagen'
gesammelt (an Tafel oder Flipchart); z.B. im Problemfeld 'Rauchen' (R):
《Die äußerungsqualifizierenden Zeichen setze ich vor 'Sätze' oder Stichwörter, damit der Sprechausdruck gleich mit 'aufgenommen' werden kann.》
'!R ist ungesund' - '?Macht dir R noch Spaß' - '!R ist rücksichtslos' -
'!R ist gesellig' - 'Nichtraucher sind auch Menschen' - '?Schmeckt Pfeife
anders als Zigarren' - '!Hier wird nicht geraucht' - '?Warum drehst du
selber' usw. usw. Daraufhin werden mit der Gruppe, die diese Zwecksätze
stützenden Argumentfiguren gesucht und 'ausprobiert'. Dabei stellt sich
heraus, daß sich nicht auf jedem Weg jedes Argumentationsziel erreichen
läßt; d.h., daß sich die 'Kette' nicht für jeden Zwecksatz eignet oder
immer die 'Dialexe' oder die 'Ausklammerung'. Dabei wird den TN auch bewußt, daß sie diese Muster als Denkgewohnheiten verinnerlicht haben, oft
sind es berufsspezifische; sie kommen aber auch darauf, daß sie schon
fünfsätzig argumentiert haben, als sie noch gar nicht wußten, daß es den
5-Satz gibt.

An diese gruppenspezifischen Vorübungen schließen sich allgemein folgende Übungen an: Mit Fragen (zunächst des Leiters) nach alltäglichen Dingen und Vorgängen werden ad hoc Fünfsätze 'hervorgelockt'; z.B.'Warum machen Sie Ihre Notizen mit einem Kugelschreiber?'
Statt der 'ungeplanten' Antwort: Ich mache meine Notizen mit einem Kugelschreiber, weil....., weil......, weil.......(sofern der so Beginnende dann überhaupt noch drei Begründungen zusammenbringt), die vom (in der Frage bereits enthaltenen Zwecksatz) aus geplante Antwort:

12. Sie fragen, warum ich einen Kugelschreiber benutze

   Bleistifte brechen ab

   Füller klecksen

   Beide Nachteile hat der Kugelschreiber nicht

   Deshalb benutze ich Kugelschreiber

Sehr bald übernehmen die TN selbst auch die Fragestellung, allmählich sogar in'fünfsätzig entwickelnden Fragen'(eine spezielle 'Anwendungsmöglichkeit' für Lehrer), oder sie kommen von selbst dazu, einer 5-Satz-Äußerung fünfsätzig zu widersprechen. (z.B.: der eine 'plädierte' für das Metallarmband seiner Uhr, darauf widerspricht ein anderer mit den Vorteilen 'seines' Lederarmbandes und ein Dritter kontert beide mit Argumenten für 'sein' Perlonarmband usw.).Auf diese Weise wird die Planungszeit allmählich immer kürzer,werden die Formulierungen lebendiger (weniger 'hölzern') und die Zwecksätze präziser. Es versteht sich, daß dann möglichst schnell auch statt der 'Alltäglichkeiten', die zum Üben und Sicherwerden gut geeignet sind, auch andere Problemfelder angesprochen werden, je nach Gruppeninteressen.

Nach dieser 'Runde' wird besprochen, ob der nächste Versuch aufgezeichnet werden soll (Tonband oder Video). Stimmt die Gruppe zu, dann werden auf einem Tisch Kärtchen ausgelegt,auf denen je ein Stichwort steht; z.B. zu politischen Tagesfragen (Streik, Arbeitslosigkeit, Gastarbeiter, Friedensbewegung, Arbeitsmoral, Lohn, Krankengeld, Steuererhöhung usw.). ((Die beschriftete Seite der Kärtchen liegt nach unten.)) Aufgabenstellung: Wählen Sie sich ein Stichwort (= Kärtchen) (3 Wahlchancen). Stellen Sie sich eine Situation vor, in der jemand Ihre Meinung erfragt zu... Suchen Sie einen Zwecksatz. Planen Sie von da aus ein sach-und hörerbezogenes Argument. Sprechen die zur Gruppe (als Stellvertreter des vorgestellten Fragestellers).

Nach einer - unterschiedlich langen - Planungszeit gibt der TN selbst das Zeichen zur Aufnahme. Das Planen an einem exponierten Platz, vor der Gruppe (dies ist überhaupt die erste Übung vor der Gruppe), vor Mikrofon und Kamera steigert zwar den Streß, diese Übungssituation entspricht aber den Realsituationen vieler TN. (Bei 'Hängern' soll der Leiter 'einhelfen', bei 'Totalausfall' bald abbrechen, der Gruppe kurz erklären, wie so was möglich ist' und mit dem TN einen anderen Versuch, etwas später vereinbaren.) Gut ist es auch, keine 'Zwangsreihenfolge' (etwa 'Uhrzeigersinn') entstehen zu lassen. Das geschieht leicht und entspricht der Beziehungsstruktur in der Gruppe, wenn jeder, der gerade gesprochen hat, seinen 'Nachredner' auswählt und ans Mikrofon bittet.

In der Auswertung (der Aufnahmen) werden sämtliche, bislang entwickelte Kriterien berücksichtigt in ihrer Beziehung zu 'diesen' Hörern (Gruppe):

- **Information** (Situationsangemessenheit, Evidenz)
- **Argumentation** (Schlüssigkeit und Konsequenz)
- **Sprachstil** (Anschaulichkeit, Verständlichkeit)
- **Sprechstil** (Lebendigkeit, Verständlichkeit)
- **Wirkung** (sach- und hörerbezogene Zielstrebigkeit).

Meistens wollen die TN (je nach Zeit) diese Übung mit Aufnahme und Auswertung wiederholen. Wenn, dann schreibt jeder TN eine im Zusammenhang des Gruppenprozesses interessierende Frage (lesbar!) auf eine Karte. Die Karten werden dann eingesammelt, gemischt und wie vorher auf dem Tisch ausgelegt. Dann beginnt die nächste 5-Satz-Runde. Ein anderes Verfahren ist auch möglich: Die TN überlegen sich im Zusammenhang des Gruppenprozesses interessierende Fragen, schreiben sie für sich auf; ein TN geht vor an den Tisch (meist erforderlich wegen der Aufnahmemöglichkeiten, aber auch sinnvoll aus den oben genannten Gründen) und wird nun von einem aus der Gruppe gefragt (statt des 'vorgestellten' Fragestellers), plant kurz (alle in der Gruppe können 'ihre' Antwort planen) und gibt der Gruppe dann sein Antwortargument.

Nachdem mit diesen Methoden die Grundfähigkeit im argumentativen Sprechdenken entwickelt worden ist, gilt es, sie im 'Streiten' zu erproben; denn: argumentiert werden kann auch beim 'Klären', argumentiert werden muß beim 'Streiten' (über Strittiges). (Das heißt auch: Selbst wer den 5-Satz beherrscht, wird nicht in allen 'Lebenslagen' fünfsätzig sprechen, sondern nur in Situationen, in denen hörerbezogen argumentiert werden muß.)

Als Methode eignet sich zum 'Streitenlernen' eine modifizierte Form der 'Amerikanischen Debatte! In dieser 'nondecision debate', in der es also - wie so oft beim Streiten - nicht um Entscheidung geht, streiten zwei zahlenmäßig gleichstarke Gruppen miteinander. Die Streitfrage wählen sich die TN selbst. Die eine Teilgruppe sind die Angreifer, die anderen die Verteidiger (des status quo). Angreifer und Verteidiger einigen sich in ihrer Streitfrage auf einen 'gegensätzlichen' Zwecksatz. (Also nicht: Wir sind für X = Angreifer, Wir sind für Y = Verteidiger, sondern: Wir sind für X, Wir sind gegen X.). Jeder Sprecher vertritt das im Gruppenzwecksatz formulierte Ziel. Die Debatte erfolgt in 2 Runden (vgl. RhpB 59ff.). In der Hinrunde werden durch die Sprecher jeder Fraktion alternierend nur vorbereitete Argumente (statements) zur jeweiligen Gruppenposition ausgetauscht. In der sofort sich anschließenden Rückrunde wird - wiederum alternierend- versucht, das Argument des genau gegenübersitzenden Meinungsgegners (aus der Hinrunde) zu widerlegen (rebuttal). Die Redezeit muß nicht eigens vereinbart werden, weil alle Beiträge in Hin- und Rückrunde - faktisch oder im Prinzip - fünfsätzig sind.

Damit nun die Streitphase in der geschilderten Form zwischen zwei einandergegenübersitzenden Fraktionen ablaufen kann, muß - nach dem Wählen der Streitfrage und nach dem 'Konstituieren' der beiden Parteien - eine Klärungsphase vorgeschaltet werden. In diesem 'fraktionsinternen' klärenden Gespräch ist folgendes zu erarbeiten:
- Position klären (Erfahrungs- und Problemfeld erörtern)
- Argumente sammeln (offenes brain-storming)
- Argumente wägen (Sachgewicht, aber auch Vertretbarkeit durch TN)
- Argumente reihen (Reihenfolge der Argumente legt Sitzordnung fest)
- Argumente verteilen (je TN 1 Argument, das er als 5-Satz plant).

Diese modifizierte amerikanische Debatte verbindet also in realistischer Weise 'Klären' und 'Streiten'. Unrealistisch ist dagegen die strikte Trennung von 'Klärungs-' und 'Streitphase', sowie die strenge Formalisierung; gerade dies ist aber ihr Vorteil als Übungsmethode. Wer mit dieser Methode arbeiten will, sollte genügend Zeit einplanen; i.allg. reicht eine Doppelstunde (90 Min.) nur, wenn die gründliche Auswertung auf einen anderen Termin verschoben wird. (Ich rechne für die 'Klärungsphase' mindestens 45' - meistens 60' -,für die 'Streitphase' - bei 5 Sprechern je Fraktion mit 10' je Runde; das sind ca.80', so daß noch ein paar Eindrücke ausge-

tauscht werden können; die Auswertung aber 'vertagt' werden muß).
Die Auswertung der amerikanischen Debatte erfolgt wieder nach den vorher (S.133) genannten Kriterien durch den Leiter, dem hier so etwas wie eine Schiedsrichterfunktion zufällt (in der er sich durch Ton-und Bildaufnahmen unterstützen lassen kann, wenn die Zeit dafür reicht). Jedoch "continous speaking to four blank walls and a judge is not adequate training for public speaking" (STULT 1975:304). Deshalb bin ich dazu übergegangen, das 'Gruppe in Gruppe'-Verfahren auch hier anzuwenden: Während die eine Gruppe (z.B. 5 gegen 5) debattiert, beobachtet die andere. Dann folgt die zweite Debatte zu einer anderen Streitfrage, wobei dann die Erstdebatter beobachten. Im Unterschied zum Paarfeedback beim 'Klären' (s.o.S.112), hat die Beobachtergruppe beim 'Streiten' jedoch die Aufgabe zu bewerten. Weil eine verbale Beschreibung und Begründung uferlos würde (jeder Beobachter müßte 2. Kurzreden beurteilen), habe ich einen 'Wertungsbogen' entworfen. (Formular auf der nächsten Seite). In der Kopfleiste stehen die Abkürzungen für die Kriterien I (Information), A (Argument), Sa (Sprachstil), Se (Sprechstil), W (Wirkung) und das Summenzeichen; in der Vertikalen: HR (Hinrunde), RR (Rückrunde) und das Summenzeichen. Der Beobachter kann jedem Sprecher je Runde maximal 10 Punkte geben; jeder Debatter könnte also maximal 100 Punkte 'sammeln' - ein nie erlebter Fall!
Gewiß sind die Kriterien nicht gleichgewichtig; gewiß ist es auch theoretisch schwierig, Abstufungen zu begründen, Einzelwertungen zu korrelieren usw. Das alles müßte für eine wissenschaftliche Untersuchung validiert werden. In der pädagogischen Praxis funktioniert dieses Verfahren der "Gruppenbeurteilung eines Gruppenprozesses" hervorragend. Diese Beurteilungsmethode ist der Beurteilung durch einen (oder mehrere) Sachverständige überlegen und für die 'Beurteilten' annehmbarer, lernträchtiger. Außerdem stellt sich heraus, daß die bewertenden Zuhörer die differenten Kriterien durchaus gleichgewichtig nehmen; daß wider Erwarten z.B. lebendiger Sprechstil für das Hörverstehen wichtiger genommen wird als ein schlüssiges, aber 'monotones' Argument. Die anschließende Analyse macht gerade dies bewußt und zum Lerngegenstand weiterer Übungen.
Ein Beispiel: In einer Kontroverse vertraten die Angreifer den Standpunkt 'Vorlesungen sind sinnlos', die Verteidiger (des status quo) 'gewannen' mit 3552 gegen 3387 Punkten. Erst die Teilsummen deckten auf, daß sie ihre Siegpunkte in den Feldern 'Sa und Se' gewonnen hatten, während ihnen die

Angreifer in 'I' und vor allem 'A' überlegen waren. Ein Fall, der nach den Regeln der 'alten Rhetorik' klassisch genannt werden kann, der aber nach den Prinzipien der Theorie der rhetorischen Kommunikation gerade nicht das Ziel darstellt. Hier setzen dann weitere Übungen an; wenn möglich, weitere 'Amerikanische Debatten'.

Amerikanische Debatte
(Wertungsbogen)

Gruppe 1 (A)

	I	A	Sa	Se	W	Σ
HR						
RR						
Σ						

Einzelwertung: 'ideal'

	I	A	Sa	Se	W	Σ
HR	10	10	10	10	10	50
RR	10	10	10	10	10	50
Σ	20	20	20	20	20	100

	I	A	Sa	Se	W	Σ
HR						
RR						
Σ						

Einzelwertung: tatsächlich

	I	A	Sa	Se	W	Σ
HR	5	6	4	5	4	24
RR	7	6	5	6	7	31
Σ	12	12	9	11	11	55

	I	A	Sa	Se	W	Σ
HR						
RR						
Σ						

	I	A	Sa	Se	W	Σ
HR						
RR						
Σ						

Ergebnis = Gruppenbeurteilung eines Gruppenprozesses

| Σ | 722 | 725 | 698 | 576 | 656 | 3387 |

#21.6/ 21.4/ 20.6/ 17.0/ 19.4#

Gruppe 2 (V)

	I	A	Sa	Se	W	Σ
HR						
RR						
Σ						

	I	A	Sa	Se	W	Σ
HR						
RR						
Σ						

	I	A	Sa	Se	W	Σ
HR						
RR						
Σ						

	I	A	Sa	Se	W	Σ
HR	7	4	5	3	4	23
RR	5	7	5	4	6	27
Σ	12	11	10	7	10	50

	I	A	Sa	Se	W	Σ
HR						
RR						
Σ						

	I	A	Sa	Se	W	Σ
HR						
RR						
Σ						

| Σ | 721 | 705 | 735 | 700 | 691 | 3552 |

20.3/ 19.9/ 20.7/ 19.7/ 19.4

A.D.am: .... in: .... Kurstyp: .... TN .... Kl. ....

Die geschilderte Bewertungsmethode hat noch einen Vorteil. Zwar geht es in erster Linie um den Gruppenprozeß, denn es streiten Gruppen miteinander und keine Einzelpersonen, dennoch interessiert es den einzelnen, wie er in der Gruppe abschneidet. Erstaunlich ist, daß viele, die als Vereinzelte sich schwach fühlen und wenig reden, in der Gruppen-Rangreihe plötzlich hervorragen, während andere, bislang dominante TN, zurückfallen. Dem einzelnen kann durch das quantifizierte und von der Beobachtergruppe kommentierte feedback gut gezeigt werden, wo er zunächst an sich weiterarbeiten soll.

Schließlich bietet das Bewertungsverfahren noch einen weiteren Vorteil. In der Besprechung der Bewertungen lassen sich nämlich auch die Urteilsgrundlagen (Vorurteile) der Bewertenden bewußt machen. Dies gilt in drei Richtungen: sachbezogen (eigene Meinung zur Streitfrage), hörerbezogen (Erwartungshaltung den einzelnen Sprechern gegenüber), verlaufsbezogen (Einschätzung der Argumentationsfolge). Es ist deshalb nützlich, wenn die Bewerter auf dem Formular (oben hinter A oder V) die Partei ankreuzen, die ihre Meinung vertritt. (In den meisten Fällen 'gewinnen' die anderen; vielleicht wiegen Mängel bei den Vertretern der eigenen Meinung schwerer - aber das müßte gesondert untersucht werden).

Wenn genügend Zeit und Interesse vorhanden ist, läßt sich dieses formalisierte <u>Streitgespräch mit einem anderen Verfahren</u> variieren. Wieder geht es um eine Auseinandersetzung zwischen den Angehörigen zweier Gruppen um ein strittiges Problem. Wieder gibt es 2 Runden. Die Aufgabe besteht diesmal darin, daß jede Gruppe in einer Runde das Fragerecht hat, die andere jeweils 'antwortpflichtig' ist. Da jeder <u>seine</u> Frage fünfsätzig entwickelt, gibt es diesmal keinen gruppeneinheitlichen Zwecksatz.

<u>Verlauf</u>: A1 (Außenkreis) fragt B1 (Innenkreis), A2 den B2 usw.; daraufhin beantwortet B1 die Frage von A1 , B2 die von A2 usf. - d.h. aus dem Innenkreis wird nicht sofort geantwortet, sondern alle haben (zu Übungszwecken) ungefähr gleichviel Bedenkzeit. Anschließend folgt die zweite Runde: B1 fragt A1, B2 den A2 usw. jetzt ist die A-Gruppe antwortpflichtig, hat aber auch Bedenkzeit bis der letzte aus der Gruppe gefragt worden ist.

Das Verfahren ist weniger streng, die Gruppenkohäsion weniger stark (als in der 'amerikanischen Debatte'), aber in der Sequenz 'Frage - Antwort' realitätsnäher als die Sequenzen 'statement - Gegenstatement'. Das quantitative Auswertungsverfahren kann beibehalten werden, wenn das Plenum groß genug ist, d.h. noch eine Beobachtergruppe vorhanden ist. Oft aber

ziehen die Gruppen nach dieser zweiten Übung im 'Streiten' das unmittelbare Partnerfeedback vor; d.h. sie interessieren sich mehr für den Eindruck ihres Partners als für den einer Beobachtergruppe.
Beide Methoden des 'Streitens' bereiten den Transfer vor aus der pädagogischen in die soziale Praxis (womit nicht gesagt sein soll, daß pädagogische Praxis a-sozial ist); denn auch dort steht zwischen problematisierenden und lösungsuchenden Prozessen des Klärens und den Streitgesprächen, in denen entschieden werden muß, oft genug eine 'non-decision' Kontroverse.
Dies gilt nicht nur in privaten und nicht-öffentlichen Verhandlungen, sondern auch in den öffentlichen 'parlamentarischen Debatten', den öffentlichen Gerichtsverhandlungen, den öffentlichen nationalen und internationalen Konferenzen und Verhandlungen.
In einer demokratisch verfaßten Gesellschaft, die nicht nur vom Funktionieren der Parlamente, sondern von der demokratischen Haltung und der Gesprächs- und Redefähigkeit ihrer Bürger (Art 5 GG) lebt, ist deshalb als 'Form des Streitens' auch die von einer Geschäftsordnung geregelte Debatte 'Lerngegenstand'. Im Unterschied zu den vorher besprochenen Debatteformen , bei denen die Fraktionen zahlenmäßig gleichstark sind, gibt es in Parlamenten i.allg. mehrere, unterschiedlich große Fraktionen, die miteinander um praktikable Lösungen 'streiten'. Da die Fraktionen unterschiedlich stark sind, müssen Regeln formuliert werden, die die Minderheiten schützen; das gilt für Rederecht, Antrags- und Abstimmungsverfahren. (Dabei heißt 'Minderheitenschutz' Schutz der parlamentarischen Minderheiten, nicht Schutz der gesellschaftlichen Minderheiten, die - obwohl 'Mehrheiten'- in Parlamenten oft überhaupt nicht vertreten sind.)
Auch in Gruppen gibt es i.allg. zu einem Problem, zu einer Streitfrage, nicht zwei zahlenmäßig gleichstarke 'Fraktionen'(wie in den Übungsformen), sondern Vertreter unterschiedlicher Meinungen in verschieden großer Zahl. Deshalb werden auch im Anschluß an die Übungsformen des Streitens, die Grundzüge der 'Parlamentarischen Debatte' dargestellt und besprochen (zur Beschreibung vgl. SCHWEINSBERG-REICHART 1968/1; eine knappe Zusammenstellung der Hauptregeln habe ich in RhpB 61-67 gegeben). Anschließend bilden sich in der Lernsituation Fraktionen, formulieren Anträge, erstellen eine Tagesordnung, wählen einen Vorsitz und prozedieren nach den vorgegebenen Regeln. Im ersten Versuch ist eine Schritt um Schritt 'Korrektur' bei Geschäftsordnungsverstößen kaum zu vermeiden; in einem zweiten Versuch dann eine Auswertung nach Beendigung, bzw. 'Vertagung' möglich.

Für den Zusammenhang von 'Klären' und 'Streiten' haben Norbert GUTENBERG und ich ein Prozeßdiagramm entworfen, das als eine Dynamisierung der auf S.121 gegebenen Skizze verstanden werden kann; denn zuerst gilt es den gemeinsamen Fragehintergrund zu 'klären', dann das Problem, die Streitfrage zu formulieren und über Antwortmöglichkeiten zu 'streiten', mag eine Lösung (Entscheidung) gefunden werden oder nicht.

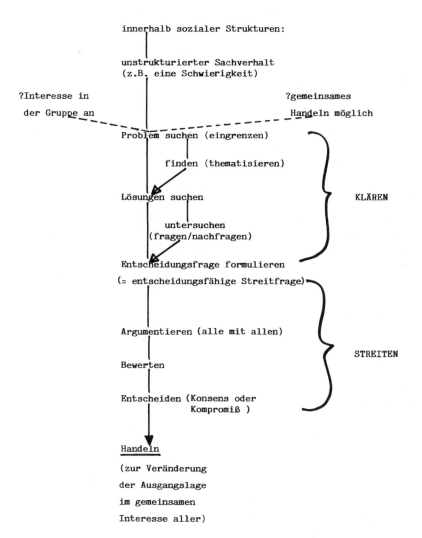

Die skizzierte Schrittfolge findet sich alltäglich. Dabei ist es gleichgültig, ob sich in einem Zusammenhang 'streiten' aus 'klären' entwickelt, oder bei verschiedenen aufeinanderfolgenden Zusammenkünften. Die Schrittfolge bestimmt Tagungen und Konferenzen (sie ist im Prinzip ein Tagungsmodell), sie findet sich auch in der parlamentarischen Prozedur (dem 'Klären' in den Ausschüssen, folgt das 'Streiten' im Plenum; erweist sich durch die Plenardebatte eine Vorlage als nicht 'entscheidungsreif',erfolgt Rückverweisung an den Ausschuß zu neuerlichem 'Klären' usw.). Auch in 'privaten' Kreisen oder in nicht-öffentlichen Gruppen, verläuft der Prozeß kaum anders als in parlamentarisch organisierten Institutionen. Auch da bedeutet die nach längerem Klären schließlich gefundene 'entscheidungsfähige Streitfrage' noch nicht, daß durch Argumentieren wirklich eine Entscheidung zustandkommen muß. Oft genug stellt sich beim Argumentieren heraus, daß entweder die Streitfrage das Problem gar nicht entscheidungsreif zuspitzt oder, daß noch nicht genügend geklärt ist; das heißt in beiden Fällen aus dem 'Streiten' zurück ins erneute 'Klären', und von da wieder neu ins 'Streiten'.

'Klären' und 'Streiten' sind eben - wie oben (S.99) gesagt - die beiden Grundformen des Gesprächs. (Deshalb habe ich mich hier auch ausschließlich mit diesen beiden Formen beschäftigt). Niemand ist gesprächsfähig, der nicht im hier entwickelten und differenzierten Verständnis 'Klären' und 'Streiten' kann.

3.1.2 FORMEN DER REDE

Wie begründet (s.o.S.98ff.) führt der methodische Weg **vom Gespräch zur Rede**, vom unmittelbar Dialogischen zum latent Dialogischen, von der Gesprächsrhetorik zur Rederhetorik. Lernziel ist in beiden Bereichen "not only an effective, but also an ethical communicator" (AUER in AUER/JENKINSON 1971/2:31). Wie bei den Gesprächsformen auf 'Klären' und 'Streiten' werde ich mich auch in diesem Kapitel auf zwei Haupttypen des Redens beschränken, auf 'Informieren' und 'Überzeugen'. Wie dort die Fähigkeit gemeinsamen, sach-und hörerbezogenen Klärens die Grundvoraussetzung schafft für die Fähigkeit argumentativen Streitens (über Strittiges), so ist hier die Fähigkeit sach-und hörerbezogenen Informierens die Grundvoraussetzung argumentativen Überzeugens. Rede ohne sach-und hörerbezogene - und das heißt: vom Hörer verstehbare und überprüfbare - Information überzeugt nicht, sondern überredet.

3.1.2.1 INFORMIEREN

Im Verständnis des zugrundeliegenden sprechwissenschaftlichen Kommunikationsbegriffs bedeutet die Verwendung des Term 'Information' keinen Rückfall in nachrichtentechnische Auffassungen. Ausgehend von der Tatsache prinzipiell dialogischer Sinnkonstitution, d.h. der fundamentalen Einsicht, daß Sinn nur durch Sprecher und Hörer gemeinsam konstituiert wird, sind auch Prozesse des Informierens dialogisch sinnkonstituierend. "...Die Feststellung, ob Daten 'informativ' sind oder nicht, kann nur dann getroffen werden, wenn im gleichen Kommunikationssystem unter dem Postulat des Sinnverstehens kommuniziert wird"(KRALLMANN/SOEFFNER 1973;zit. in JESCH/ STOFFEL 1977:186). Wenn 'Informieren' dennoch explizit erst bei den 'Formen der Rede' und nicht schon den 'Formen des Gesprächs' behandelt wird, dann ist das zu begründen.

'Informieren' setzt in jedem Fall eine Person voraus, die Informationen (wenn man so will: einen Informationsvorsprung)hat und diese zu mindestens einer anderen Person so äußert, daß diese andere Person dadurch informiert wird. Der Informationsvorsprung des Sprechers ist konstitutiv für Sprech-Hörhandlungen vom Typ 'Informieren'; d.h. Wechselseitigkeit ist vorab nicht gegeben, sie ist vielmehr erst möglich nach der interpretierenden Sinnkonstitution durch den Hörer. Insofern sind Sprech-Hörhandlun-

gen vom Typ 'Informieren' prinzipiell Sprechhandlungen zu anderen, folglich 'Rede'. Deshalb behandle ich sie hier.
Selbst informierendes Sprechen im Alltag - und in vielen phatischen Gesprächen gibt es informierende Phasen - zeigt die Charakteristika des 'Redens'. 'Wegauskunft' ist streng genommen kein Gespräch, sondern Rede; denn nur der Ortskundige hat den Informationsvorsprung, aus dem er Auskunft 'geben' kann. Die Rollen sind nicht tauschbar; die Tauschbarkeit der Rollen zählt aber zu den 'dialogkonstituierenden Prämissen'(vgl.H.G.1980:34). Der Auskunftheischende wird vielleicht, außer der Eröffnungsfrage "Wie komme ich nach ...", schrittweise verständnissichernd wiederholen, Nachfragen stellen, sogar am Ende das Verstandene paraphrasieren, - aber das ist zwar sinnvoll, jedoch nicht konstitutiv. Er könnte still zuhören, sich bedanken und auf den Weg machen, er wäre informiert. Auch 'Kaufauskunft' ist kein Gespräch, sondern Rede; denn nur der Warenkundige hat das erforderliche Vorwissen; oder bei der 'Zugauskunft' der Fahrplankundige usw. Deutlich wird der Redecharakter auch, wenn sich in klärenden Gesprächen ein TN als besonders 'sachverständig' erweist, bzw. wenn Sachverständige zu Gesprächen eingeladen werden. Dies gilt etwa vor Gericht keineswegs nur für die wissenschaftlichen Sachverständigen, sondern auch für Zeugen; dabei wird ja gerade vorausgesetzt, daß sie als außenstehende 'Tatbeobachter' ein Erfahrungswissen haben, das keiner der unmittelbar Betroffenen, noch 'das Gericht' haben können. Ein Musterfall informierenden Sprechens als Rede ist das, was allgemein im (Frontal-)Unterricht geschieht, ob als 'Lehrvortrag' oder im 'fragend-entwickelnden Verfahren'. In diesem Fall kommt als redeverstärkend hinzu, daß der, der den Informationsvorsprung hat, zugleich auch der Situationsmächtige ist. Dies ist die Regel für informierendes 'Sprechen in Institutionen'.(Von diesem Begründungsansatz aus wären Analysen von 'Gespräch in Institutionen' kritisch zu diskutieren).
Allgemein können mit Jörg JESCH (1979:48) folgende Ziele informierenden Sprechens bestimmt werden: "a) neues Wissen grundlegend vermitteln, b) Wissenslücken auffüllen, c) Wissensunterschiede abbauen, d) vorhandene Wissensbestände umstrukturieren".Allerdings sind diese 'Primärziele' abhängig von der im jeweiligen situativen Thema-Horizont-Schema möglichen Intentionalitäts-Finalitätsstruktur, der Warum-Wozu-Beziehung auf beiden Seiten, beim Informiertwerdenwollenden und beim Informierenden. Auch 'in-

formierendes Sprechen' ist - wie keine Handlung mündlicher Kommunikation - Selbstzweck, sondern eingebettet in andere soziale Handlungen. Aus dieser Einbettung ergeben sich die 'Sekundärziele' unterschiedlicher Folgehandlungen. JESCH unterscheidet (a.a.O.) "mentale (...), verbale (...),aktionale(...)". Auch er begreift also 'Informieren' als Form rhetorischer Kommunikation, die ich (1970) definierte als "Prozeß des situativ gesteuerten, mentale oder reale Handlungen auslösenden Sprechens" (vgl.RhpB 19). Dabei können die 'realen' Handlungen - wie ich bereits 1977 unterschieden habe (vgl. 1982/1:247) - wieder Sprechhandlungen sein ('verbale') oder Handlungen in der Außenwelt ('aktionale'). Zwar können durch informierende Sprechhandlungen auch 'reale' Handlungen ausgelöst werden, konstitutiv ist aber das Auslösen mentaler Handlungen; selbst bei der 'Wegauskunft' muß ich erst 'mental handeln', ehe ich 'gehen' kann. Besonders deutlich wird dies an den Großformen informierenden Sprechen: Referat und Vortrag; ihr Ziel ist es zu erreichen, daß die Hörer mitdenken (das'docere' der alten Rhetorik).

Als Prozesse rhetorischer Kommunikation sind auch informierende Sprechhandlungen konstituiert auf sämtlichen Intentionalitätsstufen (Situations, Partner-,Sprach/Sach-, Form- und Zielbezug). "Tendenziell ist hier nur der Sachbezug verstärkt, und die Intentionen sind primär auf den kognitiven Bereich ausgerichtet" (JESCH 1979:48); in BÜHLERs Terminologie: hier überwiegt die 'Darstellungsfunktion'. Überwiegen der Darstellungsfunktion heißt aber zugleich, Informieren ist weder 'appellfrei' noch 'subjektunabhängig', also gleichsam 'objektiv' (JESCH/STOFFEL beschreiben (1977) detailliert die intrasubjektiven Vorgänge der Informationskonstitution durch den Informierenden, denen komplementäre Subjektivierungen durch den hörverstehend interpretierenden Informierten unweigerlich folgen, sonst wird er nicht informiert). Obwohl informierende Sprech-Hörhandlungen vorwiegend kognitiv bestimmt sind, "können sie sich nicht nur an der Sachlogik und am bekannten oder erwarteten Wissen der Hörer orientieren, sondern sie müssen die Hörer mit anschaulichen Beispielen (affektiv) und willentlich (voluntativ) zum Mitdenken veranlassen" (H.G.RhKO 10f)

Wenn Prozesse informierenden Sprechens konstituiert sind durch sämtliche Intentionalitätsstufen, dann sind sie bei der Planung informierenden Sprechens sämtlich zu berücksichtigen. Es empfiehlt sich, den kommentierten Katalog zum Situationsmodell (s.o.S.39) in der Planung zu benutzen.

Diese präkommunikative Situationsanalyse wird um so gründlicher erfolgen müssen, je mehr und je mehr verschiedene Hörer gleichzeitig informiert werden sollen; sie wird um so gründlicher ausfallen können, je mehr Planungszeit zur Verfügung steht.Die Planungszeit ist bei transitorischen, informierenden Sprechhandlungen kurz, also bei der Beantwortung unmittelbarer Informationsfragen im laufenden Handlungskontext, desgleichen bei informierenden Sprechhandlungen zu zeitgleich ablaufenden Ereignissen (Reportage, 'Mauerschau'). Uneinheitlich ist die Planungszeit bei Beschreibungen und Erläuterungen (Exposition), bei Erörterungen und Erklärungen (Explanation), sowie bei Kommentaren. Am meisten (relativ) Planungszeit steht i.allg. zur Verfügung bei Referaten und Vorträgen oder deren Verkettung zu 'Vorlesungen', die bei der allg. erwarteten oder institutionell festgesetzten längeren Redezeit auch erforderlich ist.

Aus diesen verschiedenen Planungszeiten ergibt sich für Sprechhandlungen vom Typ 'informieren' eine didaktische Folge:Beginn mit informierenden Sprechhandlungen mittlerer Planungszeit (Exposition, Explanation, Kurzkommentar - und zwar textungebundene Formen);danach informierende Sprechhandlungen kurzer Planungszeit (Antwort auf Informationsfragen, Reportagen); schließlich informierende Sprechhandlungen längerer Planungszeit (Referat, Kommentar, textgebundene Formen, sowie Vortrag). JESCH empfiehlt dringend, "Übungen im Referieren und Kommentieren, wie sie in allen Sprachlehrbüchern vorgeschlagen und beschrieben sind, als Weiterführung erst dann einzusetzen, wenn die Grundfähigkeiten und Grundkenntnisse für informierende Sprech-Hörhandlungen erworben worden sind"(1979:50).
Zu erarbeiten sind als Grundfähigkeiten und Grundkenntnisse:
- **Situationsanalyse** (komplexe) als Voraussetzung einer möglichst genauen Situationseinschätzung und der Freiheits- bzw. Zwangsgrade der tatsächlichen Informationssituation
- **Einschätzen der Hörererwartung** . etwa mit Hilfe der Fragen: Was wissen die Hörer, was nicht.- Wozu brauchen sie das Wissen, wozu nicht - Was interessiert sie folglich, was nicht (reziprok für den planenden Sprecher:Was wissen sie, was ich nicht weiß..usw.)

Daraus ergeben sich die 3 'wesentlichen Bedingungen' (essentials) informierenden Sprechens:
- **Klarheit der Gliederung**; Herausarbeiten der Kernaussage (Zwecksatz); Verdeutlichen der Beziehung der Denkschritte auf den Zwecksatz und untereinander - bezogen auf das Redeziel.

- **Angemessenheit und Interessantheit der Sachdarstellung**; hörerangemessene und hörverständliche (Wortwahl,Satzlänge,Satztiefe,Informationsdichte) Darstellung mit Beispielen, Veranschaulichungen (evtl.Visualisierungen)
- **Prägnanz des Sprechstils**; hörerangemessenes und hörverständliches Äußern in allen Merkmalsbereichen des sprecherischen Ausdrucks (z.B. Deutlichkeit, Tempo, Pausen, Melodieführung, Akzentuierung usw.).

((Zu den Grundkenntnissen vgl. auch POWELL in AUER/JENKINSON 1971/2,33-62)).

In vielen Lehrwerken sind einzelne Methoden ausführlich beschrieben, so daß es sich erübrigt, eine Lernschrittfolge detailliert darzustellen. Ich möchte ein paar Verfahren erwähnen, mit denen ich gute Erfahrungen gemacht habe, die dort meistens nicht beschrieben sind;z.B.:
Beschreiben von 'verdeckten' Gegenständen aus dem alltäglichen Gebrauch. Zum Kennenlernen der Methode wird atypisch,nämlich mit einer offenen Beschreibung begonnen; d.h. alle sehen, was einer beschreibt. "Dann wird übergewechselt zu einer 'Telefonbeschreibung', d.h. nur der Beschreibende sieht den Gegenstand, die anderen TN hören - ohne Rückfrage - die Beschreibung und versuchen, das Gehört-Verstandene zu skizzieren. Ehe das 'Rätsel' aufgelöst wird, schaut sich der Beschreibende die Skizzen der Zuhörer an und wundert sich dann in den meisten Fällen, warum nach seiner 'klaren und eindeutigen Schilderung' solche merkwürdigen Dinge gezeichnet wurden. Nicht selten gibt es bis zu einem halben Dutzend 'konkurrierende' Lösungen. Es wird dann aufgearbeitet, an welcher Stelle und durch welche Formulierung das Beziehungsdenken der Hörenden in die andere Richtung geschwenkt ist. Es kann sich dabei aber auch herausstellen, daß die richtige Beschreibung nach einer frühen, aber falschen Assoziation des Hörers 'umgehört',d.h. der Hörerphantasie angepaßt wurde" (aus:RhpB 143). Wir hören eben in vielen Fällen nur, was wir hören wollen! "Auf die geschilderte Weise werden nach den Gegenständen zunächst Vorgänge, nach den Vorgängen Stehbilder (Dia) oder kurze Diaserien (mit zunehmender Geschwindigkeit des Bildwechsels) besprochen. Den Abschluß dieser Arbeitsphase (...) bildet das Kommentieren von in Originalbildgeschwindigkeit aber stumm ablaufenden Filmszenen (Videomitschnitte). Dabei muß die Sprechsequenz versuchen, mit der Bildsequenz mitzuhalten. Diese Sprechversuche werden mit dem Tonbandgerät aufgezeichnet, anschließend die Tonbandaufnahmen (...) mit dem Originaltext (...) verglichen"(a.a.O. 144). Sofern

die technische Einrichtung zur Verfügung steht, kann für derlei Übungen
auch ein Sprachlabor benutzt werden. Der Nachteil der nur 'vorgestellten'
Zuhörer wird aufgewogen durch die gleichzeitige Sprechdenkchance für alle
TN; außerdem ist die Auswertung der zu demselben Impuls meist erheblich
voneinander abweichenden informierenden oder kommentierenden Sprechleistungen aufschlußreich hinsichtlich der drei Lernziele: Gliederung, Sachangemessenheit, Prägnanz.

Wenn bislang verschiedentlich von 'Gliederung' die Rede war, so sollte
das nicht mit der 'Disposition' schriftlicher Darstellungen gleichgesetzt
werden. Zwar ist auch die übliche Aufsatzgliederung ein - vielleicht das
einzige - am Leben gebliebene Stück antiker Schulrhetorik (vgl.ASMUTH 1977)
aber 'Gliederung' ist im Feld mündlicher rhetorischer Kommunikation etwas
anderes. Es geht dabei nicht um eine vertikal angeordnete Aufzählung von
Kapitelüberschriften, die verschieden weit unterklassifiziert werden
(I.1.A.a.α oder 3.1.2.4.1.6), sondern um eine redespezifische Anordnung
der Stichwörter und Kerngedanken (also gerade keine 'Überschriften'), die
in der - informierenden wie überzeugenden - Aktualsituation das hörerbezogene Sprechdenken ermöglichen. Während Aufsatzgliederungen herkömmlichen Stils untauglich sind für informierendes wie überzeugendes Sprechen,
sind umgekehrt redegerechte Stichwortzettel sehr wohl tauglich auch für
schriftliche Darstellungen.(Es wäre deshalb 'rationeller' die Stichwortmethode zu lehren). Allerdings gilt auch hier, was oben (S.74) festgestellt wurde: Es führt kein ungebrochener Weg vom Mündlichen ins Schriftliche. Aber das ist immerhin noch mehr als der Umkehrfall: denn vom
Schriftlichen ins Mündliche führt gar keiner.

Wie kommt der Lernende zu einem Stichwortzettel? Diese Frage ist sinnvoll
überhaupt nur dann, wenn zu keinem Zeitpunkt im Erlernen informierenden
Sprechens wortwörtlich (schriftlich) ausformuliert wird. Ich gehe also
davon aus, daß in der Redevorbereitung kein Manu'skript' angefertigt wird,
das später in der Redesituation abgelesen oder 'auswendig gelernt' vorgetragen wird; sondern davon, daß ein hörerorientiert gegliederter, gründlich durchdachter Gedankengang in der Redesituation hörersensitiv aus den
Stichwörtern sprechdenkend erzeugt wird.

Eine Methode der Erarbeitung liegt darin, die Lernenden aufzufordern, zu
einer - dem Alter, Vorwissen und Interesse der TN angemessenen (nach
Stichwörtern gehaltenen !) - kurzen Rede, sich Stichwörter zu notieren.

Die sinngemäße Wiedergabe, bzw. Paraphrase des Hörverstandenen aus den Stichwörtern ist zugleich eine 'Erfolgskontrolle'. Tonaufnahmen der 'Vorgabe'-Rede und Stichwortzettel des Redenden liefern dazu die Vergleichsgrundlage. Schwieriger wird diese Aufgabe bereits, wenn die 'Vorgabe' keine Rede ist, sondern ein Stück vorgelesener 'Schreibe'(Fabel, Zeitungsmeldung usw.); denn selbst 'einfache' Texte sind i.allg. nach anderen stilistischen Gesichtspunkten gefügt und werden schneller, meist auch weniger konturiert (unbetonter, kürzere Pausen usw.) vorgelesen.Erfahrungen, die die TN bereits im 'Konzentrierten Dialog' gemacht haben, werden hier in einem neuen Lernzusammenhang bestätigt. Was von dem Gesagten wird in der unaufhaltsamen Sukzession verstanden, was weggehört (selektive Wahrnehmung), was umgehört, und was geht, während ein Stichwort aufgeschrieben wird, an Zusammenhang verloren?

Hier wird noch einmal Funktion und Bedeutung des Hörverstehens für die 'Mitschrift', aber auch Funktion und Bedeutung des Stichwortzettels für das Hörverstehen deutlich (vgl.o.S.93). Beim reproduzierenden Sprechdenken nach Stichwörtern zeigt es sich, daß es keineswegs ausreicht, Nominalkerne zu notieren, sondern welche 'äußerungskonstituierende' Kraft die Verben haben, schließlich, daß beide Wortklassen nicht ausreichen, wenn die 'Gelenkwörter' (Konjunktionen; Kausal- oder Temporaladverbien) fehlen (vgl. STOFFEL RhKO 1979). Ein redespezifischer Stichwortzettel muß folglich Stichwörter aus allen drei Kategorien enthalten. Diese Stichwörter sind außerdem so anzuordnen, daß die Verbindung zwischen ihnen grafisch (Pfeile, Striche) verdeutlicht werden kann; diese grafischen Markierungen vertreten gleichsam die 'herausgekürzten'(redundanten) Teile des ursprünglichen 'Textes'. Zu erreichen ist diese Kombination - Stichwörter unterschiedlicher Kategorien und Verbindungsmarkierungen - durch eine Verbindung vertikaler und horizontaler Anordnung, durch ein Abtreppen von links nach rechts, so daß je längerem Denkschritt ein 'Treppenabsatz' entsteht. Auf diese Weise erhält der Reproduzierende einen übersichtlichen Stichwortzettel, von dem her er die Denkbewegung, die Sinnschrittgliederung (Wörter in ihrem funktionalen Stellenwert fürs 'vertexten') auf einen Blick erfassen kann. (vgl. RhpB 141; auch LANGENMAYR 1979:162).《Beispiel auf der folgenden Seite.》

Die beschriebene Methode setzt voraus, daß sowohl die Hörverstehens- als auch die (reproduzierende) Sprechdenkfähigkeit einigermaßen entwickelt sind. Für Lernergruppen, die noch nicht so weit differenziert sind, oder die noch stärker 'verschriftet' sind, ist es ratsam, eine andere Methode vorzuschalten, mit der ein vergleichbarer Stichwortzettel erarbeitet werden kann. Bei diesem Verfahren wird von einem 'fertigen Text' ausgegangen. In dem Text werden zunächst (gemeinsam) die für die Sinnreproduktion unverzichtbaren Wörter herausgesucht (Verben, Substantive, 'Gelenkwörter'!), unterstrichen und danach in der beschriebenen Weise abgetreppt von links nach rechts angeordnet, wenn möglich zeilengleich mit ihrem Vorkommen im 'Klartext'. ((Wenn mit diesem Verfahren begonnen wird, sollte der Lehrende zunächst einige 'Treppen' an der Tafel etc. vor'zeichnen'.)) Damit dieses zeilengleiche Anordnen möglich wird, muß der 'Klartext' die halbe Seite freilassen; ein Beispiel:

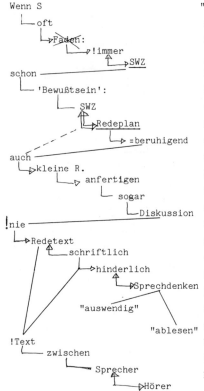

"Wenn ein Sprecher bei kleineren oder größeren Freisprechaufgaben oft den Faden verliert, sollte er im Ernstfall immer einen Stichwortzettel als Gedankenstütze verwenden. Schon allein das Bewußtsein, daß er sich zur Not jederzeit wieder mit Hilfe des Stichwortzettels in seinem Redeplan zurechtfinden kann, wirkt beruhigend. Ein solcher Stichwortzettel kann schon für die kleineren Freisprechaufgaben angefertigt werden(...). Sogar geplante Diskussionsbeiträge können auf diese Weise fixiert werden. - In keinem Fall soll aber der geplante Redetext schriftlich vorformuliert werden. Eine so angelegte Gedächtnisstütze wirkt eher hinderlich. Sie beeinträchtigt den Ablauf des Sprechdenkens und führt entweder zum Auswendigsprechen eines gelernten Textes oder zum bloßen Ablesen. Der Text steht dann zwischen Sprecher und Hörer."

(aus: JESCH 1973:82)

In beiden Fällen (vom Sprechen übers Hören zum Stichwortzettel,bzw. vom Lesen übers 'Selegieren' zum Stichwortzettel) schließen sich an die Erarbeitung des Stichwortzettels Versuche im reproduzierenden Sprechdenken an. Dabei wird auf verschiedene Weise variiert; z.b. nach Satzlänge und -tiefe (Kurz-,Mittel-, Langsätze; konjunktionale oder adverbiale Verknüpfung usw.), oder nach unterschiedlichen 'Veranschaulichungen' (bildhafte Ausdrücke, 'Vollverben' usw.),schließlich nach 'vorgestellter' Zuhörerschaft (Alter, Zahl; konsonante oder dissonante Erwartungen und Interessen usw.). Bei TN, die sich nur schwer vom schriftlichen Text lösen können, oder denen das Formulieren eines zusammenhängenden Gedankens nach Stichwörtern schwer fällt, kann weiterhelfend 'hineingefragt' werden, und der stockende Sprecher ermuntert werden, selbst derartige Fragen zu äußern.Das erleichtert auch dem Zuhörer das Mitdenken. Etwa statt "Das ist wichtig, weil nur so...", auflösen in: "Das ist wichtig. (ich frage mich, warum)=Sie werden sich fragen, wie ich zu dieser Wertung komme. Nur so.....". Auf diese Weise verstärkt der Redende seine Fragehaltung beim Reden; bzw. er nimmt durch die Fragen die Zuhörer stärker in die Denkbewegung mit hinein.
Manchmal reichen die gemeinsamen Sprechdenkversuche nicht aus; dann fragen TN nach Möglichkeiten zum Weiterüben. Ich empfehle seit langem zur Selbstarbeit folgenden Weg:"Nachrichtensendung/Kommentar hören und auf Tonband aufnehmen; Stichwortzettel beim Hören anfertigen; nach dem Stichwortzettel Nachrichten bzw. Kommentar sprechdenkend reproduzieren; auf Tonband aufnehmen; abschließend Originaltext und Eigentext vergleichen" (RhpB 144).
Sämtliche Methoden wurden zunächst dargestellt, um 'informierendes Sprechen' zu entwickeln. In den Sprechdenkversuchen wird i.allg. ohne große Theorie bewußt, daß auch im 'informierenden Sprechen' ein identischer Sachverhalt je nach Situation, Zuhörer, Interesse ganz verschieden dargestellt werden muß, wenn er hörverstanden werden soll.
Erst nachdem mit den geschilderten Methoden die Grundfähigkeiten 'informierenden Sprechens' entwickelt worden sind - vor allem die Fähigkeit hörervariablen, kohärenten Sprechdenkens(!) - geht es im nächsten Schritt an die Planung und Gliederung, konkret: an die Erarbeitung eines Stichwortzettels für eine eigene Leistung informierenden Sprechens, in den 'Großformen': Referat, Kommentar oder Vortrag. Gearbeitet wird in Kleingruppen oder einzeln.(Da in diesem Übungsabschnitt jeweils besondere Inhalte,Zuhörer, Probleme, Interessen usw. bearbeitet werden, läßt sich

allgemein nichts aussagen; außer: der fertige eigene Stichwortzettel wird nach dem geschilderten Verfahren angelegt). Die so erarbeiteten Kommentare, Referate, Vorträge werden dann in der Gruppe, genauer: zu der Gesamtgruppe gesprochen. Die 'Erfolgskontrolle' erfolgt am besten durch Feedback und Kritik der Zuhörer, wenn Zeit genug gegeben ist, durch Zuhörerparaphrasen des Kommentars etc. (Die Zuhörer können hörverstehend - zum Üben und zur Selbstkontrolle - einen Stichwortzettel zum Referat oder Vortrag anfertigen). Wenn die Zeit dazu fehlt, kann auch mit Schätzskalen gearbeitet werden (JESCH/STOFFEL geben eine brauchbare 1977:201). Auf diese Weisen erfährt der Informierende: Was hat 'meine' Zuhörer interessiert? Wodurch habe ich sie abgelenkt, gelangweilt, verwirrt, unter- oder überfordert? Was war neu für sie? Was haben sie verstanden? Was können sie damit anfangen? (ähnlich M.DICKENS in POWELL a.a.O.40).

In diesen 'Kontrollverfahren' wird noch einmal die auch im 'informierenden Sprechen' grundlegende dialogische Sinnkonstitution deutlich. Wer weiß, wie oft in der gesellschaftlichen Praxis - unmittelbar und medienvermittelt - Sprechhandlungen vom Typ 'Informieren' erforderlich sind, wer andererseits erfährt - in schulischen wie außerschulischen Situationen - wie hilflos Lehrende und folglich Lernende auf diesem Gebiet sind, der wird einsehen, daß und warum auch für 'informierendes Sprechen' andere Methoden in einer grundsätzlich anderen didaktischen Zielsetzung erforderlich sind. Weder für die Kleinformen noch für die Großformen informierenden Sprechens halte ich die Methoden schriftlicher 'Textproduktion' (z.B. Aufsatzlehre, bzw. Schreibjournalismus) für zureichend. Als angemessen können nur Methoden betrachtet werden, die in jeder Hinsicht an den Sprech-Hörhandlungen des Informierens orientiert sind. ((Im Prinzip überflüssig, in der gegenwärtigen Situation aber noch unvermeidlich, ist der Hinweis, daß, wer informierendes Sprechen lehrt, selbst nicht nur über 'Grundkenntnisse und Grundfertigkeiten' verfügen sollte, sondern über Fähigkeiten!)).

3.1.2.2. Ü B E R Z E U G E N

Während die Sprech-Hörhandlungen vom Typ 'Informieren' vorwiegend auf der kognitiven Ebene operieren, also die Beziehung 'denken - mitdenken' dominiert, werden in anderen Redeformen andere Ziele verfolgt. Manchmal fehlt z.b. die Zeit auf "langfristige oder mittelbare Wirkung durch Meinungswandel und Einstellungsänderung mittels Information" (H.G.1974:249) zu warten, sondern es ist "sofortige Veränderung der realen Situation durch Persuasion" erforderlich. Wer 'sofortiges' Folgehandeln auslösen möchte (oder muß) - weil es tatsächlich oder 'bildlich' brennt! -, der muß auch sofort - 'hier und jetzt' - versuchen, die Zuhörer in ihren Einstellungen (attitude) und Meinungen (opinion) zu erreichen. Einstellungen und Meinungen sind aber nichts ausschließlich Kognitives, sondern sie haben sich lebensgeschichtlich - im sozialisierenden Milieu und aufgrund der 'Lebenserfahrung' - entwickelt, auch aus vermittelten Werten, gemachten Erfahrungen, verfolgten Interessen, erwünschten Zuständen, erträumtem Selbstbild gebildet. Das gilt auch für die Überzeugungen, die ja auch nicht rein kognitiv sind, die vielmehr verstanden werden können als gruppenspezifisch einsozialisierte Werthaltungen, die emotional positiv besetzt sind.

Wer also in einer realen Situation sofortiges 'reales' (nicht nur mentales) Folgehandeln auslösen will, der muß imstand sein, nicht nur auf der kognitiven Ebene zu 'operieren', sondern auch auf der affektiven und voluntativen. Er muß mit Verstand, Gefühl und Willen der Zuhörer Verstand, Gefühl und Willen ansprechen. Über die vorher (S.142) für 'informierendes Sprechen' zitierten Ziele hinaus, sind als weitergreifende Ziele (und damit Lernziele) zu bestimmen: Einstellungen ändern, Meinungen wandeln, reale Handlungen auslösen. Dominantes Ziel ist: Mithandeln. Wer auch in disem Prozeß gemeinsame Sinnkonstitution für unverzichtbar hält, der wird versuchen, die Zuhörer nicht zu überreden, sondern zu überzeugen. ((Zu den Schwierigkeiten einer zureichenden begrifflichen Trennung vgl. AHLBORN 1977 und meine Arbeiten 1977/1, 1977/2, 1979:14, 1982/2)). Zum Abkürzen greife ich auf meinen ersten Unterscheidungsversuch zurück: "Beim Überreden wird das Bezugssystem des Hörers kurzgeschlossen, meist mit emotionalem Überdruck und der Suggestion, hier verwirkliche sich seine Wunschwelt, wird er zum Handeln im Reflex gebracht; zum Handeln mit

Reflexion dagegen im Zusammenwirken seiner rationalen, emotionalen und voluntativen Kräfte, beim Überzeugen" (1969:54f.). Nach den unterschiedlichen Anteilen der kognitiven (rationalen), affektiven (emotionalen) und voluntativen Kräfte in Prozessen rhetorischer Kommunikation, lassen sich die drei Redeformen - informieren, überreden, überzeugen - schematisch auf folgende Weise darstellen:

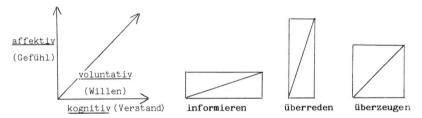

In diesen Schemata ist nicht dargestellt, daß Reden 'Zeit' verbrauchen und, daß in der Redezeit unterschiedliche Spannungen erzeugt werden. Es ist deshalb angebracht, die Schemata zu 'dynamisieren'. Dazu eignet sich - sowohl im Lernprozeß, als in der Redevorbereitung, aber auch beim Halten der Rede - die Vorstellung eines (Rede-) Spannbogens, dessen Spitze der Zwecksatz ist; denn der Zwecksatz formuliert die hörerbezogene Konsequenz der (kurzen oder langen) Rede. Da sich die Redekonsequenz unmittelbar an den Hörern orientiert - die Handlungskonsequenz liegt als Redeziel außerhalb der Rede (ist postkommunikativ)→,ergibt sich die 'Krümmung' des Spannbogens aus der (präkommunikativ) gewußten, erwarteten oder vermuteten Haltung der Hörer und (kommunikativ) in den konkreten Sprech-Hörhandlungen beim Reden. (vgl. Skizze auf der nächsten Seite).
Vorwiegend am Mitdenken orientiertes 'informierendes Sprechen' ist zielführend, wenn Interesse besteht oder geweckt werden kann, die kognitiven Defizite auszugleichen, sofern nicht affektive oder voluntative Sperren dies dann doch verhindern. Aber selbst wenn 'mitdenken' erreicht wird, folgt aus 'richtiger ' Einsicht keineswegs und schon gar nicht 'zwangsläufig' auch 'richtiges' Handeln. Wenn aber 'mithandeln' das Redeziel ist und konkrete affektive, voluntative und kognitive 'Bestände' und 'Widerstände'der Hörer der Handlungskonsequenz im Wege stehen, dann gilt es, sich mit diesen 'Widerständen' (Vorwissen und Vorurteilen, Erlebnissen und Erfahrungen, Einstellungen und Meinungen) auseinanderzusetzen und den Versuch zu machen, sie mit der Kraft überzeugender Argumente zu

verändern. Es gilt den Versuch, die Hörer von einer (argumentativ) begründeten besseren Lösungs- und Handlungsmöglichkeit zu überzeugen. (Der Redende sollte dabei berücksichtigen, daß er selbst durch die Art WER er ist, WAS er sagt und WIE er es sagt - wie die Skizze zu verdeutlichen sucht - 'Widerstände' erzeugt). Für Sprech-Hörhandlungen vom Typ 'Überzeugen' ist also nicht ein 'Wissensgefälle' konstitutiv, sondern ein Interessengegensatz, die Ansichten über Wege und Ziele künftigen Handelns, kurz: etwas 'Strittiges'. Deshalb ist beim 'Überzeugen' wie beim 'Streiten' Argumentation unverzichtbar.

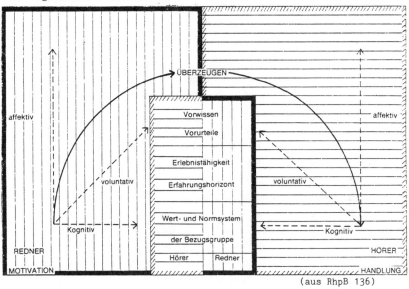

(aus RhpB 136)

Wer versucht, andere zu überzeugen, der kann sich nicht auf seine in der präkommunikativen Planung antizipierten Hörereinschätzungen verlassen, sondern der muß in der Redesituation frei sein, die aktuellen Hörerrückmeldungen wahrzunehmen und kommunikativ einzuarbeiten. Deshalb ist es seit langem üblich, die Meinungs- oder Überzeugungsrede 'freie Rede' zu nennen. Das 'frei' fiele allerdings aus dem hier leitenden Gesamtverständnis mündlicher Kommunikation, würde es nur operational oder instrumentell verstanden. Zwar würde eine sozialpragmatische Theorie der rhetorischen Kommunikation 'unpraktisch', würde sie nicht auch Instrumentelles in Pflicht nehmen, aber sie würde unglaubwürdig, nähme sie das Instrumentelle

nicht in die Pflicht kommunikativer Ethik.
"Frei bedeutet:
1. frei vom Wortlaut, d.h. ohne wortwörtlich ausgearbeitetes Manuskript, damit
2. frei für unterschiedliche Redezeiten (Erweiterung oder Verkürzung) und
3. frei für die Verarbeitung des situativen feed-back der Hörer.
4. frei,die freie Rede gibt dem Redner Freiheit das zu sagen, was er meint,
5. frei, sie läßt dem Hörer Freiheit, weil sie ihn nicht überreden will, sondern überzeugen"　　　　　　　　　　　(H.G.RhpB 154)

Planungsschritte.In der präkommunikativen Planungsphase, der Redevorbereitung, gilt es, nicht nur die eigenen Gedanken, Ideen, Vorschläge zu sammeln und zu ordnen, zu 'gliedern', sondern die Haltungen der zu überzeugenden, der zum Handeln zu 'bewegenden' Hörer zu berücksichtigen (das 'movere' der alten Rhetorik).
Leitfragen können sein:
　　Was weiß ich (woher?), was sie nicht wissen,
　　　　aber auch: Was wissen sie (woher?), was ich nicht weiß.
　　Was hab ich erlebt und sie nicht,
　　　　aber auch: was haben sie (wahrscheinlich) erlebt und ich nicht.
　　Was kann ich, was sie nicht können,
　　　　aber auch: was können sie (voraussichtlich), was ich nicht kann.
　　Was will ich, was sie nicht wollen (warum?),
　　　　aber auch: was wollen sie, was ich nicht will (warum?)
Mit diesen Leitfragen wird der - redepädagogische - Suchprozeß fündiger als mit abstrakteren Fragen nach Wissen, Wertungen, Normen usw. der Zielgruppe.
Ich gehe also davon aus, daß Rede möglichst von Anfang an (auch beim Lernen) geplant wird für eine konkrete (wenn auch in der Übungssituation oft nur 'vorgestellte') Hörerschaft. Das ergibt sich schon aus der Orientierung der gesamten Redevorbereitung am Zwecksatz; d.h. auch die Rede wird vom Ende her geplant. Ein die Redekonsequenz tragender Zwecksatz, der die Handlungskonsequenz auslösen soll, kann nicht abstrakt allgemein formuliert werden, sondern immer nur zielgruppenspezifisch konkret. Auf eine knappe Formel gebracht, heißt das: "Wer soll was tun?" Zum Planen muß ich also wissen: Zwecksatz, Zielgruppe und Handlungsziel.

Aus diesen drei 'Größen' ergibt sich das gleichsam 'magische Dreieck'
der Redeplanung:

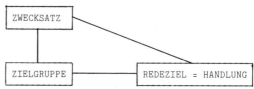

Wie erwähnt, fällt es verschiedenen Menschen schwer, sich für einen Zwecksatz zu entscheiden (vgl. die Spezialübung S.131f.). Ist nun nicht nur ein einzelner Streitpartner anzusprechen, sondern gilt es,eine längere Argumentation für eine größere Gruppe zu entwickeln, dann wird die Wahl nicht einfacher. Es ist folglich eine besondere Übung angebracht. Auch PAWLOWSKI beginnt den konkreten Teil der Redevorbereitung mit einem Lernschritt zum Zwecksatz (RhKO 62). Er schlägt vor, jeder der lernenden Kleingruppen bereits eine bestimmte Hörergruppe vorzugeben. Aus einem klärenden Gespräch über den Text- oder Bildimpuls entwickeln sich Thematisierung, Meinungsbildung, Situations- , speziell: Höreranalyse und daraus ein Zwecksatz. Die Gruppen berichten im Plenum. Als Leitfragen für die Auswertung werden vorgeschlagen:"Liegt dem ZwS eine klare Meinungsbildung zugrunde? Zielt der ZwS auf konkrete Handlungen der Zuhörer? Sind diese Handlungen wünschenswert und durchführbar? Könnte der ZwS geeignet sein, gerade *diese* Zuhörer zu den erwünschten Handlungen zu bewegen?" (a.a.O.) Die akzeptierten Zwecksätze bilden dann die Grundlage für die weiteren Planungsschritte.

In anderen Lernsituationen ist es angebracht, daß auch die Zielgruppen nicht vorgegeben, sondern von den TN selbst gesucht werden (vgl.RhpB 129f.). Die Planung beginnt ebenfalls mit einem 'Kurztext' (z.B.'Zeitungsmeldung') der in eine 'Kurzrede' übersetzt werden soll; aus'Vergleichsgründen' nehme ich hier den von PAWLOWSKI benutzten Text:

"Gestern wurde der 11jährige Schüler Peter K mit schweren Kopfverletzungen ins Krankenhaus Nord eingeliefert. Nach Angaben seiner Mitschüler war er von älteren Schülern mutwillig die Treppe hinuntergestoßen worden."

Nach dem Vorlesen der Meldung wird als Aufgabe gestellt, aus diesem 'Text' eine handlungsauslösende Kurzrede zu entwickeln; d.h., die 'Schreibe' in eine 'Rede' zu übersetzen, die unter ganz anderen Bedingungen(als bei der Lektüre) wirken soll. Die TN suchen Handlungsziele,Zielgruppen,Zwecksätze.

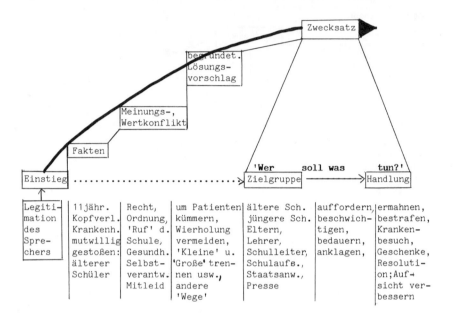

Legiti-	11jähr.	Recht,	um Patienten	ältere Sch.	auffordern,	ermahnen,
mation	Kopfverl.	Ordnung,	kümmern,	jüngere Sch.	beschwich-	bestrafen,
des	Krankenh.	'Ruf' d.	Wierholung	Eltern,	tigen,	Kranken-
Spre-	mutwillig	Schule,	vermeiden,	Lehrer,	bedauern,	besuch,
chers	gestoßen:	Gesundh.	'Kleine' u.	Schulleiter,	anklagen,	Geschenke,
	älterer	Selbst-	'Große' tren-	Schulaufs.,		Resoluti-
	Schüler	verantw.	nen usw.,	Staatsanw.,		on;Auf-
		Mitleid	andere	Presse		sicht ver-
			'Wege'			bessern

Es wird deutlich, daß, obwohl alle Fakten bekannt sind, eine ganze Reihe von Entscheidungen erforderlich wird; denn 1) kann nicht jede der genannten Zielgruppen jede der genannten Handlungen ausführen, 2)nicht jede der genannten Handlungen ist für das 'Gemeinwohl' der Schule wünschenswert, 3) ergeben sich die Handlungsziele aus der Entscheidung in den Grundkonflikten (was ist hier höherwertig?), 4) beeinflussen diese Vorentscheidungen die Formulierung des Zwecksatzes, 5) beeinflussen alle Entscheidungen die Sprecherlegitimation in der konkreten Redesituation (als Wer spreche ich zu Wem, um ihn Wozu aufzufordern?).

Nach der ersten plenaren Erarbeitung dieser Entscheidungsschritte und einigen Redeversuchen (zu den gefundenen Stichwörtern), folgen - mit neuen Impulsen - Gruppenarbeiten. Die Kurzreden werden dann im Plenum gehalten. Zur Erfolgskontrolle wird vereinbart, daß der Redner Legitimation und Anrede wegläßt. So können die TN hinterher sagen: Wer zu ihnen gesprochen hat, als Wer sie angesprochen wurden, Was sie tun oder lassen sollten. (weitere Einzelheiten in RhpB 131).(Sollten Lernphasen im 'informierenden Sprechen' nicht vorangegangen sein, dann ist hier der systematische Ort,

die dort (o.S.146ff.) beschriebenen Übungen zum Erarbeiten des 'Stichwortzettels', sowie zum 'reproduzierenden Sprechdenken' anzuschließen.)
Nach diesen Vorübungen folgen die nächsten Planungsschritte. In meiner Praxis unterscheide ich dabei zwei Methoden, angemessen an die Art der überzeugenden Reden: Handelt es sich um eine vorwiegend argumentative Kurzrede, dann empfiehlt sich der 25-Satz. Handelt es sich um eine längere Rede, - in der argumentative, informative und narrative Elemente verbunden werden - dann ist ein ausführlicherer Stichwortzettel zu erarbeiten.

Argumentative Kurzrede im 25-Satz
Die Gruppe wählt eine Streitfrage und für eine Zielgruppe einen Zwecksatz. Diesen versucht sie durch 3 Denkschritte zu begründen (eines der 5-Satz-Muster); zuletzt sucht sie den 'situativen Einstieg'. Dieser 5-Satz wird in einigen Sprechdenkversuchen auf seine Bündigkeit und Angemessenheit hin überprüft. Anschließend wird das Strukturmuster dieses 5-Satz mit den Stichwörtern in großen Abständen aufgezeichnet (Tafel, Flipchart; bzw. die Karten mit den Stichwörtern werden an die Magnet-oder Filztafel geheftet; bzw. zwischen den TN auf dem Boden ausgelegt). Damit ist der erste Arbeitsschritt beendet: Der Quellfünfsatz ist gefunden. Dieser wird nun erweitert so, daß zu jedem der fünf Stichwörter, die häufig als Teilzwecksätze fungieren, 3 stützende und ein eröffnender, bzw. verbindender Gedanke gesucht werden. Der Quellfünfsatz legt die einzelnen Argumentfiguren nicht fest. Das Organisationsprinzip läßt sich auf die Formel bringen:"Einfädeln,Ausfalten, Zuspitzen!" (und dies 5x).
Ausgebaut wird auf diese Weise zunächst das Mittelfeld (Stichwörter 6-20), anschließend die Engführung auf den Zwecksatz (21-25) und abschließend der Einstieg (1-5). (Es erleichtert die Arbeit, wenn für die Stichwörter des Quell-5-S andere Farben, bzw.andersfarbige Karten verwendet werden; für die eigene Praxis übrigens auch verschiedenfarbige DIN-A7 Zettel). Dabei wird wiederum zunächst die erste Gruppe im Mittelteil, dann die zweite, dann die Verbindung zwischen beiden usw. sprechdenkend (in mehreren Versuchen durch mehrere TN) auf Bündigkeit und Zielgruppenangemessenheit überprüft; schließlich der vollständige 25-Satz. Erst jetzt wird die vollständige Stichwort-Grafik auf ein DIN-A4 Blatt übertragen. Mit dieser Grafik hat jeder TN einen äußerst anschaulichen - Denkweg, Gewichtung und Dynamik veranschaulichenden - Stichwortzettel einer ungefähr 5minütigen Rede

vor Augen, zu dem dann weitere Sprechdenk- bzw. Redeversuche erfolgen
(mit Aufnahme und Auswertung nach sämtlichen Kriterien). Auf diese plenare Erarbeitung einer 25-sätzigen argumentativen Kurzrede folgt eine weitere in Kleingruppen, schließlich eine weitere in Paar- oder Einzelarbeit.
(Beispiel für die Strukturmuster von 25-Sätzen gebe ich in RH 129 und
RhpB 147-152).

Anwendungsmöglichkeiten des 25-Satz. Zwar ist der 25-Satz als Strukturmuster(Stichwortzettel) einer argumenativen Kurzrede geplant, er kann jedoch auch (z.B. durch Beispiele, Belege etc.) erweitert werden. Dabei ist darauf zu achten, daß die innere Gewichtung und Dynamik des Plans nicht verloren geht. Ob die Redezeit dann 5 oder 30 Minuten beträgt, ist jetzt keine Frage struktureller Veränderungen, sondern eine des sprechdenkend zu aktivierenden Wissens. Das Konzentrat ist der Quellfünfsatz. Er ist letztlich das, was alle Hörer verstehen und behalten sollen, das sie zum Handeln motivieren soll. Der Quellfünfsatz ist also die 'Kürzestrede',
(die sonst nur Planungsinstrument ist, also niemals vor dem ausgebauten
25-Satz gesprochen wird). Weiterhin läßt sich der 25-Satz auch in schriftlichen Darstellungen verwenden, zumal wenn Präzision und Kürze gefordert sind ('concisa brevitas'). In schriftlichen Darstellungen läßt sich die Zahl der Strukturglieder noch einmal verfünffachen.(Ein 125-Satz bringt, allerdings mit hypotaktischen Konstruktionen, ungefähr 10 Seiten Text.
Zur pädagogischen Demonstration dieser Möglichkeit, aber auch als 'Material' für Analysen habe ich einige Aufsätze (z.B.1980) nach einer 125-Struktur geschrieben.)Für Reden jedoch halte ich diese ausgebaute Struktur für wenig geeignet. Abgesehen davon, daß mit dem grafischen 'lay out' der Überblick verloren geht, bedeutet der Systemzwang eine Einschränkung, sowohl des Redenden in der Planung, als beim Reden, weil er kaum noch in der Lage ist, auf situatives Feedback der Hörer einzugehen.
Die zweite Form'überzeugenden Redens' ist die Meinungsrede.
Dieser Lernschritt kann aufbauen auf den Stichwortmethoden bei der Planung der Großformen 'informierenden Sprechens'. Auch für die 30-45 Minutenrede beginnt das Planen mit dem Suchen, Problematisieren, Formulieren und Präzisieren des hörerbezogenen Zwecksatzes. Er formuliert nicht den Redegegenstand (das 'Thema'), sondern die das Ganze der Rede spannende Konsequenz bezogen auf das Redeziel der (außer der Rede liegenden) Handlung. Zu diesem sach- und hörerbezogenen, am postkommunikativen Redeziel orientier-

ten kommunikativen Zwecksatz werden dann im Gruppen-brainstorming (später in Einzelarbeit) Einfälle gesammelt, die ungewichtet als Stichwörter auf kleine Zettel notiert werden (DIN-A7). Möglicherweise ist es erforderlich, die eigenen Gedanken aus vorhandenen Sammlungen, Nachschlagewerken, Fachliteratur usw. zu ergänzen; dazu sind dann jeweils neue 'Gedankenzettel' anzulegen. Dabei können z.B. Zitate oder Zahlenbelege auf (DIN-A6)-Karten herausgeschrieben werden (Zitate kommen nicht in den endgültigen Stichwortzettel.) Im nächsten Arbeitsschritt geht es ans Ordnen der 'Denkzettel'. (Die Arbeit mit den Zetteln ist rationeller als die mit 'Kladde', weil in den nachfolgenden Sprechdenkversuchen beliebig und beliebig oft umgeordnet werden kann.) Wie beim 5-Satz erklärt, gibt es verschiedene Ordnungsmuster; bewährt hat sich die Suchformel (abgewandelte Form der 1937 von R.WITTSACK vorgeschlagenen; vgl. Rhpb 156):

? Warum spreche ich	Motivation (Legitimation)
? Was ist	Ist-Zustand
? Was soll sein	Soll-Zustand
? Wie läßt sich das erreichen	Lösungswege von Ist nach Soll
! Tut es	Handlungsaufforderung

Das Ordnen der 'Denkzettel' beginnt (wie beim 25-Satz) im Mittelteil; erst wenn dafür eine Ordnung gefunden und die 'Gliederung' sprechdenkend überprüft ist, kommt der Schlußteil dran, als allerletzter Vorbereitungsschritt folgt schließlich der Ausbau der Einleitung. Wenn der Redner die Hörer zum Mitdenken einladen will, dann sollte er ohne langatmige 'Vor- und Frühgeschichte des Problems' zur Sache kommen, dann den Sollzustand präzis bestimmen. Wenn der Hörer mitdenkt, dann wird das Abwägen verschiedener Lösungen am meisten Redezeit beanspruchen, denn nur von da aus läßt sich der eigene Lösungsvorschlag plausibel begründen. Aus diesen Überlegungen ergibt sich der Umfang der Redeglieder im Verhältnis zur Gesamtredezeit

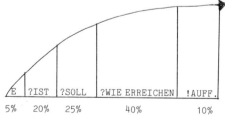

/E ?IST ?SOLL ?WIE ERREICHEN !AUFF.
5%   20%   25%   40%   10%   (vgl.RhpB 159)

Aus den prozentualen 'Näherungs'werten folgt für die Planung: Im 'Speicher' 4 (?wie erreichen) müssen fast doppelt so viele Denkzettel liegen wie in Speicher 2; andernfalls nähert sich die Rede bei ausgedehntem Teil 2 und verkürztem 4 einem 'Referat', bzw. bei verkürztem 4 und ausgedehntem 3 einer wenig argumentativen 'Gardinenpredigt' oder der 'Agitation'. In jedem Speicher werden die Zettel dann weitergeordnet. Die der Redesituation angemessene Ordnung ergibt sich aus den verschiedenen Sprechdenkversuchen; erst aus ihnen ergibt sich mit der endgültigen 'Gliederung' auch der endgültige Stichwortzettel. (Das Gesamtverfahren ist in RhpB 155-162 beschrieben). Zum Stichwortzettel ist noch zu sagen: Bei 2 Seiten kann ein Blatt genommen werden; bei mehreren Seiten dagegen einseitig'beschriebene'Blätter (durchnumerieren!), oder, zumal wenn ein Mikrofon benutzt wird, weiße Karteikarten (DIN-A5)Querformat - dann bleibt Platz auch für längere 'Treppen', die'Blätter rascheln'nicht und lassen sich leicht wechseln. (Der Unterschied zur 'Aufsatzarbeit'ist - in allen Schritten - erheblich, obwohl es z.B. auch dort angebracht wäre, z.B. die Gliederung erst zuletzt anzufertigen).

Auf die geschilderte Weise wird zunächst im Plenum eine Rede erarbeitet, anschließend andere in Gruppen, die im Plenum gehalten und aufgezeichnet werden. Die übrigen TN geben feedback und beurteilen die Redeleistungen, ehe die Videoaufzeichnungen ausgewertet werden. Je nach Lernfeld können weitere Versuche mit Änderungen der Sprech-Hör-Situation angeschlossen werden(z.B. andere Zielgruppen, Redezeiten, Räume; Zwischenrufe usw.). Die Auswertung der 'Lerner-Reden' halte ich didaktisch für fruchtbarer als die Analyse fremder Reden. Das analytische Besteck ist, wenn es gegenstandsangemessen sein soll, sehr differenziert (vgl. RH 101ff. und die Methodendiskussion bei KIRST 1981, 15-79), folglich sind Analysen (s.str.) sehr aufwendig. Gelegentliches Einspielen 'prominenter' Redeausschnitte ist etwas anderes, aber dann geht es um Veranschaulichen,nicht um Analyse.

<u>Bei den hier dargestellten Methoden</u> im Bereich der Formen rhetorischer Kommunikation <u>geht es im Ganzen nicht um das Differenzieren analytischer Fähigkeiten</u> - denn dadurch wird niemand ein Gesprächspartner,'Debatter' oder Redner -, <u>sondern um die Entwicklung der Gesprächs- und Gesprächsverstehensfähigkeit, der Rede- und Redeverstehensfähigkeit.</u>

3.2 AESTHETISCHE KOMMUNIKATION

In der Didaktik der mündlichen Kommunikation hat seit alters eine weitere Form reproduzierenden Sprechdenkens besondere Bedeutung erlangt, das **interpretierende Textsprechen** ('oral interpretation of poetry'); d.h. das Sprechen (Vorlesen, Vortragen, Rezitieren) von Dichtungen. Dabei geht es um das unmittelbare, bzw. medienvermittelte reproduzierende Sprechdenken vorliegender Texte durch einen oder mehrere Sprecher, aber auch um unmittelbare, bzw. medienvermittelte Sprechdenkspiele, in erster Linie Hörspiel und Schauspiel. Der Begriff 'Text' in der Formel 'interpretierendes Textsprechen'umgeht die Schwierigkeiten, in die der Dichtungsbegriff mit der Legitimationsproblematik der normativen Poetik geraten ist.
Was MUKAROVSKY (1936) für das 'Bauwesen' feststellte, gilt auch für das 'Textwesen': "Alles Bauwesen schafft eine kontinuierliche Reihe von Produkten ohne jede ästhetische Funktion bis hin zu den Kunstwerken, und es ist oft unmöglich, in dieser Reihe den Punkt zu ermitteln, an dem die Kunst beginnt"; denn "es gibt weder strenge Grenzen noch eindeutige Kriterien, die die Kunst von dem unterscheiden, was außerhalb von ihr ist" (1978:17 u.28).Die aesthetische Funktion ist nun weniger eine Sache der Inhalte, sondern sie ist "vor allem an die Form einer Sache oder Handlung geknüpft"(ebd.33f.), die ihrerseits von im gesellschaftlichen Prozeß entstandenen und in unterschiedlichen gesellschaftlichen Gruppen unterschiedlich gültigen Konventionen und Normen abhängig ist. Diese Mehrwertigkeit, folglich auch 'Plurifunktionalität', ist keine Besonderheit des gegenwärtigen Zeitalters; auf der 2.Kunsterziehertagung konstatierte WAETZOLD bereits 1903: "Das Volk ist gesellschaftlich und in seinem geistigen Leben so aufgespalten und geteilt, daß eine Schicht sich mit der anderen kaum noch versteht"(1929:117). Diese Verschiedenheiten sind weder durch 'Form' zu klittern, noch ausgerechnet die Verstehensbarrieren durch 'Inhalt' zu überwinden. Die Ergebnisse soziolinguistischer Forschung werden nicht plötzlich irrelevant, wenn es um Aesthetisches geht; sie sind vielmehr sozioaesthetisch zu transformieren.
"Die Unterscheidung eines 'formalen' und eines 'inhaltlichen' Gesichtspunkts bei der Erforschung eines Kunstwerks ist (...) unrichtig"(MUKAROVSKI a.a.O.103); 'unrichtig' ist folglich das (heute seltene) Absolutsetzen der Form, nicht weniger 'unrichtig'freilich das (heute modische) krude

Ausschlachten des Inhaltlichen. Letztlich sind "alle Elemente eines Kunstwerks ohne Unterschied Bestandteile der Form" (ebd.) und die soziale Wirkung wird erst durch die Form ermöglicht, dadurch, "daß noch die stärkste inhaltliche Wirkung nur daher so stark ist, weil eben mit Hilfe der Form und nur durch sie aus jeder Wirkungsmöglichkeit der Materie tatsächliche Wirkung entsteht..."(LUKACS 1968:72).Der 'Sinn' ist in der aesthetischen Realität nicht zu haben außerhalb der 'Form'.Oder mit ADORNO: "...der Gehalt eines Gedichts ist nicht bloß der Ausdruck individueller Regungen und Erfahrungen. Sondern diese werden überhaupt erst dann künstlerisch, wenn sie, gerade vermöge der Spezifikation ihres aesthetischen Geformtseins, Anteil am Allgemeinen gewinnen" (1958:74).
Texte sind aus Sprache gemacht; d.h. aber nicht einfach aus der 'langue', sondern - soll nicht das längst als unhaltbar erkannte Homogenitätspostulat Urständ feiern - aus einer ihrer soziokulturellen Subsysteme, aus den kollektiven 'paroles'. Das gilt diachron wie synchron, für Autor wie für Hörer/Leser. "Literatur hat es folglich nicht mit einer neutralen 'langue' zu tun, sondern muß sich mit den Kodes und Diskursen, die für die verschiedenen Soziolekte charakterstisch sind, auseinandersetzen..." (ZIMA 1977:304). Nur aus meiner schichtspezifisch einsozialisierten Sprachvarietät und der auf dieser Grundlage lebensgeschichtlich erworbenen Varietätenvielfalt - in der sich gegenwärtige gesellschaftliche Formation wiederspiegelt -kann ich versuchen, den Text eines früheren Autors, in dem sich seine sprachliche Sozialisation auf dem Niveau der damaligen gesellschaftlichen Formation spiegelt, zu verstehen.Diese **sprachliche Differenz** vergrößert sich mit der sich vergrößernden **'historischen Differenz'**(vgl.H.G.1970/2:56)und steigert sich weiter durch die 'Intertextualität' (Term v.Julia KRISTEVA), durch die **textuelle Differenz.** Kein Text ist insofern 'autonom' als er völlig isoliert geschrieben und verstanden wurde, vielmehr steht jeder Text, sowohl auf der Seite des 'Produzenten' als auf der des 'Rezipienten' in einer Reihe von Texten gleicher und völlig anderer Bedeutung und Struktur. Wird nun der Rezipient nicht länger als passiver Versteher eines textvermittelten Sinns aufgefaßt, sondern "gilt der Rezipient (...) als Koproduzent in der Textkonstitution" (WEBER/KRZYWON 1981:324), dann folgt, daß die 'Konkretisationen' (INGARDEN,vgl.SW 182) eines Textes, die Sinnkonstitutionen "auf unendlich viele Arten vollzogen werden, die sich aus einer unendlichen Vielfalt von möglichen Begegnungen des Werkes mit der

Entwicklung der künstlerischen Struktur und mit der Entwicklung der Gesellschaft ergeben" (MUKAROVSKY a.a.O.109).

Geschichtlich ist die Sprache, sind die Texte, ist die gesellschaftliche Wirklichkeit, in der sie gemacht und in der sie konkretisiert werden. Heute geht der wissenschaftliche Streit kaum noch um Produktaesthetik (Werkimmanenz,Formalismus, Werktreue etc.), sondern zwischen Produktions- und Rezeptionsaesthetik; am individuellen Leser diese orientiert, am individualpsychologischen oder klassenbezogenen Produktionsprozeß jene."Wäre die Diskussion nicht ideologisch, sondern wissenschaftlich motiviert, fiele den Gesprächspartnern auf, daß 'Produktion' und 'Rezeption' höchst inadaequate Begriffe sind und daß mit den Schlagworten 'Rezeptionsaesthetik' und 'Produktionsaesthetik' keine Theorie rational zu charakterisieren ist: 'écriture' und 'lecture' sind komplementäre Aspekte einer signifikanten Praxis" (ZIMA 1977:278).

Was von der Komplementarität der Handlungen 'Schreiben' und 'Lesen' gesagt wurde, gilt unmittelbarer in Prozessen mündlicher Kommunikation als Komplementarität von sprechdenken und hörverstehn.Sinn entsteht darin als gemeinsamer nur, wenn es den Miteinander-oder Zueinandersprechenden gelingt, ihre Situation zur gemeinsamen zu machen. Ob beides gelingen kann, ist keine Frage 'guten Willens' oder individueller 'Strategien', sondern Folge psycho- und soziostruktureller Entwicklungsmöglichkeiten.Wenn jedoch "die Einbildungskraft der meisten, an kommerzialisierten Stereotypen geschulten Leser längst von dem Kulturbetrieb der herrschenden Konzerne beschlagnahmt wurde"(ZIMA 288), dann sind sie auch 'objektiv' so borniert, daß sie weder einen Zugang zu bestimmten Textsorten finden, noch in bestimmten Formen koproduzierend Sinn konstituieren können.

Das hat Folgen für die Versuche interpretierenden Textsprechens. In konkreten Prozessen mündlicher Kommunikation bestimmen sämtliche Ausprägungen der historischen Differenz (gesellschaftliche, sprachliche, textuelle) die **dialogische Differenz'** (vgl.SW 41), die eine gemeinsame Sinnkonstitution erschwert oder vereitelt, deren Überwindung sie ermöglicht.Wenn nun die Sinnkonstitution in Sprech-Hörhandlungen entscheidend mitgeprägt wird von den'leibhaften Faktoren' (s.o.S.75ff.), von einsozialisierten Sprech- und Hörmustern, dann sind auch die schichtspezifischen,gruppenspezifischen, regionalspezifischen Sprechausdrucks- bzw. Höreindrucksmuster in jedem dialogischen Prozeß präsent. Jeder Versuch interpretierenden Textsprechens ist allen diesen 'Differenzen' konfrontiert; jeder textinterpretierende Sprechvollzug kommt nicht umhin, sie erarbeitend zu erkennen und im Vollzug vor Hörern vorübergehend zu integrieren.'Vorübergehend integrieren' hebt die spezifische 'Deutigkeit' der Texte nicht auf, "die kein Sprecher sich anmaßen sollte, kraft seiner Selbstherrlichkeit zu vereindeutigen" (H.G.1956:159).

'Interpretierendes Textsprechen' bezeichnet folglich:
1. eine Methode des sprechdenkenden Erarbeitens einer sprecherisch interpretierenden Textreproduktion (subtilitas explicandi)
2. den Prozeß des Vollzugs dieser sprecherisch interpretierenden Textreproduktion vor Hörern (subtilitas applicandi)

vorausgesetzt ist in beiden Hinsichten
3. die Fähigkeit, die im Text, bzw.intertextuell gegebenen Differenzen zwischen den Bedeutungen und Strukturen mit den eigenen Differenzen und denen der (erwarteten) Hörer zu erkennen (subtilitas intelligendi).

Diese 3 Fähigkeiten ('Subtilitäten') sind Grundlage jeglicher Interpretation (philosophische, theologische, juristische usw.). Im Unterschied zu allen anderen Interpretationsmethoden ist das interpretierende Textsprechen jedoch kein Sprechen **über** Texte, sondern ein Sprechen **von** Texten. Aus diesem grundsätzlichen Unterschied ergeben sich (auf sprechwissenschaftlicher Basis; vgl. SW 174-190) im pädagogischen Prozeß Konsequenzen für alle die kommunikativen Handlungen konstituierenden Faktoren; denn "the oral interpretation allows the simultaneous actualization of features of the text, features which in analysis can only be considered serially" (TOWNSEND 1971:117).

Um nicht länger zu theoretisieren, kürze ich ab mit einer (seit 1956:159) meinen Ansatz leitenden Formulierung: "Gefordert ist vom Sprecher eine 'wissende' Subjektivität - eine kritisch durchreflektierte -, die gebunden ist an Sinn und Struktur des durch Sprechen zu interpretierenden Textes" (1965/1:26) und "durch die Steuerungsfaktoren, von denen die situative Sinnkonstitution abhängt" (SW 180). Weiter zugespitzt heißt das: Interpretierendes Textsprechen ist 'strukturales Sprechen', das 'strukturales Hören' einerseits voraussetzt, auf das es andererseits angewiesen ist zur gemeinsamen Sinnkonstitution.

((Ich will versuchen, dieses Konzept im folgenden an verschiedenen Texten mit verschiedenen Methoden zu zeigen; dabei ist die schriftliche Darstellungsform hinderlich, verbietet sie es doch, den steten Wechsel von Sprechversuch und kritischem Hören vollständig zu beschreiben.))

3.2.1 VON DER TEXTGRAFIK ZUR SPRECHERISCHEN INTERPRETATION
(GOETHE'Ein Gleiches')

GOETHEs 'Über allen Gipfeln' ist - nach jüngsten Umfragen - der Deutschen 'bekanntestes' und 'beliebtestes' Gedicht. Der im September 1780 in der Nähe von Weimar entstandene Text steht in den Gedicht-Ausgaben unter der später hinzugefügten Überschrift 'Ein Gleiches' nach "Wanderers Nachtlied" aus dem Februar 1776. Weder der 31jährige, jugendliche 'Wanderer' - Goethes Übername im Darmstädter Kreis -, noch die nur ein paar Jahre ältere 'ursprüngliche' Hörerin/Leserin, Charlotte von Stein, dürften sich in ihrer keineswegs spannungsfreien Beziehung während der 4 Jahre 'gleich' geblieben sein, noch die Art und Weise, im Erleben'der Natur' Psychisches und Soziales 'aufgehoben' oder widergespiegelt zu erleben.

Ein Sprecher heute muß sich von solchem 'Produktionswissen' nicht anfechten lassen, er kann seinem 'Gefühl fürs Richtige' sich hingeben oder seiner 'Intuition', als dem Inbegriff unreflektierten Erlebens und abgesunkenen Bildungswissens, vertrauen und frohgemut eine der bekannten - wahrscheinlich durch Schuberts romantische Vertonung inspirierten - Sprechfassungen in u-Moll 'ersprechen', in der Gewißheit, damit den Hör-Erwartungen seiner meist gleich-gebildeten Zuhörer zu entsprechen. Ein Sprecher heute kann sich aber auch,von solchem 'Produktionswissen' angefochten,an die Arbeit machen - es handelt sich um er-arbeiten(!) - und sich einem Text konfrontiert erfahren, in dem vielfältige Spannungen - auf sämtlichen Konstitutionsebenen - gebändigt sind.

Schon der erste Blick zeigt einen Text von alles anderer als gleichförmiger Struktur. Die 8 Zeilen sind unterschiedlich lang (kürzeste Zeile 2, längste 9 Silben). Die relative Gleichheit der ersten 4 Zeilen (im Wechsel von Lang- und Kurzzeilen) erweckt den Eindruck einer 'Gruppe'(Strophe) die von der zweiten abgesetzt ist. Die syntaktische Gliederung dagegen überspringt diese 'Strophen'(zunächst nur von Punkt zu Punkt wahrgenommen). Im Text kommen (mit einer Ausnahme) nur 1- und 2Silbler vor; in der längsten Zeile (6) steht ein Dreisilbler, der zudem noch vokalisch auffällt (das einzige [ø:] des Textes), außerdem stoßen sich in dieser Zeile die [ai] in'-lein'und'schwei-'. Die Reimschemata unterstützen wieder die Strofik, wobei wiederum Ungleichheit gegeben ist: gekreuzter Reim (abab) für die erste, verschränkter (cddc) für die zweite 'Strophe'; dabei wechseln außerdem die Reimgeschlechter: 'weiblich' (Z.1,3,6 und 7), 'männlich (Z.2,4, 5 und 8). Die Reimwörter der ersten 'Strophe' enthalten die vokalisch weiteste Distanz [ɪ] : [u:], die der zweiten dagegen größere Nähe [a] : [aʊ]. Diese 'visuellen' Wahrnehmungen haben im Prozeß strukturalen Sprechens 'auditive' (nicht'akustische' wie OCKEL 1980 meinte) Konsequenzen; Zeilenlänge und Silbigkeit: temporale (sowohl Tempo als auch Pausen betreffend), Syntax: melodische und Reimunterschiede: klangliche. In keiner Hinsicht gibt es eine Grundlage für 'Gleichförmigkeit', wie sich in mehreren Sprechversuchen bereits (auf dieser Aneignungsstufe) erfahren läßt. Der nächste Erarbeitungsschritt gilt den Wortbedeutungen. Von 'Abend' oder 'Nacht' ist im Text nirgends die Rede. Vögel schweigen auch im 'großen Mittag' oder vor einem Gewitter zu jeder Tages-und Nachtzeit; auch 'ruhen' ist an keine Tageszeit gebunden. Auffällig ist die Bewegung: von 'über' nach 'in' (beides allerdings aus der Distanz wahrgenommen; denn wäre der Sprecher 'im Walde' er könnte schwerlich erkennen, was über den 'Gipfeln' geschieht). Bewegung vollzieht sich auch von 'Gipfel' nach 'Wipfel'. Auffällig ist weiterhin der Kontrast zwischen dem logisch konstatierenden 'ist' zu dem hautsensitiven 'spürest'; eine Spannung die sich umkehrt vom hörsensitiven (ursprünglich schallnachahmenden) 'Hauch'(Lebens- und Todeshauch)und dem eher adversativen Modaladverb'auch'.Ein Gegensatz besteht ebenfalls zwischen unruhig 'warten' und 'ruhest'. Weder das 'Schweigen im Walde' noch das 'Warte nur' sind eindeutig; Bedrohlichkeit ist genausogut möglich wie Friedlichkeit. In Fällen der 'Uneindeutigkeit' helfen oft paradigmatische Umsetzproben; z.B. in Z.2 das 'ist' ersetzen durch 'liegt, herrscht, träumt, schwebt, west' oder in der letzten Zeile statt 'ruhest' ausprobieren 'schweigest, verstummst, stirbst' usw. Sprecherisch sind in dieser Phase die Gewichte der einzelnen Wörter zu erfahren, Akzentstellen und Akzentwechsel, sowie Binnenspannung der Wörter, z.B. 'ist' vs. 'spürest'.

Erst im nun folgenden Arbeitsschritt kommt das reproduzierende Sprechdenken zum Integrationsprozeß; nachdem im 2.Schritt 'diese Wörter' und im 1. 'diese Ordnung' bewußt gemacht und ansatzweise 'vollzogen' wurden, geht es jetzt "um diese Wörter in dieser Ordnung". Kleinste Ordnung ist bei Nicht-Prosatexten die Zeile (weder 'Satz' noch 'Äußerung'). Neuere Autoren, z.B. HANDKE, markieren das Zeilenende zusätzlich (zu Satzzeichen) mit einem Schrägstrich (/). Gerade die Kongruenz oder Divergenz zwischen syntaktischer Gliederung und Zeile ist wichtig für die rhythmische Gliederung.

Was die Zeile bedeutet, kann verdeutlicht werden etwa durch Schreibung des Gesamttextes als 'Fernschreiberband' oder - dieses Verfahren wähle ich hier - in 'Äußerungen':

Z 1+2   = a) #Über allen Gipfeln / ist Ruh,
Z 3+4+5 = b) In allen Wipfeln / spürest du / kaum einen Hauch;
Z 6   = c) Die Vögelein schweigen im Walde.
Z 7+8   = d) Warte nur, balde ruhest du auch.#

Auf diese Weise entsteht ein neues Gedicht mit ganz anderen Sinngewichten. Während in (a) der 'Scheitel' zwar Gipfel und Ruh als Neben- und Hauptakzentwörter trennt, wird durch die Zeilentrennung im Enjambement zwischen Z1 und 2 das 'ist' hervorgehoben (Sprechprobe). Da gleichzeitig - im bislang noch nicht berücksichtigten metrischen Schema - alle Hebungssilben in Z 1 einen Akzent behalten, ist anzunehmen, daß auch in der kürzesten Zeile beide Wörter Hebungssilben sind; d.h. daß 'ist' nicht im Auftakt zu 'Ruh' steht, sondern selbständig als ('unbezweifelbare') Feststellung. Wird im hermeneutischen Zirkel in einem der folgenden Sprechversuche von der reimgleichen Z4 zurückgeschlossen, dann ist das 'ist' sogar nicht nur durch die Spannpause des Enjambements , sondern durch die folgende Senkungspause exponiert. Diese Wahrnehmung sollte nicht dazu verführen, das 'ist' auch durch Lautstärke zu exponieren (überprüfen in kontrastierenden Sprechversuchen), sie sollte aber dazu führen, den beiden Einsilblern in Z2 genügend Zeit'einzuräumen'. Darin kommt die experimentell überprüfte Tatsache zur Geltung, daß mit der Silbigkeit die relative Geschwindigkeit von Wörtern und Äußerungen zunimmt.Einsilbler beanspruchen i.allg. mehr Zeit als Mehrsilbler ('Mond' ist isoliert relativ 'länger' als in 'Mond'-finsternis); bezogen auf die Zeileneinheit: Zeilen aus Einsilblern beanspruchen i.allg. relativ mehr Zeit als Zeilen aus Mehrsilblern ('ist Ruh' vs. 'die Vögelein schweigen im Walde'). Wird im Falle des Goethegedichts die mittlere Silbigkeit von 4,75 Silben pro Zeile zugrundgelegt, dann ergibt sich daraus zumindest ein Hinweis auf die 'relative Geschwindigkeit' der einzelnen Zeilen. Auch hier ein Beweis für Nicht-Gleichförmigkeit,für beträchtliche'Lebendigkeit'in diesem Gedicht.

Die Zeilengliederung wird in der nach dem Komma angeschlossenen Äußerung (b) noch prägender, ist diese Äußerung doch auf 3 Zeilen 'verteilt', von denen die letzte in die zweite 'Strophe' hineinreicht, ein neues Reimschema eröffnet, aber dennoch (oder deshalb) nicht mit einem Punkt (stellvertretend für volle Tonsenkung nach Hauptakzent und Grenzpause), sondern mit einem Strichpunkt abgeschlossen wird. Während das Enjambement zwischen Z3 und 4 dem zwischen Z1 und 2 vergleichbar ist, ist das zwischen Z4 und 5 nach dem Empfindungsverb (spürest) und der Personalisierung (du) intensiviert, zumal die Versfüllungen sich wieder unterscheiden (4://x-/x// vs. 5: //x(-)/x- / x//). Wie in der vokalischen und semantischen Ebene, so fällt Z6 auch in syntaktischer (temporaler) und metrischer Ebene aus dem 'Rahmen'. Syntaktisch ist es die einzige Zeile des Gedichts, in der Zeile und Äußerung übereinstimmen ('Zeilenstil', sonst in diesem Text 'Hakenstil'); metrisch ist es die einzige Zeile mit Auftakt und dem metrischen Wechsel zu Daktylen (//-/ x--/ x--/ x-//.)Läßt sich der Sprecher nicht von dem 'verniedlichenden' Diminutiv verführen (unterstellt, es wäre Nacht - auch die nächtlichen Raub'vögel' jagen'schweigend'), dann ist diese in jeder Hinsicht andersartige Zeile keineswegs 'beruhigend'. Daran ändert auch der die gesamte Sequenz (Z1-6) abschließende Punkt nichts. Einmal ist 'Walde' auf das Reimwort 'balde' bezogen, also auf ein die nahe Zukunft bezeichnendes Temporaladverb, zum andern ist 'Walde' assonantisch bezogen auf das ebenfalls Zukünftiges bezeichnende 'Warte', das jenseits der Äußerungsgrenze unmittelbar folgt. Der Imperativ wird durch das angehängte 'nur' modalisiert, wobei idiomatisch - zumindest heute - die Drohgeste 'wart nur' ebenso mitschwingen kann wie eine Beschwichtigungsgeste.Ambig ist in dieser und der folgenden Zeile auch die metrische Gliederung: Entweder es wird in Fortsetzung der daktylischen Motive (aus Z6)gegliedert (//x--/...//) "warte nur/...", "ruhest du/...", oder in Kohärenz mit allen übrigen Zeilen wieder trochäisch: //x-/ x(-) / x-//(Z7) und //x-/x(-) / x// (Z8); dann sind nach 'nur' und 'du' Senkungspausen zu halten, wodurch einmal die Kommafuge zwischen den beiden Zeitaussagen vertieft, zum andern die im Imperativ nur implizit gegebene Personen-Anrede hervorgehoben würde ((häufig wird nach meiner Erfahrung aus dem Kopf zitiert:"auch du")). Nach der zeitintensiven vorletzten Zeile staut das Enjambement die letzte auf, die mit 'ruhest' den Aussagekern der 2.Zeile ('Ruh') in 'Bewegung' bringt; ein Vorgang der - bezogen auf den ganzen Text - durch das 'nüchterne' Modaladverb 'auch' generalisiert wird.

Die herausgearbeitete Sprechdenkbewegung ist in mehreren Versuchen immer wieder zu vollziehen (im 'Selbstversuch' oder in der Gruppe, aber auch im Sprachlabor); dabei werden sich die in den Einzelversuchen bewußt gemachten Gestaltzüge wieder integrieren, etwa die Spannung der Wörter, der

Äußerungen, die metrische Ordnung der rhythmischen Gliederung.
Im erarbeitenden Prozeß strukturalen Sprechens verändern die hermeneutischen Zirkel jeweils den Stellenwert des 'Einzelnen im Ganzen' und die des Ganzen durch die sich verändernden Vollzüge des einzelnen; die hermeneutischen Prozesse werden dabei nicht nur gedanklich auf ihre Angemessenheit hin überprüft, sondern 'auditiv' im strukturalen Hören.Denn im interpretierenden Textsprechen werden alle den Text bildenden verschiedenen Ebenen (Schichten) gleichzeitig aktualisiert.

In diesem Prozeß gelangt der Sprecher als ein Sprechdenkender spätestens jetzt an die Frage nach der Sprechhaltung, aus der sich die 'Gesamtsprechart' (WINKLER 1969:518f.) des Textes der 'Grundklang'(Klangfarbe) ergibt. Bezogen auf den Goethe-Text, mit seinen polyfunktionalen Spannungen, heißt die Frage: Welche Perspektive ist ihm angemessen? Ist z.B. das 'du' (Z4u.8) zu verkürzen auf das individuelle Subjekt des Dichters? "Das Ich, das in Lyrik laut wird, ist eines das sich als dem Kollektiv, der Objektivität entgegengesetztes bestimmt und ausdrückt; mit der Natur, auf die sich sein Ausdruck bezieht, ist es nicht unvermittelt eins"(ADORNO 1958:80). Das (groß)bürgerliche Subjekt versucht in der vorindustriellen und vorrevolutionären (1780!) Zeit, den verlorenen Frieden einzuholen, aber "noch der Ton des Friedens bezeugt, daß Frieden nicht gelang, ohne daß doch der Traum zerbräche"(ebd.81). Überwiegt Trost oder Trauer? Sind "die Sekunden vor der Seligkeit des Schlafes(...) die gleichen, die das kurze Leben vom Tode trennt", wie noch ADORNO meinte? (a.a.O 82). Ist der Ausdruck dieser frühbürgerlichen 'Ironie' nach 200 Jahren noch vollziehbar, angesichts der industriellen und touristischen Verwüstung von 'Natur'? Und was heißt 'Ruhe'(bzw. 'ruhest')? Ist es das Einschwingen in jene spannungsfreie Entspannung, in der doch die'Träume'Tagreste und Ängste bewegen, aus der es immer wieder ein 'Erwachen' gibt, oder ist es 'Friedhofsruhe'? Ist die Ruh über allen Gipfeln Ausdruck naturmystischer Sehnsucht oder Eingeständnis des Unglaubens, daß über allem 'nichts' ist, nur 'Ruh'? "Sind die Kunstwerke Antwort auf ihre eigene Frage, so werden sie dadurch erst recht zu Fragen"(ADORNO 1970:17); Fragen, auf die es keine eindeutige und schon gar keine 'ewig'-gültige Antwort gibt, weder vom 'Dichter', noch von seinem 'Gesamtwerk', noch vom - damaligen oder heutigen - 'Zeitgeist'. Vorausgesetzt, daß 'historische' und 'dialogische' Differenz unaufhebbar sind, vorausgesetzt weiter, daß auch das Artefakt (nicht sein materielles 'Datum')im jeweiligen gesellschaftlichen Kontext durch seine Konkretisati-

onen sich verändert, ist die Entscheidung des Sprechers - der als etwas anderes sich versteht, denn als vermeintlicher Bauchredner des Autors - ermöglicht durch die Perspektivität des Textes, die weder eindeutig ('monosem') noch einwertig ('monovalent') ist. Aus seiner Perspektive, die freilich keine 'rein' individuelle, sondern wiederum eine gesellschaftlich und intertextuell vermittelte ist, entscheidet er sich für eine hinfällige, weil situative Verdichtung der textuellen Mehrwertigkeit (Polyvalenz).
Eine Entscheidung, die 'im Sprechen für Hörer' (in der Applikation) aus der Perspektive jeden Hörers - wird er nur ebenfalls als Ko-Produzent verstanden - erneut und vielfältig gebrochen wird.
Wenn es das interpretierende Textsprechen auch vermeidet, "die Poesie (..) zur Prosa herabzuziehen" (GOETHE 1821), was in jedem Paraphrasieren als 'Sprechen über...' unvermeidlich geschieht, es entkommt weder in der Phase der Explikation noch in der Applikation, weder der situativen Perspektivität noch und vor allem der textuellen Strukturalität. Insofern läßt sich auch im Prozeß der Erarbeitung nie eindeutig sagen "was geht", wohl aber ausgrenzen "was nicht geht". Es gibt keine Kriterien für eine objektive 'Klanggestalt', aber diese Feststellung ist kein Freibrief für subjektivistische Beliebigkeit; vielmehr ist sie die Grundlage für den Versuch, im jeweiligen gesellschaftlichen Kontext einen durch Struktur(Form) und Bedeutung des Textes vermittelten Sinn sprechend-hörend zu konstituieren. Selbst wenn am Konstrukt einer freilich veränderlichen 'aesthetischen Norm' festgehalten werden soll, rechtfertigen läßt sie sich "weder aus der Sicht des Menschen als Gattung noch aus der des Menschen als eines Individuums, sondern nur aus der Perspektive des Menschen als eines gesellschaftlichen Wesens" (MUKAROVSKY a.a.O.36). Diese'dialektische Antinomie' prägt im textuellen Kontinuum jedes Werk der Kunst: "Der Doppelcharakter der Kunst als autonom und als fait social teilt ohne Unterlaß der Zone ihrer Autonomie sich mit" (ADORNO 1970:16).

*

((Ich möchte hier die 'Nachbemerkung'von S. 164 noch einmal aufgreifen, in der ich auf die Hinderlichkeit der schriftlichen Darstellung für eine adaequate Beschreibung mündlicher Prozesse hinwies. Das durch das Wegfallen der Sprech-Hör-Versuche Verbleibende mag dem philologisch Versierten den Blick für das andere der Methode verstellen; möglicherweise aber auch dem 'künstlerischen Sprecher', der weder philologisch noch sprechwissenschaftlich zu arbeiten gelernt hat. Das Medium der Darstellung erzeugt so Mißverständnisse nach beiden Seiten.))

3.2.2 SPRECHENDES INTERPRETIEREN AUS DER BILDVORSTELLUNG
(BRECHT 'Der Rauch')

Drei Jahre vor seinem Tod, in den Wochen nach dem Aufstand vom 17.Juni, schrieb Bertolt BRECHT 1953 in Berlin einige Kurzgedichte, die er unter dem Titel 'Buckower Elegien' vereinte. Wer Gedichte in Distichen sucht (dem 'elegischen' Versmaß), sieht sich genauso enttäuscht wie der, der sich den Texten mit einem Vorverständnis 'großer'Elegien nähert (Goethes 'Marienbader E.', Schillers 'Nänie', Hölderlins 'Brod und Wein', Rilkes 'Duineser E.') oder der 'Trauer- und Klagegesänge' erwartet.Die poetologischen und literaturgeschichtlichen Vorkenntnisse, so nützlich sie auch hier zur Abgrenzung sind, helfen nicht weiter. Aber schon die erwähnten Texte zeigen, daß es so etwas wie <u>einen</u> 'elegischen Ton' so wenig gibt wie etwa <u>einen</u> 'Märchenton', beides höchstens als Parodie. Was bleibt, ist auch hier die Arbeit am Text!

> Der Rauch
>
> Das kleine Haus unter Bäumen am See
> Vom Dach steigt Rauch.
> Fehlte er
> Wie trostlos dann wären
> Haus, Bäume und See.

Beim Goethe-Gedicht setzte die sprechdenkende Erarbeitung ein mit dem Bewußtmachen der aus der Textgrafik sich ergebenden 'Sprech'anweisungen'. Wenn diese Methode in mehreren Versuchen an verschiedenen Texten 'gesichert' ist, können für das interpretierende Textsprechen auch andere Einstiege, andere Methoden erprobt werden.(Auch der Brecht-Text gibt von der Grafik her bereits brauchbare Interpretationshinweise: geringes Gesamttempo;relative Geschwindigkeit der Z1, geringste Geschwindigkeit, bzw. längste Pause(n) in Z3; Aufgliederung in wenigstens 2 Spannungs-Lösungs-Bewegungen, also verschiedene Zeilenspannungen, verschiedene Kadenzen; kein Reim, also klangliche Verschiedenheit; präpositionale Bindung in Z1, im Vergleich damit eher unverbundene (asyndetische) Reihung in Z5, also Wechsel von 'legato'zu'staccato'; fast das gesamte Vokalrepertoire (mit Ausnahme von ö-und ü-Lauten), 'mono-phonemisch' dagegen die Kurzzeile 3, sie ist also mehrfach exponiert. Das ist für den, der sprechend interpretieren lernt, schon eine Menge Hinweise zur Reflexion eigener 'Muster'.)

Für die Erarbeitung einer sprecherischen Interpretation gebe ich den Text
- wenn nicht als 'fortlaufendes Band', d.h. ohne Pausen, Satzzeichen,
Großschreibung etc. - zunächst ohne Überschrift, um die Bewegung der Bildvorstellungen nicht festzulegen, d.h. um die sprechdenkende Erwartungsspannung nicht zu früh zu 'sättigen'. Es bedarf einiger Versuche, bis das
von Werbeprospekten und Touristikposters zum Klischee verkommene Abziehbild kleinbürgerlicher Idyllik wenigstens soweit in die eigene Vorstellung
eingeholt wird, daß die verblose Äußerung der 1.Zeile aus dem 'Schauen'
heraus in Sprechgruppen übersetzt wird. In vielen Fällen helfen syntagmatische (z.B. am See unter Bäumen das kleine Haus) und paradigmatische
(z.B. das graue Haus unter Birken am Hang) Umstell- und Ersetzproben
(vgl. GLINZ 1969:22ff.). Der Sprecher (und mit ihm der 'eingeschlossene'
Hörer) bleibt in der Distanz; er nähert sich nicht, weder selbst noch mit
dem Teleobjektiv, obwohl er ein ganz bestimmtes, 'das' Haus anspricht.
'Das Haus' muß der Sprecher dem Hörer 'zeigen'. Manchmal ist es in der Erarbeitung angebracht, die Vorstellung tatsächlich 'deiktisch' anzuregen:
(guck mal - da drüben) "das kleine Haus", so daß der angesprochene Hörer
sagen könnte: 'ja, ich habs' und fortfahren: 'was ist damit?' - "vom Dach
steigt Rauch" - 'Na, und?' - Während diese Reaktion möglich wäre, wäre
'falsch' gesprochen, wenn der Hörer mit 'ob's da brennt?' reagierte oder
gar mit 'da brennt's!'. Das Wahrgenommene ist ganz und gar geheuer, friedlich. Außer der flüchtigen Bewegung des Rauchs ist keine Bewegung zu erkennen, zu schauen. Die Bildsequenz der Z1 kommt deshalb auch ohne Verb
aus. Hinter dieser 'Setzung' (grammatikalisch gesprochen), dieser abgeschlossenen Äußerung steht wohl eine grenzende Pause, eine Kadenz im Halbschluß (s.o.S.91). Zwar steht ein Punkt erst am Ende von Z2, aber die beiden Zeilen sind nicht durch Enjambement verbunden, jede wird von einer
selbständigen Äußerung gebildet. In Z2 trennt eine flache Scheitelpause
'Dach' und 'steigt'; das ergibt eine symmetrische Spannungs- Lösungsbewegung (Gegenprobe:'Rauch ˇ steigt vom Dach'). Diese 'selbstverständliche
Wirklichkeit', dieses Wunschbild von Beständigkeit (Haus), Bescheidenheit
(klein), stillem Winkel (unter Bäumen), Schönheit (am See) - von Geborgenheit, wird von der ganz auf 'e' gestellten Z3 einfach durchgestrichen,
klanglich und semantisch. Ohne jegliche vokalsymbolistische Attitude gesagt: die eintönige 'e'-Zeile leert die vorherige Bildvorstellung; die
dialektische Gegenbewegung beginnt: Wirklichkeit vs. Möglichkeit.

Es beginnt zugleich eine Gegenbewegung ganz anderer Art, die schon in der langen Pause nach dem betonten 'er' sich in das erste Enjambement spannt. Wiederum vermögen Umstell-und Ersetzproben die Vorstellung zu leiten; es heißt nicht 'dann wäre das Haus leer' oder ' dann wäre es menschenleer' usw. Die Bewegung bricht vielmehr verzögert, sogar durch die Inversion von 'dann',- "dann wären" (vs.'wären dann'oder 'dann wären trostlos')- gestaut (Pause zwischen 'trostlos' und 'dann') mit dem noch enger sich anschließenden Enjambement in die Schlußzeile. In ihr werden die Grundwörter von Z1 ohne präpositionale Bindung, also in 'harter Fügung' (vgl. Hölderlin "Die Mauern stehn / sprachlos und kalt/ Im Winde...") wiederholt. Eine gebrochene Spannung, die staccatoähnlich abbricht; auch melodisch wird keine Lösungstiefe erreicht.

Obwohl die erste 'Bildhälfte' im Präsens, die zweite im Irrealis steht, bildet die 'Leerzeile' die Mittelachse, um die die beiden Bildhälften sich spiegeln; so in der 'Geborgenheit' die Trostlosigkeit spiegelnd und in unmenschlicher Kälte wärmende Nähe. Erst in dieser dialektischen Spiegelung werden die beiden Bildsequenzen, und die mit ihnen gegebenen Vorstellungen ineinander 'aufgehoben'. Ausgespart sind die handelnden 'Subjekte'; agens ist - und jetzt erst scheint es sinnvoll, die Überschrift hereinzuholen - 'Der Rauch'. 'Menschliches' wird darin - so meine ich - nicht 'symbolisiert'; Rauch 'indexikalisiert'('flüchtig' wie 'die Wolke' in der 'Marie A'). Bei aller Sachlichkeit ist die erfahrene und als immer bedrohlich erkannte 'leere Unbewegtheit' jene Trostlosigkeit, die die Idylle auflöst, weil sie nicht nur den Menschen betrifft, sondern auch die 'Natur', die ohne ihn trostlos wäre. (Mir ist an dieser Stelle eine Passage von MUSIL eingefallen; in der 'Hasenkatastrophe' heißt es:"...
Ich ... sage mir, das Gemeinsame wäre die 'unmenschliche' Verlassenheit: Verstört wie ein Pferd, das den Reiter abgeworfen hat, ist die Erde überall dort, wo der Mensch in der Minderheit bleibt; ja, gar nicht gesund, sondern wahrhaft geisteskrank erweist sich die Natur im Hochgebirge und auf kleinen Inseln.").Dieses Wissen macht den Sehenden nachdenklich, im nicht-terminologischen Verständnis 'elegisch'.
Dem, der die dem Text innewohnende (inhärente) Sprechdenkbewegung - auf dem beschriebenen oder einem anderen Weg - reproduzierend vollzieht, wird auch hier die Antwort nicht abgenommen, die er als Verstehender aus seiner Lebensgeschichte zu geben imstand ist. Es bleibt offen, wie er die Dialek-

tik von Wirklichkeit und Möglichkeit, von Trostlosigkeit und Hoffnung balanciert - d.h. aus welchem Grundklang er die textvermittelten Spannungen 'hier und jetzt' integriert: friedlich, nachdenklich, skeptisch,hoffnugsvoll, hoffnungsfroh, erleichtert usw. Bei dieser Entscheidung geht es keineswegs nur um die Fragen, die der Text stellt und offen läßt, sondern auch um die, die der Sprecher (für sich selbst und für die Hörer) an den Text stellt.

Auch für ein Brecht-Gedicht besteht die prinzipielle 'Deutigkeit' (Polysemie, Polyvalenz, Polyfunktionalität). Die geringere 'historische Differenz' ist unaufhebbar, auch für den Autor selbst.Deshalb sind Autorenaussagen über ihre 'Produktionen' eben auch nur eine der möglichen Antworten, hinfällig und (lebensgeschichtlich) zufällig wie jede andere Interpretation, also keineswegs 'kanonisch'. Mehr noch als in anderen Lernfeldern heißt das aber zugleich, daß auch die Interpretation durch den Lehrenden nur 'eine' ist und nicht 'die'. Unter den Schüleräußerungen, die Wallace A.BACON (1974:11) zum Unterricht in 'oral interpretation of poetry' zitiert, ist folgende: "I would like to see less emphasis on 'prefabricated' interpretations of poetry etc. When a teacher 'knows' exactly what something 'says','means'(etc.) he should not be teaching it". BACON kommentiert: "Students dont ask questions when they exspect 'prefabricated' responses". Sie kommen bei fertigen (prefabricated) Lehrerantworten - seien es Paraphrasen oder 'künstlerische' Gestaltungen, dazu zählt für mich auch der vorangestellte 'Lehrervortrag' - weder an die textinhärenten Fragen heran, noch gar zu ihren eigenen an den Text.Wenn irgendwo, dann verkommt im interpretierenden Textsprechen schieres Imitationslernen zur Dressur.Auf diese Weise bildet man sich zwar 'Kopien' eigener Sprechfassungen, aber gerade um den Verlust eigenen Sprechdenkens; genau betrachtet werden 'Schüler' auf diesem Weg "the worst readers of all; 'sounding good' but not 'meaning' much" (BACON a.a.O.45), viel 'Stimme', aber wenig Sinn.

D.h.: Auch die Methoden interpretierenden Textsprechens sind nicht aus dem Konzept einer Didaktik mündlicher Kommunikation entlassen. Wenn dialogische Sinnkonstitution im konkreten sozialen Handlungsfeld erkenntnis- und handlungsleitend ist, dann bleibt jeder Versuch von skill-training und gesteuertem Imitationslernen letztlich technokratische Dressur - und als solche nicht nur in der 'Sache' reduktionistisch, sondern in den sozialen 'künstlerischen' Konsequenzen kontrakonzeptionell, auch im Bereich der 'Sprech- und/oder Schauspielkunst'.

3.2.3 EPISCHE MUSTER UND DIE UMSETZUNG DER SATZGESTALT IN RHYTHMUS
(KLEIST 'Anekdote aus dem letzten preußischen Kriege')

Bislang wurde an zwei Methoden interpretierenden Textsprechens dargestellt, daß es dabei nicht in erster Linie um Körperspannung, Atemführung, klangliche Modulation, Aussprachedifferenzierung geht, sondern um Versuche textgebundener, höreroffener Sinnkonstitution. Zwar konstituieren die sprecherischen Ausdrucksmerkmale den Sinn mit; aber nicht ausschließlich, sondern nur zusammen mit allen anderen, verschiedenen Ebenen der 'Bedeutung'. Bei 'gestalteten' Texten sind alle Einzelmomente integriert in den verschiedenen Strukturen der 'Form'. Ist erst einmal begriffen, wie komplex Sinnkonstitution ist, dann folgt daraus, daß reproduzierende Sinnkonstitution aus einer 'Textschicht' unmöglich ist, sondern nur aus der Komplexität im Prozeß. Wenn ich für diesen 'nachschaffenden/nachgestaltenden' (DRACH) Prozeß die Bezeichnung 'reproduzierendes Sprech-Denken' benutze, dann ist damit "nicht ausschließlich abstrakte Gedankenarbeit" gemeint (1965/2:98), sondern zugleich sensumotorische und sozialemotionale 'Arbeit', ohne die es keine Kognitionen gibt. Das 'Leibapriori der Erkenntnis' (APEL 1963) bindet Leib und Erkenntnis. Dagegen restituiert die trotz ihrer Beliebtheit schlechte Alternative 'Kopf vs.Bauch' einen uralten (überwundengeglaubten) Dualismus mit neuen Wörtern; einen Dualismus, der im Vollzug des Miteinandersprechens prinzipiell 'aufgehoben' ist. Wer die 'logique du coeur' ignoriert, ist 'hirnig', wer die 'logique de la raison' denunziert, bestenfalls 'herzig'.

*

Eine dritte Methode versucht - nicht aus der Textgrafik die ersten Sprechanweisungen zu gewinnen oder aus der wortvermittelten Bildvorstellung - sondern aus der Syntax; allerdings nicht aus ihrer Grammatikalität, sondern aus der grammatisch vermittelten Kommunikativität, konkret: aus der grammatisch präformierten rhythmisch-melodischen Gliederung. Obwohl dieses Verfahren auch für Verstexte gilt (s.o.), wird es hier an einem Prosatext entwickelt.

Am 6.Oktober 1810 erschien als sechstes Blatt der von ihm herausgegebenen "Berliner Abendblätter" KLEISTs 'Anekdote aus dem letzten preußischen Kriege' (zu editorischen Einzelheiten, Interpunktion usw.vgl. meinen Aufsatz 1959/1), die er wahrscheinlich nach einer Meldung aus dem 'Korrespondent von und für Deutschland' 1808 geschrieben hat. Dieser Korrespondentenbericht lautet:

> „Ein preußischer Husar vom Regimente Württemberg — von welchem Regimente wir schon so viele einzelne Züge der Bravheit gehört und gelesen haben — kehrte auf der Retirade in ein Wirtshaus vor B. auf dem Harze ein. Er hat sein Pferd in einem anderen, entfernteren Haus untergebracht und überläßt sich hier sorglos um die nahe Gefahr dem Vergnügen, seinen Durst wieder einmal in langen Zügen stillen zu können. Nicht lange darauf sieht man feindliche Reiter sich dem Orte nähern und erinnert den Trinker, das Weite zu suchen. — Schon sprengen Feinde ins Städtchen — es sind 5 Franzosen vom 8. Husarenregiment. Jetzt erst bequemt sich der Preuße, nach seinem Pferde zu gehen — er sitzt auf, schon im Angesicht der Feinde, reitet ihnen entgegen, haut den ersten nieder, schießt einen zweiten vom Pferd, und nun erst verläßt er den Ort, verfolgt von den drei übrigen Reitern. Nicht fünfzig Schritte vor dem Tore hält er und erwartet ruhig seine Gegner. Sie kommen. Ein langer hitziger Kampf beginnt. Des Preußen Mut, Glück, seine eigene und des Pferdes Gewandtheit lassen ihn auch diesen glücklich überstehen, und leblos liegen die drei Feinde vor seinen Füßen. Ganz langsam ritt der Brave nun weiter".

Wird aus der Kleistschen Anekdote der 'dialogische' Mittelteil ausgeklammert, dann ergibt sich eine inhaltlich vergleichbare Geschichte:

> In einem bei Jena liegenden Dorf, erzählte mir, auf einer Reise nach Frankfurt, der Gastwirt, daß sich mehrere Stunden nach der Schlacht, um die Zeit, da das Dorf schon ganz von der Armee des Prinzen von Hohenlohe verlassen und von Franzosen, die als für besetzt gehalten, umringt gewesen wäre, ein einzelner preußischer Reiter darin gezeigt hätte; und versicherte mir, daß wenn alle Soldaten, die an diesem Tage mitgefochten, so tapfer gewesen wären, wie dieser, die Franzosen hätten geschlagen werden müssen, wären sie auch noch dreimal stärker gewesen, als sie in der Tat waren. Dieser Kerl, sprach der Wirt, sprengte, ganz von Staub bedeckt, vor meinen Gasthof, und — in dem Augenblick reiten auch drei Franzosen schon ins Dorf. „Bassa Manelka"! ruft der Kerl, und gibt seinem Pferde die Sporen und sprengt auf sie ein; sprengt, so wahr Gott lebt, auf sie ein, und greift sie, als ob er das ganze Hohenlohische Korps hinter sich hätte, an; dergestalt, daß, da die Chasseurs, ungewiß, ob nicht noch mehr Deutsche im Dorf sein mögen, einen Augenblick, wider ihre Gewohnheit, stutzen, er, mein Seel, ehe man noch eine Hand umkehrt, alle drei vom Sattel haut, die Pferde, die auf dem Platz herumlaufen, aufgreift, damit bei mir vorbeisprengt, und: „Bassa Teremtetem!" ruft, und: „Sieht er wohl, Herr Wirt?" und „Adies!" und „Auf Wiedersehen!" und: „hoho! hoho! hoho! — — So einen Kerl, sprach der Wirt, habe ich Zeit meines Lebens nicht gesehen.

Auffällig und ein Ansatzpunkt für die sprecherische Erarbeitung sind Satzfolge und Satzgestalt. Im Kleisttext (auf den ich hier ausschließlich eingehe, obgleich die sprecherische Herausarbeitung des Unterschieds der beiden 'Berichte' sehr instruktiv sein kann) sind dies: Langsatz, Kurzsatz zu Beginn und korrespondierend am Ende, mit charakteristischen 'Wortwiederholungen'; in beiden Kurzsätzen 'sprach der Wirt' und 'der Kerl', 'dieser Kerl', 'so einen Kerl'; außerdem wird 'sprengte' aus dem ersten zum einleitenden Verb des zweiten Kurzsatzes 'sprengt auf sie ein', steigernd 'sprengt, so wahr Gott lebt, auf sie ein'; schließlich entspricht dem einführenden 'vor...sprengt' das 'vorbeisprengt' kurz vor Schluß. Wie läßt sich nun die rhythmisch-melodische Struktur dieser Sätze erfahren? Zunächst gilt es, ihre Spannungs-Lösungsbewegungen zu 'ersprechen'. Hierbei helfen Auslassungen weiter: "In einem...Dorf, erzählte mir... der Gastwirt, daß sich...nach der Schlacht... ein... Reiter darin gezeigt hätte"

Der Scheitel, das Kippmoment von Spannung in Lösung, liegt in der Gruppe
'ein (einzelner preußischer) Reiter', auf welchem Wort, läßt sich erst nach
verschiedenen Sprechversuchen finden."Den Spannungs'ast'(vgl.LOCKEMANN 1951)
bilden jene Satzglieder, die den glatten Verlauf hemmen und als klammern-
de, den Satz nicht nur einfach verlängern, sondern als stauende - also im
Wechsel von verschiedenwertigen Pausen und Tempovariationen - ihn auf-
gipfeln. Zugleich damit wird die Erwartungsspannung des Hörers gesteigert"
(H.G.1959/1:155). Diese gestaute Spannung wird in immer erneuten sprecherischen Anläufen erarbeitet (In einem Dorf / In einem bei Jena liegenden
Dorf/ In einem bei Jena liegenden Dorf erzählte mir der Gastwirt/ erzählte mir auf einer Reise nach Frankfurt der Gastwirt, daß sich ein einzelner Reiter darin gezeigt hätte usw.usw.), bis schließlich der gesamte
Spannbogen (WINKLER 1969:198ff.) rhythmisch erfaßt ist. (Zum 'Prosarhyth-
mus' vgl. H.G. 1973/2). Bei verschiedenen Lernergruppen ist es hilfreich,
den Spannbogen zu'visualisieren', ihn grafisch zu veranschaulichen; dazu
eignet sich das von WINKLER (vgl.o.S.91) entwickelte Notationsverfahren.

Die Kurve bezeichnet nur die 1.Satzhälfte; nach einem Strichpunkt ist mit
'und' eine zweite angebunden. Während die erste langsam ansteigt und jäh
fällt, erreicht die zweite ihren Höhepunkt nach wenigen Stauungen, schwingt
aber nach dem Schwerpunkt "geschlagen(werden müssen)" in zwei weiteren
Satzgliedern aus. Das "erzählte mir" der ersten Hälfte wird in der zweiten bekräftigt "und versicherte mir". Der Erzähler äußert sich also selbst;
er erzählt 'uns', was der Wirt ihm seinerzeit berichtet hat. Genauer: Der
Wirt erzählt von einer früher erlebten Handlung; der Erzähler erzählt die
früher vom Wirt gehörte Erzählung weiter.
Dieser doppelte epische Abstand prägt auch die sprechdenkende Reprodukti-

on des Textes. Mit dem nacherzählenden Autor geht der 'Nacherzähler' langsam an den 'Bericht' des Wirts heran, greift die Legitimation des Autors und seinen zunächst konjunktivischen 'Bericht des Berichts' vorsichtig auf, ehe er mit den auf die damalige Situation referierenden Worten des Wirts "dieser Kerl" die Ebene der erzählten Handlung erreicht, die der Erzähler im Rollenwechsel sofort wieder absichert; denn das "sprach der Wirt" spricht er wieder zu 'uns'. In der fingierten Kurzform, die der Rahmen der Anekdote ist, wird der doppelte Abstand auch in Lang- und Kurzsatz der zweiten Hälfte (bis auf die 'Ausrufe') durchgehalten. Das "sprach der Wirt" verdeutlicht am Schluß noch einmal den Chrakter des Ganzen als erzählte Erzählung (vgl. EHLICH 1980).

Wenn die - im Vergleich mit der Vorlage hergestellte - Kurzfassung in verschiedenen Versuchen sprechdenkend differenziert und aus ihrer epischen Struktur eine erzählende Grundhaltung gefunden wurde, kann der Mittelteil einbezogen werden. Mit ihm kommt eine dritte erzählende Grundhaltung ins Spiel: Zu Erzählhaltung (Autor = 1) und erzählter Haltung (Wirt = 2) tritt jetzt die erzählte Handlung (Wirt = 3a/Reiter = 3b). Diese Differenzierung ergibt für den vollständigen Kurzsatz der 'Einleitung' folgendes:

```
2) Dieser Kerl
1) sprach der Wirt
2) sprengte ganz von Staub bedeckt vor meinen Gasthof und rief:
3b) 'Herr Wirt!"
2) und da ich frage:
3a) Was gibts?
3b) 'Ein Glas Branntewein!'
2) antwortet er, indem er das Schwert in die Scheide wirft:
3b)'mich dürstet'.
```

Jetzt wechselt der Wirt die Rolle. Er steht gleichsam zwischen Erzähler und Reiter, und ist doppelt engagiert: als Erzählpartner des Erzählers und als Handlungspartner des Reiters. Mit dem Rollenwechsel muß sich auch seine Haltung ändern, während er dem Erzähler die früher erlebte 'außergewöhnliche Begebenheit' erzählend, teils sich selbst kommentierend, teils zeigend vergegenwärtigt. Zum Versuch, die Haltungsänderungen und die sich aus ihnen ergebenden melodischen, temporalen und artikulatorischen Veränderungen zu erfahren, ist es durchaus möglich, das Mittelstück von 3 Personen lesen zu lassen. Dabei wird noch deutlicher erkennbar, daß noch die 'dramatischsten' Passagen episch gebändigt sind ('indem, während, indem'), und daß der Hörerbezug des Wirts unablässig wechselt, mal zum Reiter, mal zum 'Erzähler'. Zur Charakterisierung der Ausdrucksart mögen

sogar vorübergehnd die Dialoge herausgelöst werden, ehe sie in späteren
Sprechversuchen wieder episch eingebettet werden, zunächst in die Erzählebene Wirt zum Autor (Ebene 2) und schließlich in den Verlauf der ganzen
Anekdote: Erzählebene Autor (Ebene 1). Diese Versuche können zeigen, wie
alle Haltungs- und Ausdrucksdifferenzierungen, wenn sie dieser Anekdote
gemäß sein wollen, durch die 'eine Stimme' des 'einen Erzählers' geäußert
werden können.

Die epische Distanz verändert notwendig die Unmittelbarkeit der Handlung
Die Dialogpassagen zeigen den Reiter 'auf hohem Roß', den andern klein,
in Deckung zwischen Haus und Pferd. Gegen die wortkarge, von weitausholen-
den Gebärden begleitete Sprechweise des Reiters, steht die agile, reich
gegliederte, vor 'Angst und Erregung' kurzatmige, bzw. prahlerische des
Wirts. Zur großen Gebärde paßt schwerlich ein kleiner Ton, zur großen Klangfülle keine große Geschwindigkeit (Reiter); zur Behendigkeit des Wirts
keine große Lautung, zur kleineren Lautung dagegen größeres Sprechtempo.
So kann herausgearbeitet werden - nur 'sprechend' oder 'anspielend' - wie
<u>Gebärde und Klang im Text</u> (Syntax, Wortbedeutungen und Lautungsform) <u>be-
gründet</u> sind.

Von der doppelten epischen Klammer her, den verschiedenartigen epischen
Einschüben, dem damit gesetzten zeitlichen Abstand, den verschiedenen
Sprech-Hör-Situationen, die ja sämtlich gehalten werden vom Erzähler der
äußersten Klammer und - ich wiederhole - seiner (einen) Stimme, ergibt
sich die Unangemessenheit jeder dramatisierenden Sprechfassung, die die
'geschlossene Form' Anekdote auflöst. Statt weiter ins Detail zu gehen
gebe ich (auf der folgenden Seite; aus 1959/1:163f) den Text Kleists in
einer Druckform, die mit verschiedenen Schrifttypen und -Graden die verschiedenen Ebenen dieser erzählten Erzählung verdeutlicht.

Wenn auch auf dem angegebenen Weg eine 'Bedeutung und Struktur' der
Anekdote angemessene Sprechfassung erarbeitet werden kann, offen bleibt
die Frage: Wozu?,und damit die Frage nach Sprechhaltung und Grundklang.
Das historische Wissen, daß der Herausgeber Kleist mit Anekdoten des
Autors Kleist seine 'Abendblätter' auffüllte, um seine 'Berliner'Leser-
schaft zu erhalten (die ihm nach ein paar Wochen wieder weglief; am 30.3.
1811 erschien die letzte Ausgabe), hilft nicht viel weiter. Die litera-
turdidaktische Absicht, an einem hervorragenden Beispiel die Form der
'Anekdote' vorzustellen ist legitim, aber gibt keine Antwort. Soll die

HEINRICH VON KLEIST
Anekdote aus dem letzten preußischen Kriege

IN EINEM BEI JENA LIEGENDEN DORF, ERZÄHLTE MIR, AUF EINER REISE NACH FRANKFURT, DER GASTWIRT, DASS SICH MEHRERE STUNDEN NACH DER SCHLACHT, UM DIE ZEIT, DA DAS DORF SCHON GANZ VON DER ARMEE DES PRINZEN VON HOHENLOHE VERLASSEN UND VON FRANZOSEN, DIE ES FÜR BESETZT GEHALTEN, UMRINGT GEWESEN WÄRE, EIN EINZELNER PREUSSISCHER REITER DARIN GEZEIGT HÄTTE; UND VERSICHERTE MIR, DASS, WENN ALLE SOLDATEN, DIE AN DIESEM TAGE MITGEFOCHTEN, SO TAPFER GEWESEN WÄREN, WIE DIESER, DIE FRANZOSEN HÄTTEN GESCHLAGEN WERDEN MÜSSEN, WÄREN SIE AUCH NOCH DREIMAL STÄRKER GEWESEN, ALS SIE IN DER TAT WAREN. Dieser Kerl, sprach der Wirt, sprengte, ganz von Staub bedeckt, vor meinen Gasthof und rief: „Herr Wirt!" und da ich frage: Was gibts? — „ein Glas Branntewein!" antwortet er, indem er sein Schwert in die Scheide wirft: „mich dürstet." Gott im Himmel! sag ich: will Er machen, Freund, daß Er wegkömmt? Die Franzosen sind ja dicht vor dem Dorf! „Ei was!" spricht er, indem er dem Pferde den Zügel über den Hals legt. „Ich habe den ganzen Tag nichts genossen!" Nun, Er ist, glaub ich, vom Satan besessen —! He! Liese! rief ich, und schaff ihm eine Flasche Danziger herbei, und sage: da! und will ihm die ganze Flasche in die Hand drücken, damit er nur reite. „Ach, was!" spricht er, indem er die Flasche wegstößt und sich den Hut abnimmt, „wo soll ich mit dem Quark hin?" Und: „Schenk Er ein!" spricht er, indem er sich den Schweiß von der Stirn abtrocknet, „denn ich habe keine Zeit!" Nun, Er ist ein Kind des Todes, sag ich. Da! sag ich, und schenk ihm ein; da! trink Er und reit Er! Wohl mags Ihm bekommen! „Noch eins!" spricht der Kerl, während die Schüsse schon von allen Seiten ins Dorf prasseln. Ich sage: noch eins? Plagt Ihn —! „Noch eins!" spricht er, und streckt mir das Glas hin — „Und gut gemessen", spricht er, indem er sich den Bart wischt und sich vom Pferde herab schneuzt, „denn es wird bar bezahlt!" Ei, mein Seel, so wollt ich doch, daß Ihn —! Da! sag ich, und schenk ihm noch, wie er verlangt, ein zweites, und schenk ihm, da er getrunken, noch ein drittes ein, und frage: ist Er nun zufrieden? „Ach!" — schüttelte sich der Kerl. „Der Schnaps ist gut! — Na!" spricht er und setzt sich den Hut auf, „was bin ich schuldig?" Nichts! nichts! versetze ich. Pack Er sich, in Teufelsnamen; die Franzosen ziehen augenblicklich ins Dorf! „Na!" sagt er, indem er sich in seinen Stiefel greift, „so solls Ihm Gott lohnen." Und holt, aus dem Stiefel, einen Pfeifenstummel hervor und spricht, nachdem er den Kopf ausgeblasen: „Schaff Er mir Feuer!" Feuer? sag ich: Plagt Ihn —? „Feuer ja!" spricht er, „denn ich will mir eine Pfeife Tabak anmachen." Ei, den Kerl reiten Legionen —! He, Liese! ruf ich das Mädchen, und während der Kerl sich die Pfeife stopft, schafft das Mensch ihm Feuer. „Na!" sagt der Kerl, die Pfeife, die er sich angeschmaucht, im Maul, „nun sollen doch die Franzosen die Schwerenot kriegen!" Und damit, indem er sich den Hut in die Augen drückt und zum Zügel greift, wendet er das Pferd und zieht von Leder. Ein Mordkerl! sag ich; ein verfluchter, verwetterter Galgenstrick! Will Er sich in Henkers Namen scheren, wo Er hingehört? Drei Chasseurs — sieht er nicht? halten ja schon vor dem Tor! „Ei was!" spricht er, indem er ausspuckt; und faßt die drei Kerls blitzend ins Auge. „Wenn ihrer zehen wären, ich fürcht mich nicht." Und in dem Augenblick reiten auch die drei Franzosen schon ins Dorf. „Bassa Manelka!" ruft der Kerl, und gibt seinem Pferde die Sporen und sprengt auf sie ein; sprengt, so wahr Gott lebt, auf sie ein, und greift sie, als ob er das ganze Hohenlohesche Korps hinter sich hätte, an; dergestalt, daß, da die Chasseurs, ungewiß, ob nicht noch mehrere Deutsche im Dorf sein mögen, einen Augenblick, wider ihrer Gewohnheit stutzen, er, mein Seel, ehe man noch eine Hand umkehrt, alle drei vom Sattel haut, die Pferde, die auf dem Platz herumlaufen, aufgreift, damit bei mir vorbeisprengt, und „Bassa Teremtetem!" ruft und „Sieht Er wohl, Herr Wirt?" und „Adies!" und „Auf Wiedersehn! und: „Hoho! hoho! hoho!" — — So einen Kerl, sprach der Wirt, habe ich Zeit meines Lebens nicht gesehen.

Tollkühnheit eines Soldaten verherrlicht oder angeprangert, die Agilität eines Wirtes, der heute seinen Schnaps diesen, morgen jenen verkauft, demonstriert oder denunziert, das Zusammenspiel beider als patriotisch verklärt oder verächtlich gemacht werden? Die Versuchung ist deshalb groß, den Text als Kabinettstückchen sprecherischer 'Fulminanz' so zu 'inszenieren', daß einem derlei Fragen gar nicht erst in den Sinn kommen, weil der Grundcharakter der erzählten Erzählung auf der Strecke bleibt.

Ohne den damaligen journalistischen Zweckzusammenhang, bleibt die sprecherische Interpretation heute 'struktural', aber beliebig (sie muß vorab kommentiert werden, soll sie nicht mißverstanden werden). Einen 'Denkanstoß' könnte sie im Vollzug vor Hörern auslösen entweder durch einen Vorkommentar, noch besser aber durch andere Anekdoten Kleists.

Wem derartige Fragen unangemessen erscheinen, der wird sich fragen müssen, wie er sonst - falls es ihm um mehr geht als um das Sammeln von 'Vortragsstückchen' - z.B. einen Zusammenhang herstellen will zwischen den'Anekdoten' und den 'Novellen', zwischen Kleists Prosa insgesamt und seinen Dramen, sogar: zwischen seinem 'Werk' insgesamt und seinem Leben, besser: Tod.

Der Wechselprozeß von textgebundenem strukturalen Sprechen und strukturalem Hören erbringt unter anderem (allg.gesagt) eine Hördifferenzierung als Voraussetzung der Sprechausdrucksdifferenzierung. Diese doppelte Sensibilisierung ist ihrerseits wieder die Voraussetzung für kritisches Hören, sei es im erarbeitenden Prozeß, im Vortragssaal oder Theater, oder 'angehörs' medienvermittelter Textrealisationen: Schallplatte, Rundfunk, Kino, Fernsehen. Die mir bekannten Schallplatten der Kleist'schen 'Anekdote' verfallen allesamt der Kritik (vgl.H.G.1959/1:160ff u.1965/2:64ff.). So wenig in der Regel der 'Lehrervortrag' zu Beginn einer sprechdenkenden Erarbeitung stehen sollte (hier unterscheide ich mich von HAASE 1973),so wenig eine Schallaufnahme. Während jener - sofern der Lehrer es kann(!) - als ein abschließender, die verschiedenen Versuche zusammenfassender Versuch immerhin denkbar ist, sind diese - trotz großer Schauspielernamen (oder gerade deshalb) - i.allg. nur als Kontrastbeispiele verwendbar. Das habe ich in 'Schallplattenanalysen-Gesprochene Dichtung' (1965/2) an Beispielen aus verschiedenen literarischen Textsorten wohl hinreichend bewiesen (vgl. auch JESCH 1968; RÖSENER 1968 u.1979); den Versuch, unterrichtlich 'brauchbare' Hörbeispiele zu nennen, macht KLIEWER (1982).

3.2.4 ERARBEITUNG EINER TEXTGLIEDERUNG IN SPRECHVERSUCHEN
(LETTAU 'Beim Hinaustreten')

Während KLEIST seine Interpunktion teilweise nach 'Sprechtakten' setzte, eine Abweichung, die in einigen Ausgaben DUDENgerecht'in Ordnung' gebracht wird, leitet in anderen Prosatexten die Orientierung an den Satzzeichen fehl. Abgesehen von der weit verbreiteten Unsicherheit in der Zeichensetzung, wirken sich auch die im Erstleseunterricht vermittelten Lese-'Regeln'(S.77) oft verhängnisvoll aus, weil kein Unterschied gemacht wird zwischen den Satzzeichen, die 'Tonzeichen' sind und den anderen, die logisch-grammatische Signale sind.

1828 schrieb Karl Gustav JOCHMANN zu den 'Satzzeichen' schon folgendes: "Erleichterungen einer Kunst führen in manchen Fällen eher zu ihrem Verfalle, als zu ihrer größeren Vollkommenheit. Seitdem es Interpunctionszeichen giebt, sind die Künste des Lesens und Schreibens scheinbar so leicht geworden, daß beide so gut als verloren gingen, daß es fast keinen giebt, der sie nicht schon in einer bloßen Kenntnis der Buchstaben zu besitzen meinte, und folglich fast keinen, der sie versteht. Ein guter Vorleser ist heutzutage, unsrer zahllosen Hof- und Volksbühnen ungeachtet,das seltenste Ding von der Welt, und ein Buch ohne jene Bezeichnungen würde gar nicht, oder wie man wollte zu verstehen seyn. Die Alten, unbekannt mit dem Erleichterungsmittel, bemühten sich desto eifriger um den Zweck(...) und ihre Handschriften ergaben ohne Interpunctionszeichen, ja ohne Abtheilung der Wörter, durch deren bloße Anordnung den Sinn."

Es ist nicht nur reizvoll, den Versuch zu machen, einen interpunktionslos gegebenen Prosatext mit Hilfe der 'interpretativen Notation' zu gliedern und den Text gemäß der sprechdenkend erarbeiteten Notation interpretierend zu reproduzieren; - es ist eine heilsame Methode, eigenen Vorprägungen durch Satzzeichen 'auf die Schliche' zu kommen, aber auch, die Möglichkeiten eines Textes herauszufinden, ohne von den Satzzeichen gegängelt zu werden. (Die Arbeit kann in der Gesamtgruppe, immer wieder gestützt auf Sprechversuche und Gesprächen über die Notationsvorschläge, vor sich gehen, oder in Kleingruppen, schließlich in Einzelarbeit. Gute Erfahrungen habe ich gerade mit dieser Methode im Sprachlabor gemacht.)

Der zur Demonstration der Methode ausgewählte Text stammt aus dem Bändchen 'Auftritt Manigs', das Reinhard LETTAU (1963) herausbrachte. Manig ist weder ein 'manik' noch 'manisch', viel eher läßt sich vermuten, daß er das

personifizierte 'man' ist in der Rolle des 'ich'. Der Text 'Beim Hinaustreten' (a.a.O.S.29) wird - ohne Überschrift - in folgender Weise vorgelegt: ⟨⟨für den anschließenden Kommentar numeriere ich hier die Zeilen⟩⟩
*
1 wir betreten die straße was sehen wir wir sehen die straße und weiter
2 häuser bäume insbesondere fenster türen wände davor menschen was tun
3 die menschen einige laufen in eine richtung einige in eine andere rich-
4 tung dabei begegnen sie sich wenige überqueren die straße wenige schräg
5 die meisten auf kürzestem wege fast alle wissen also wo sie hingehen
6 mit oder ohne schon oder noch vollen oder leeren taschen was in den
7 taschen ist verschwindet hinter den fenstern türen wänden ferner einige
8 stehen still einige zusammen mit andern zwei rücken an rücken niemand
9 sitzt niemand kriecht man verzichtet wen sehen wir dort dort steht manig
10 sieht er dasselbe so ist es wohl denn langsam tritt er ins haus zurück

Als erster Erarbeitungsschritt wird z.B. vorgeschlagen die 'grenzenden Pausen' sprecherisch herauszufinden und in den Text einzuzeichnen; in der Reihenfolge: Abschnitte,'Gefüge' Einfach'sätze' und Sinnschritte, also im WINKLERschen Notationssystem alle Pausen, die mit ⏀⏀, |⏀ , ⏀ und | bezeichnet werden (vgl.o.S.91). Während die Absatzpause nach 'verzichtet'(Z9) schnell und meist einvernehmlich gefunden wird, wird heftig beraten, ob z.B. eine andere nach dem vierten Wort möglich ist oder in Z4 nach 'sich'. Während die Entscheidung im ersten Fall mal so, mal so ausfällt, wird die zweite Möglichkeit verworfen, weil sowohl 'wenige' (Z4) wie vorher 'einige'(Z3) als abhängig erkannt werden von der Frage 'was tun die menschen?' (Z2/3). Nach dem vierten Wort ('Straße') wird die erste Einheit abgeschlossen mit einer vertieften Pause, obwohl die Äußerung nur aus vier Wörtern besteht, weil diese erste Äußerung die Exposition der ganzen Geschichte ist. Die Gliederung der folgenden Zeilen bis zur zweiten Frage ist dagegen erheblich uneinheitlicher. Einige spannen zusammen "was sehen wir...bis... davor menschen". Lassen sich die Sprecher dagegen Zeit und erfassen, daß sie nicht nur 'Wörter' sprechen, sondern Wahrnehmungen 'benennen' - vorausgesetzt, daß sie sich wie beim BRECHT-Gedicht in eine Wahrnehmungshaltung versetzen (lassen) - dann ändert sich sofort die Text-als Sinngliederung.Oft helfen direkte Fragen weiter (wie in der Redeplanung;vgl. S.149), bzw. die Anregung, sich zu fragen oder sich vorzustellen, ein Hörer fragte nach "wir betreten die straße" z.B. 'und was siehste da?' - (Frag net so blöd, natürlich) "die straße" - 'was sonst noch' = "und weiter?"

- "häuser /bäume" - 'gar nix Auffälliges? - (nee,nur) "fenster / türen/ wände" - "davor (sind halt en paar) menschen" - 'was machen die denn'= "was tun die menschen".......usw.
Die durch grenzende Pausen eingeschlossenen Äußerungen sind i.allg. 'melodisch' qualifiziert; deshalb sollten jetzt die in den Sprechversuchen gefundenen Kadenzen an die Grenzpausenzeichen angefügt werden; z.B. "Wir betreten die Straße ⎜⏑ Was sehen wir⎮ Wir sehen die Straße⎮und weiter⎮ Häuser Bäume ⎮⏑"
Als nächste Arbeitsschritte bieten sich an, die 'Scheitel' zu suchen, dann die gliedernden Pausen - d.h. die Binnenpausen in den Äußerungen -, danach die Akzentabstufungen und zuletzt die 'Spannbögen'.
Die gewählte Grundgeschwindigkeit, Deutlichkeitsstufe und Klangfarbe ergeben sich aus der Sprechhaltung; je nachdem ob der Sprecher den Text ärgerlich, langweilig, lustig, ironisch usw. findet - je nachdem also wie er das alltägliche 'Happening' einschätzt.
Der Anfang der Geschichte sieht dann notiert etwa so aus:

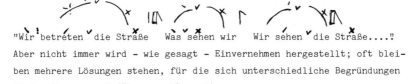

Aber nicht immer wird - wie gesagt - Einvernehmen hergestellt; oft bleiben mehrere Lösungen stehen, für die sich unterschiedliche Begründungen finden lassen; z.B.(Übergang Z4 zu 5)

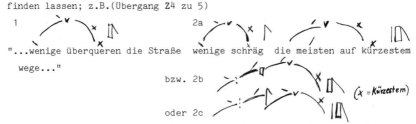

Während die Abgrenzung des ersten Sinnschritts mit der Schwere auf 'überqueren' - als der übergeordneten Vorgangsbezeichnung - und der Grenzpause nach 'Straße' eindeutiger ist als die Kadenzierung (Voll- oder Halbschluß), bieten sich für die Gliederung der folgenden genaueren Beschreibung des Überquerungsvorgangs verschiedene Möglichkeiten an. Die Variante 2a) geht in kurzen Schritten und ermöglicht so den Ausdruck der doppelten Antithese, sowohl im Themateil ('wenige' vs. 'die meisten') als auch im Rhemateil ('schräg' vs. 'auf kürzestem Wege'). Die Variante 2b) spannt beide Beob-

achtungen in einen Bogen, wobei sich zwar nach 'schräg' eine längere
Gliedpause (Gelenk) und vor 'schräg' eine kleine Spannpause ergeben, der
Spannungsast insgesamt jedoch weiter ansteigt und der Scheitel hinter
'die meisten' rückt, vielleicht sogar - ja nach 'Erzählhaltung' - die
präpositionale Wendung aufspaltend hinter 'auf'. Die Variante 2c) stellt
so etwas wie eine Kompromißlösung zwischen 2a und 2b dar, sofern sie den
ersten Sinnschritt zwar schließt, aber nicht 'löst', stattdessen den zweiten Sinnschritt mit 'Neuansatz' beginnt und damit im durchgespannten Verlauf dennoch die antithetische Wahrnehmung besser verdeutlicht als 2b).
Für welche Variante der Sprecher sich entscheidet, wird nicht 'ausgeklügelt',sondern sprechend gefunden. Die Entscheidung über die Gliederung
der Einzeläußerung kann nicht an der Einzeläußerung gefällt werden, sondern nur im hermeneutischen Vollzug der Äußerungen in ihrem Zusammenhang
(Textkohärenz). Die mit der Gesamtsprechart gewählte rhythmisch-melodische
Gliederung dominiert in kohärenten Texten die Gliederung der Einzeläußerungen.
Obwohl LETTAU die Manig-Texte sehr 'sprechnah' interpunktiert hat,ergeben
sich in der mit Hilfe der interpretativen Notation erarbeiteten sprecherischen Reproduktion je nach Sprechhaltung und -ziel abweichende, aber
durchaus sinnvolle Variationen.
Die ist LETTAUs Text 'Beim Hinaustreten':
"Wir betreten die Straße. Was sehen wir? Wir sehen die Straße. Und weiter?
Häuser, Bäume. Insbesondere? Fenster, Türen, Wände. Davor Menschen. Was
tun die Menschen? Einige laufen in eine Richtung, einige in eine andere
Richtung. Dabei begegnen sie sich. Wenige überqueren die Straße, wenige
schräg, die meisten auf kürzestem Wege, fast alle wissen also, wo sie
hingehen, mit oder ohne schon oder noch vollen oder leeren Taschen. Was
in den Taschen ist, verschwindet hinter den Fenstern, Türen, Wänden. Ferner? Einige stehen still, einige zusammen mit andern, zwei Rücken an
Rücken. Niemand sitzt, niemand kriecht, man verzichtet.
Wen sehen wir dort? Dort steht Manig. Sieht er dasselbe? So ist es wohl,
denn langsam tritt er ins Haus zurück."

3.2.5 EXPERIMENTELLE POESIE UND EXPERIMENTIERENDES SPRECHEN
(BENSE 'jetzt')

Bislang habe ich Methoden 'interpretierenden Textsprechens' an Texten exemplifiziert, die ihre Entstehung der sozialemotionalen Befindlichkeit eines individuellen Subjekts verdanken. Seit einiger Zeit gibt es aber auch wieder (wie z.b. auch in mittelhochdeutscher Zeit oder im Barock) Texte, für deren Herstellung bewußte 'Auswahl' des Materials und sein 'Arrangement'wichtiger sind als 'Stimmungen' und 'Absichten'. Es sind Texte der visuellen, phonischen, seriellen, ingesamt der "experimentellen Poesie". HÖLDERLINs Feststellung (in den 'Anmerkungen zum Oedipus'), daß Kunstwerke bis jetzt "mehr nach Eindrücken beurteilt worden (sind), die sie machen, als nach ihrem gesetzlichen Kalkül und sonstiger Verfahrensart, (hervorg.v.H.G.) wodurch das Schöne hervorgebracht wird", wird aufgegriffen in poetologischen Programmen wie folgendem: "Das Erzeugen aestethischer Gebilde erfolgt nicht mehr aus Gefühlszwängen, aus mumifizierender oder mystifizierender Absicht; sondern auf der Basis bewußter Theorien, intellektueller (..) Redlichkeit. (...) Wir sprechen von einer materialen Kunst. An Stelle des Dichtersehers, des Inhalts- und Stimmungsjongleurs ist wieder der Handwerker getreten, der die Materialien handhabt, der die materialen Prozesse in Gang setzt und in Gang hält. Der Künstler heute realisiert Zustände auf der Basis von bewußter Theorie und bewußtem Experiment. Wir sprechen von einer experimentellen Poesie..."(BENSE/DÖHL 1965). Max BENSE (heute emeritierter)Philosoph, Mathematiker,Wissenschaftstheoretiker und Informationsaesthetiker - der theoretische Kopf der 'Stuttgarter Gruppe' (DÖHL, HARIG, HEISSENBÜTTEL, ROT,SCHÄUFFELEN u.v.a.) - schrieb selber experimentelle Texte, von denen hier der 1961 veröffentlichte 'jetzt'-Text für Versuche sprechdenkender Interpretation ausgewählt wird.((Theoretische Grundlagen habe ich 1970/2 dargestellt; aus diesem Aufsatz übernehme ich im folgenden einige für die sprecherische Reproduktion wichtige Passagen)).

Auch hier kann die Erarbeitung wieder - wie bei LETTAU - mit einer Textfassung 'ohne jedes Zusatzzeichen' beginnen, um erfahrbar zu machen, wie durch unterschiedliche Akzentuierung, Pausierung, Beschleunigung oder Verlangsamung sich eine gänzlich unterschiedliche Binnenstrukturierung ergibt, die zu unterschiedlich rhythmisch-melodischen Verläufen und damit

zu ganz verschiedenen Sinnkonstitutionen führen. Auf diese Weise kann bereits in den ersten Sprechversuchen experimentierend herausgefunden werden, daß durch rhythmisch-melodische Variationen das statistisch unveränderliche Wortmaterial verschieden gegliedert wird und damit verschiedenartige Prozesse aesthetischer Kommunikation ermöglicht werden.
An dieser Stelle stelle ich den von Zusatzzeichen befreiten Text nicht mehr vor, sondern gebe ihn gleich in der Gliederung, mit der ihn der Autor (1961) veröffentlichte:

>jetzt, jetzt und erst jetzt, jetzt und nur jetzt, jetzt und doch
>jetzt, jetzt ist das jetzt erst jetzt das nur jetzt ist und doch
>jetzt ist, nur jetzt und doch jetzt, jetzt das jetzt ist, nicht
>jetzt das jetzt nicht jetzt ist jetzt ist wenn es jetzt ist, nicht
>jetzt wie es jetzt nicht ist, nicht jetzt wie es jetzt nicht
>jetzt ist, jetzt das nicht ist ist nicht jetzt,
>jetzt nicht, jetzt noch nicht, doch jetzt das noch nicht jetzt
>ist, jetzt das jetzt nicht mehr jetzt ist wenn es jetzt ist und
>jetzt das jetzt ist, wenn es nicht mehr jetzt ist, dieses jetzt,
>erst dieses jetzt, nur dieses jetzt ist jetzt.

Wahrscheinlich fällt auf den ersten Blick auf: Es ist ein Text mit nur kleingeschriebenen, vorwiegend einsilbigen Wörtern eines kleinen Wortinventars; an Interpunktionszeichen werden außer dem Schlußpunkt nur Kommata verwendet. Das 'kleine Inventar' ist Folge einer absichtlichen Machart; der semantische Raum ist 'künstlich reduziert'. Die semantische 'Oberfläche' ist geprägt von Abstrakta (jetzt, ist, nicht, wenn, wie, und); lediglich die modalisierenden 'erst, nur, doch, noch, mehr' verändern den 'Urteilscharakter', d.h. den Charakter einer eher logischen als poetischen Denkbewegung. Beherrscht wird der Text jedoch von einem Temporaladverb, der Zeitmetapher 'jetzt'. Das Jetzt als das 'zukünftig Gewesene' ist das 'Thema'. Die Wörter 'noch, erst', bzw. die Gruppen 'noch nicht, nichtmehr' zeigen das Jetzt im Zeitfluß. Unter der 'gleichförmigen' Oberfläche liegt eine 'Tiefenstruktur',das 'Sukzessionsbewußtsein' vom wandernden Jetztpunkt, der mit 'Vergangenem und Zukünftigem' immer seinen 'Zeithof' um sich hat.
Über derartige Betrachtungen und Beobachtungen hinaus führt nun ausgerechnet die im geschriebenen/gedruckten Text durch die 'Kommata' angedeutete Binnengliederung.In Versuchen, diese Gliederung sprechend nachzuvollziehen wird deutlich, daß die Kommata als Zeichen beliebig sind; sie könnten durch Gedanken- oder Schrägstriche, bzw. einfach durch größere Zwischenräume im Text ersetzt werden. Lediglich das viertletzte'Komma'scheint die übliche Kommafunktion zu behalten; deshalb wird es in der folgenden Text-

gliederung (aus H.G.1970/2:59) als Grenzsignal nicht berücksichtigt;(für
den nachfolgenden Kommentar numeriere ich die Zeilen hier durch):

```
1   jetzt
2   jetzt und erst jetzt
3   jetzt und nur jetzt
4   jetzt und doch jetzt
5   jetzt ist das jetzt erst jetzt das nur jetzt ist und doch jetzt ist
6   nur jetzt und doch jetzt
7   jetzt das jetzt ist
8   nicht jetzt das jetzt nicht jetzt ist jetzt ist wenn es jetzt ist
9   nicht jetzt wie es jetzt nicht ist
10  nicht jetzt wie es jetzt nicht jetzt ist
11  jetzt das nicht ist ist nicht jetzt
12  jetzt nicht
13  jetzt noch nicht
14  doch jetzt das noch nicht jetzt ist wenn es jetzt ist
15  jetzt das jetzt nicht mehr jetzt ist wenn es jetzt ist und jetzt
16  das jetzt ist, wenn es nicht mehr jetzt ist
17  dieses jetzt
18  erst dieses jetzt
19  nur dieses jetzt ist jetzt
```

Während BENSEs fortlaufende Schreibung den Eindruck wenig gegliederter
'Linearität' erwecken konnte, wird jetzt die rhythmische Binnenstrukturierung erkennbar: Nicht nur, daß der Text Zeit verbraucht, in dem er den
Jetztpunkt umkreisend zu fixieren versucht, sondern **wie** er Zeit verbraucht.
Dies wird in den nächsten Sprechversuchen bewußt experimentiert, so daß
die nun erkennbaren Textgruppen als Zeit-und Klanggruppen kommunizierbar
werden (können).
Für diese Prozesse sind folgende Überlegungen von Bedeutung, die sich zum
Teil nur aus diesen Versuchen ergeben haben: "Der Text enthält außer der
rhetorischen Dreierklimax der Schlußformel nur Einsilbler. Wird die mittlere Wortanzahl pro Einheit = 7 Wörter als Zeitraum über den ganzen Text
gelegt, so ergibt sich eine unterschiedliche Sprechgeschwindigkeit und
unterschiedliche Pausendauer für die einzelnen Aussprüche. Nach einer lapidaren Setzung des Leitmotivs folgt eine gleichgebaute Dreiergruppe von
Setzungen, in denen innerhalb der redundanten leitmotivischen Klammer
Zeile um Zeile an gleicher Akzentstelle die Innovation auftaucht. Der
nächste Ausspruch (Z5) mit dem Doppel der mittleren Wortzahl bringt die
erste Temposteigerung über einer veränderten akzentuellen Gruppierung; die
Binnenrhythmisierung dieses Ausspruchs, ausgelöst durch die zäsurschaffende Kopula und den proklitischen Artikel, wechselt zwischen accelerando,
ritardando, accelerando. (Z6) setzt den Eingangsakzent zum ersten Mal
nicht auf das Leitmotiv, stattdessen zieht die Antithese 'nur' - 'doch'

den Akzent an sich, ehe sich die Denkbewegung in (7) quasi-tautologisch
verlangsamt als Retardation vor der Negativfolie (8-12). Die mit'nicht'
beginnende Dreiergruppe setzt schnell ein, verlangsamt sich in den Vergleichssätzen auf das Mittel (9 und 10), gibt in (11) nicht nur die rhythmische Eingangsschwere wieder an das Leitmotiv, sondern schlägt sie gespiegelt um die Mittelzäsur (des Urteilssatzes) wieder auf das Schlußwort.
Der scheinbare Schlußpunkt folgt in (13). Die Verlangsamung bei akzentuellem Gleichgewicht erreicht beinahe die Punktualität des Anfangs. Doch in
der folgenden Dreiergruppe der 'noch nicht' und 'nicht mehr' (13-15) wird
die Negation aufgelöst, das Tempo auf die dreifache Geschwindigkeit gesteigert, bis der Text in der dreistufigen Schlußformel zeitlich und
klanglich umbricht in sein 'sinfonisches Finale'."(a.a.O.).

Dieser Kommentar (dessen vereinfachende Umformulierung viel Zeit und Raum
beansprucht hätte) wurde nur möglich aus der ständigen Wechselfolge von
Experiment und Reflexion, die Wechselfolge, die jeden Versuch interpretierenden Textsprechens bestimmen müßte , auch wenn sie nicht zu mitteilbaren sprechwissenschaftlichen Ergebnissen führen soll, sondern zu unmittelbar aesthetisch kommunizierbaren. Die Sprechversuche des 'jetzt'-Textes
erweisen, daß nicht die Auswahl (Selektion) und Anordnung (Manipulation)
des Wortmaterials kommuniziert wird, sondern die über dieser Grundstruktur
von Worttext und Leerstellen sich ergebende rhythmisch-melodische Expressivität. Nicht nur im Wechsel von Beschleunigung (accelerando) und Verlangsamung(ritardando), von Bindung (legato) und Brechung (staccato), von
Bekanntem, folglich 'überflüssigem' (Redundanz) und Neuheit (Innovation),
sondern in Melodiebewegung und Klangfarbe zeigt der Text eine beträchtliche Emphase.
"Benses Selbstinterpretation, es handle sich um einen 'Sprach-Hot' über
eine Hegelstelle aus der großen Logik ist dem Produkt und seiner Kommunikation gegenüber zufällig (kontingent). Diese Angabe sagt nichts aus über
'Tonart, Rhythmus, Orchestrierung'. Der Text läßt pragmatisch(...) die
verschiedenartigsten Deutungen zu, je nach sozialen Modalitäten, bzw. den
situativen Motivationen von Sprechhandlungen, in denen 'Jetzt'-Erfahrung
emphatisiert wird. 'Dieses Jetzt' trifft den phäakischen Augenblick nicht
weniger als die Perseveration des Fatalisten; die inverse Emphase des
Sterbenden und die prolongierte Spitze des Orgasmus; usw."(a.a.O. 60).
Auch ein theoretisch noch so ausgeklügelter, 'auskalkulierter' Text, sagt

also nichts aus über Sprechhaltung, Grundklang und Handlungsziel; d.h.
auch hier sind ganz verschiedene kommunikative Prozesse 'stimmig'. Wenn
aber das 'individuelle Subjekt' hinter der 'Machart' verschwindet, dann
vergrößert sich sogar die Variabilität interpretierender Sprechhandlungen.
Es ergibt sich das Paradox: In experimenteller Poesie vergrößert die Stringenz der Machart den Spielraum der Kommunikation (im Unterschied zur subjektgebundenen 'Produktion').Daraus folgt aber zugleich, daß mit dem Verschwinden des individuellen Subjekts in der Produktion, sprecherische
Reproduktion nicht mehr an 'monologische Rezitation' gebunden ist. "Struktural hörend und struktural sprechend sind verschiedene Weisen 'monologischer Rezitation' möglich, aber auch die Verteilung auf zwei oder mehrere
Sprecher" (ebd.).
Beispielsweise kann bei 2 Sprechern eine/einer die 'jetzt'-Partikel übernehmen, der/die andere alle übrigen; oder 'jetzt' wird von einer Gruppe
gesprochen, alles übrige von einem einzelnen; bzw. umgekehrt, das 'jetzt'
von einem einzelnen, alles übrige von einer Gruppe. Ein weiterer, in der
Konsequenz der 'Komposition' BENSEs liegender Schritt ist es, wenn die 14
Wörter - entsprechend ihrer Nachbarschaftsverhältnisse im Text-'Gewebe' -
auf 14 Sprecher verteilt werden. Dabei kann durch unterschiedliche Stimmlagen und Timbres weiter differenziert und charakterisiert werden; außerdem können Expressivität und Intensität durch 'Regie' - ohne die geht es
jetzt nicht mehr - geregelt werden. Die Art der'Emphase' wird auch durch
derartige Reproduktionen nicht ein für alle Mal 'eindeutig' (Trauer ist
so möglich wie Ekstase; Ausweglosigkeit wie sexueller Höhepunkt).
Zwar wird der 'Jetzt'-Text auf diese Weise in der Tat zum 'Jazz'-Text,
aber unentschieden bleibt, ob 'hot' oder 'cool'. Für diese Versuche ist
es erforderlich, eine 'Wortpartitur' herzustellen; diese bringt nicht nur
die 120 Wörter des Textes in ihrem jeweiligen Nachbarschaftsverhältnis
zum Vorschein, sondern sie zeigt deutlich die Stellen, an denen neue Elemente eingeführt werden. Schließlich verdeutlicht die Partitur die 5 Phasen der Großgliederung des Textes: Thema, Initialphase, Negationsphase,
Auflösung der Negation, 'Finale'. ((Partitur auf der nächsten Seite)).

Sehr wahrscheinlich ist es unumgänglich, Sprechdenkversuche nach dieser
Partitur mit dem Tonband aufzunehmen; nur so bekommt die erarbeitende
Gruppe einen Gesamteindruck. (Reizvoll ist es übrigens auch, Wörter entsprechend der Häufigkeit ihres Vorkommens zu sprechen und sie dann nach

```
jetzt
jetzt und erst
jetzt
jetzt und         nur
jetzt
jetzt und         doch
jetzt
jetzt                     ist  das
jetzt    erst
jetzt                          das
              nur
jetzt                     ist
     und      doch
jetzt                     ist
              nur
jetzt und     doch
jetzt
jetzt                          das
jetzt                     ist       nicht
jetzt                          das
jetzt                               nicht
jetzt                     ist
jetzt                     ist       wenn es
jetzt                     ist       nicht
jetzt                                        wie
                                             es
jetzt                               nicht
                          ist       nicht
jetzt                                        wie
                                             es
jetzt                               nicht
jetzt                     ist
jetzt                          das nicht
                          ist
                          ist       nicht
jetzt
jetzt                               nicht
jetzt                                         noch
                                    nicht
              doch
jetzt                          das            noch
                                    nicht
jetzt                     ist       wenn es
jetzt                     ist
jetzt                          das
jetzt                               nicht          mehr
jetzt                     ist       wenn es
jetzt                     ist
     und
jetzt                          das
jetzt                     ist       wenn es
                                    nicht    mehr
jetzt                     ist                      dieses
jetzt    erst                                      dieses
jetzt         nur                                  dieses
jetzt                     ist
jetzt
```

(aus:1970/2:61)

der Partitur zu 'cuttern'). Die konsequenteste'Reproduktion' des 'jetzt'-
Textes von BENSE ist wohl seine stereophone Einrichtung. Das ostinate
'jetzt' übernimmt die Mittelposition, 'ist' und 'nicht' (als nächsthäufi-
ge) die rechte und linke Halbposition,   die andern Elemente gestaffelt
die Außenpositionen. Auf diese Weise könnte der 'Zeithof' um das 'jetzt'
verräumlicht werden.
Mit derlei Versuchen öffnet sich das 'interpretierende Text_sprechen_' ins
'interpretierende Text_spielen_' (vgl. auch die methodischen Vorschläge von
M.PABST zu Sprechcollagen,1981),das seine institutionalisierte Medienform
im 'Hörspiel' erreicht. Selbst die Hörspielform verändert weder seinen
Grundcharakter als Sprechdenkspiel (H.G.1967), noch nimmt sie dem Hörer
die Chance, als Ko-Produzent von Sinn mitzuwirken. Diesen Doppelcharakter
versuchte ich im Titel eines Hörspielaufsatzes (1970/1) zu benennen:
'Spiel mit Hörer'; geht es doch einmal um das Spiel mit dem Hörer (auch
wenn mehrere gemeinsam hören, hören sie als einzelne), zum andern um die
Aufforderung an den Hörer: Spiel mit, Hörer! (Diesen Doppelcharakter übersieht M.PABST, wenn sie - a.a.O.123 - fälschlich zitiert:'Spiel mit Hörern').

Ob die interpretierenden Sprech-Hörhandlungen unmittelbar sich vollziehen
oder medienvermittelt, 'monologisch' oder 'chorisch' ('dialogisch' im hier
leitenden Verständnis sind sie allzumal), 'mono'- oder 'stereophon','gesprochen' oder 'gespielt' - nirgends gibt es 'Vorschriften' für ein 'zwin-
gendes' Verständnis. Überall eröffnen sich Spielräume nicht ins Unverbind-
liche subjektivistischer Beliebigkeiten, sondern in textgeregelte sozial-
verbindliche Sinnkonstitutionen.

3.2.6 VON DER PROSA SPRECHDENKEND ZUM HÖRSPIEL

(HARIG 'Haiku Hiroshima')

Die im vorausgehenden Kapitel angedeutete sprechdenkende Transformation eines Prosatextes in ein 'Hörspiel' will ich an einer Sequenz aus Ludwig HARIGs 'Haiku Hiroshima' entwickeln. Da hier nicht Platz für eine Gesamtdarstellung ist, greife ich die 6.Sequenz heraus, in deren großer Permutation die vielschichtige Denkbewegung des Textes zum ersten Mal kulminiert.

Der 1961 veröffentlichte Text (heute leicht zugänglich in L.H.'Logbuch eines Luftkutschers' 1981:20ff.) ist als Ganzes eine Montage aus dem Haiku der Japanerin Sumi TAIGI - "Laut als sähe sie / ihres Käfigs Stäbe nicht / singt die Nachtigall" - und Sprachspielen, vor allem Permutationen HARIGs und Redensarten. Auf der überzeitlichen Folie des 'Haiku' und im Kontrast dazu, spannt sich der Text in 7 Sequenzen auf auf das historische Ereignis 'Hiroshima' (in der achten Sequenz), das in einer abschließenden Sequenz - anakoluthisch (vgl.S.58) - geöffnet, aufgebrochen wird in die sich durchhaltende Beschwichtigungsideologie, an der sich in den 20 Jahren seit der Erstveröffentlichung des Textes nichts geändert hat.
Doch nun die 6.Sequenz, an der ich die Interpretationsmöglichkeiten demonstrieren möchte:

> Nachtigall Nachtvögel schlagen klopfen stampfen Motoren Major Eatherlys Wespe Straight Flush Stachel ausgefahren pralle Drüse Air Force-Gifte eingesackt in Wespendrüse Straight Flush stampfen Nachtmotoren sieben Worte auf der Bombe siebzehnhundertsiebenundachtzig eingeschworen Washington doch Hirn und Hand to surrender in Menschenopfer Totemtafel Blut und Fleisch verschlungen Leichenschmaus vermählt mit Stern und Streif der Ekel Menschentotem Leichenopfer Blut und Schmaus ergriffen Tafelstern vermählt mit Fleisch und Streif die Hure Menschentafel Leichentotem Blut und Stern zerschnitten Opferstreif vermählt mit Fleisch und Schmaus der Moloch Opfertotem Leichenmenschen Schmaus und Blut erbrochen Tafelfleisch vermählt mit Streif und Stern die Geißel Totemmenschen Tafelopfer Stern und Fleisch gesoffen Leichenblut vermählt mit Streif und Schmaus die Bestie Menschenleichen Tafeltotem Blut und Streif verschlungen Opferschmaus vermählt mit Fleisch und Stern Mänade Opfertafel Totemleichen Schmaus und Fleisch ergriffen Menschenstern vermählt mit Streif und Blut Aasgeier Opfermenschen Tafelleichen Fleisch und Blut zerschnitten Totemstreif vermählt mit Schmaus und Stern Hyäne Opferleichen Tafelmenschen Schmaus und Streif erbrochen Totemfleisch vermählt mit Stern und Blut Kloake Totemopfer Leichentafel Stern und Schmaus gesoffen Menschenblut vermählt mit Streif und Fleisch in Wespendrüse Nachtmotoren stampfen sieben Worte eingeschworen auf die Bombe Hirn und Hand

Die Sequenz beginnt mit dem Wort 'Nachtigall', dem jetzt einzigen Wort
aus dem Haiku, das 'Nachtvögel' evoziert, die zum Einsatz startenden Bomber. Historisch genau Namen und Bezeichnungen, aber eingebunden in die unüberhörbaren Verb-Staccati, die fast veristisch das Stampfen der Motore
ersetzen, - wie Washington es befahl. Nach einer Atempause setzt sich das
'doch' über jeden Widerstand hinweg, der in 'Hirn und Hand' (der Bomberbesatzung) noch vorhanden gewesen sein mag. "Die 10 Sequenzen aus den 10
Grundwörtern, von denen jedes 10mal vorkommt, steigern sich bei gleichbleibendem mathematischem Kalkül. Die Redensarten Stern und Streif (stars
and stripes der US-Flagge), Fleich und Blut werden umfunktioniert; Alliterationen verstärken den beat: Stern und Streif, Tafeltotem. Dabei sind die
5 Einsilbler Blut, Fleisch, Schmaus, Stern und Streif als Zwischenglieder
mit 'und' verbunden, so daß gegen die Zweisilbler, die sich miteinander
und je einmal mit einem Einsilbler zu mehrsilbigen Komposita verbinden,
in jeder Halbsequenz eine rhythmische Gegenkraft geschaffen wird. Als Achse
steht 10mal, zugleich als Beginn der ebenfalls aus 7 Wörtern bestehenden
zweiten Halbsequenz das Wort 'vermählt'.
    "Menschenopfer Totempfahl Blut und Hirn verschlungen Leichenschmaus
    vermählt mit Stern und Streif der Ekel...."
Auf der Vertikalen kommen als 'ästhetische Innovationen' der Ekel, die
Hure, der Moloch, die Geißel, die Bestie, Mänade, Aasgeier, Hyäne, Kloake
hinzu, also der Regreß der mythischen und zoologischen Furien bis hin zu
Aas und Kloake. Diese Substantivreihe wird von der einmal wiederholten Partizipienreihe, je Sequenz ein Partizip,'verschlungen - ergriffen - zerschnitten - erbrochen - gesoffen' intensiviert. In dieser Vision des Grauens, der mit Hirn und Hand kalkulierten apokalyptischen Freß- und Saufszene an der Leichentafel, an der der Moloch Menschenopfer frißt, säuft
und erbricht und die das vergleichsweise humane Geschick der Atreus-Söhne
ins scheußlich Gigantische potenziert, es zugleich entmythisiert zu Aas
und Kloake -, ist in allem permutationellen Kalkül, im Ausschöpfen der
sprachlichen Möglichkeiten, im Schaffen neuer Zusammensetzungen, in der
fugalen Intensität, rhetorisches Engagement am Werk und die beschwörende
Kraft, die vis magica der Sprache" (H.G.1977/4:193f.)

Diese kommentierende Paraphrase - die ich hier abkürzend vorgebe, weil
der Sprechdenkprozeß nicht beschrieben werden kann, der in immer erneuten
Versuchen bis in diesen Strukturzusammenhang eindringt - mag andeuten,

welche sprecherische Intensität, auch welche artikulatorische Geläufigkeit und welche stimmliche Variabilität verlangt sind, wenn dieser Text sprechdenkend aktualisiert werden soll.
Zwar kann diese Aktualisierung von einer Einzelperson vollzogen werden, aber eine weitere Steigerungsmöglichkeit 'der Vision des Grauens' ergibt sich mit chorischen Realisationen; sei es, daß z.B. 'schlagen, klopfen, stampfen' von einer Gruppe ostinat (und damit den 'beat' gebend) unterlegt wird; sei es, daß ein Chor die veränderlichen Partizipien übernimmt ('verschlungen, ergriffen, zerschnitten, erbrochen, gesoffen'), ein 'Gegenchor' das 10malige 'vermählt' während alles übrige ein Einzelsprecher hineinspannt.

In mehreren 'monologischen Rezitationen' des Haiku Hiroshima und in verschiedenen chorischen Versuchen (mit Studenten) wuchs der Wunsch nach einer noch stärkeren Differenzierung. 'Monaurale' Tonbandmontagen führten weiter, waren aber noch nicht befriedigend, eine angemessene 'Instrumentierung' ergab sich erst mit der Stereophonie. ((1966 produzierte der Saarländische Rundfunk das erste nur stereophone Hörspiel; es war Ludwig HARIGs 'Das Fußballspiel')).Die neue technische Möglichkeit bot neue Möglichkeiten für Sprechen und Hören. Deshalb habe ich als letzten Differenzierungsschritt das Haiku Hiroshima als Hörspiel bearbeitet und für Stereophonie eingerichtet (1967) und im Stereostudio des Saarländischen Rundfunks inszeniert (1968) ((Erstsendungen im SR und NDR 1969)).
Der Gesamttext wurde 'verteilt' auf 13 Frauen-, Männer- und Kinderstimmen. Der Text wurde durchweg skelettiert; oft so weit, daß eine Stimme pro Sequenz immer nur 'ein und dasselbe' Wort zu sprechen hat. Eine Frauenstimme hat - als Sprecherin des Haiku und aller Haikuvarianten- eine Raumstelle für sich. Um diese Stimme wachsen immer mehr Stimmen an.Diese wachsende Anzahl der Stimmen, entspricht dem Bauprinzip und der Steigerung des Textes. Zwei Männerstimmen übernehmen als Antipoden die äußersten Raumpositionen. Die Gegenposition zur 1.Frauenstimme übernehmen erst eine, dann mehrere Frauen, auch die Männerstimmen werden bis auf 5 verstärkt; schließlich kommen Kinderstimmen hinzu; denn nur das historische Hiroshima ist Generationserlebnis, nicht das allgegenwärtige Problem Hiroshima. Die Mittelposition bleibt absichtlich frei, weil keine Position dominiert, und so die Fluktuation verstärkt wird. Mit Ausnahme von Raumblenden, geringen akustischen Verstärkungen (z.B.Hall) und Wiederho-

lungen ist der Kerntext völlig freigehalten von 'illusionistischen' Zusatzgeräuschen und akustischer Manipulation. <u>Pures Sprechdenkspiel</u>. Aus dem fortlaufenden Text (s.o.) der 6.Sequenz wird in der <u>Partitur</u> - ich kann nur einen Ausschnitt bringen - folgendes:

(Aus dem Regiebuch zur 6.Sequenz)

		M1 M4 M5	F1	F2 F3 F4 / K1-K4	M2 M3
11	M2	H$_\wedge$			H$_\vee$ eingeschworen Washington
12	M1	doch Hirn und Hand			
13	F1		'to surrender'	F$_2$	
14	F2			in	
15	M1	H$_\wedge$ Menschen-			M$_2$
16	M2				M$_3$ opfer
17	M3	H$_\vee$			Totem-
18	M4	tafel		F$_2$	
19	F2			Blut	
20	K1			und K$_\wedge$ F$_3$	
21	F3			Fleisch	
22	F1	M$_5$	verschlungen		
23	M5	Leichen-		F$_4$	
24	F4			schmaus	
25	M1+M2	Vermählt		K$_2$ mit	vermählt
26	K2			K$_3$	
27	K3			Stern K$_\wedge$	
28	K1			und K$_4$	
29	K4			Streif	
30	F1	H$_\wedge$	der Ekel		
31	M1	Menschen-			M$_3$
32	M3	M$_5$			totem
33	M5	Leichen-			M$_2$
34	M2				opfer

Sprechen nach einer Partitur dieser Art verlangt eine Umstellung von allen Beteiligten. Die Arbeit geht in 2 Phasen vor sich; 1) im <u>Studio</u>: Sprechproben (Erarbeitung des Texts, bzw. des jeweiligen Parts mit Einzelsprechern und Gruppen), Hörproben (Einzelsprecher und Gruppen vor verschiedenen Mikrofonen an verschiedenen Stellen des Raums oder in verschiedenen Räumen), Aufnahmen (mehrfach) - 2) am <u>Schneidetisch</u>: 'Cuttern'(= Schneiden + Kleben der einzelnen Sequenzen; dann Endmontage des sendefähigen Bandes); danach 'Abnahme' (Probesendung).
Die Arbeit an 'Haiku Hiroshima' dauerte 2 Wochen: davon die erste im Studio, die zweite am Schneidetisch; knapp 13 Mintuen dauerte dagegen die Sendung des Hörspiels.

Die Inszenierung war ganz auf Stimmen gestellt; sie konnten deshalb nicht
dem Zufall überlassen bleiben. Sie waren folglich genau beschrieben (und
nach diesen Kriterien wurden die Sprecherinnen und Sprecher ausgewählt):
z.B. "F1 dunkle, dramatische Frauenstimme
M1 helle, harte, ironiefähige Männerstimme
M2 dunkle, harte, hochsteigerungsfähige Männerstimme
F2 helle, gelegentlich schrille Frauenstimme....."
(aus meiner unveröffentlichten Regie-Partitur)
Außerdem war verlangt:"Klangfarbendifferenzierung, Expressionsfähigkeit,
artikulatorische Prägnanz, Fähigkeit zum Intensitätswechsel und rhythmische Präzision". Wenn dies auch Forderungen an Berufssprecher sind -
während der Inszenierung hat mich übrigens überrascht, wie differenziert
und präzis die 4 Kinder reagierten -, so können ähnliche Fähigkeiten im
sprecherischen Ausdruck, wenn auch nicht von 'heute auf morgen', auch von
Nicht-Profis erarbeitet werden.(Auch die Profis mußten lange üben).
Das Dargestellte muß genügen, um zu zeigen, wie aus der in sprechdenkenden
Versuchen erarbeiteten Bearbeitung eines Prosatextes ein literarisches
Sprechdenkspiel mit den Mitteln des Rundfunks wurde. Die Bearbeitung versuchte jedoch noch etwas anderes; der HARIG-Text wurde mit einem knappen
Vorspann in die Situation des Rundfunkhörers gestellt, um dem 'mitspielenden' Hörer die Chance zu bieten, das Hörspiel als einen literarischen Versuch mit dem Medium Rundfunk zu begreifen.
"Das literarische Hörspiel als funkisches ist der literarische Versuch
mit dem Rundfunk. Diese Definitionsformel 'literarischer Versuch mit dem
Rundfunk' hat - nicht nur grammatisch - zwei Richtungen. Einmal geht es
darum, mit Hilfe der technischen Mittel des Rundfunks, Literarisches zu
versuchen; zum zweiten darum, mit Hilfe der Literatur den Rundfunk zu
versuchen" (H.G. 1970/1:105; ähnlich schon 1967:99).
Hörspiele, die der ersten Definitionshälfte genügen, können Literarisches
auch außerhalb des Rundfunks experimentieren und auf Tonband oder Schallplatte produzieren; Rundfunkhörspiele haben dagegen als einzige die Möglichkeit, mit dem Rundfunk selbst zu 'experimentieren'; und dies heißt
zwar nicht, die organisationsstrukturellen Zwänge des Apparates zu verändern, wohl aber das Bewußtsein des koproduzierenden Hörers in seinem 'Umgang' mit dem Rundfunk. Wer freilich von Kindsbeinen an - auch durch 'veroperte' Märchen eingelullt - daran gehindert wurde, hörverstehen zu lernen,

begreifen zu lernen, wie ihm auch durch literarische Spiele mitgespielt wird (vgl.H.G.1978/2), der wird die aesthetische Arbeit eines Sprechdenkspiels nur schwerlich auf sich nehmen wollen oder können. Inzwischen ist allerdings auch das sog.'Neue Hörspiel' nicht nur 'alt' geworden, sondern esoterisch geblieben. Doch zurück zur Hörspielfassung des Haiku Hiroshima als literarischem Versuch mit dem Rundfunk.

Der erwähnte 'Vorspann' liefert die typische Situation des Rundfunkhörers: Gerät einschalten, Suchgeräusche, politische Nachrichten(fetzen), Weitersuchen, Kulturreportage (hier eine über'Vogelstimmen' mit Nachtigallenschlag) - das übliche Hörwarenangebot. Im Überdenken von Nachrichtenfetzen und Nachtigallenschlag wird von der Hörerin (F1) das 'Haiku' assoziiert. Das Spiel beginnt und demonstriert den Rundfunk als Apparat, der _immer_ gleichzeitig eine Art Haiku (triviale oder gehobene Unterhaltung) und eine Art Hiroshima (Kriege, Morde, Verwüstungen, Giftkatastrophen) anbietet und durch die Gleichzeitigkeit entschärft. Deshalb kommen dann auch wieder die allerletzten Redensarten, Schlagzeilen, Anakoluthe der 9.Sequenz direkt aus der Rundfunksituation; das Gerät wird ausgeschaltet. So ist das eben: Die Nachtigall singt trotz des - vermeintlich unzerstörbaren - Gitters: 'Käfigs Stäbe'. Das falsche Bewußtsein könnte sich bestätigt fühlen. Beschwichtigungsideologie; Fatalismus in der Wiederkehr des Gleichen. 'Haiku Hiroshima' bietet aber auch andere Konsequenzen: Den Käfig sehen und trotzdem singen. Schließlich: Den Käfig zerstören! Denn manchmal ist es so, wie KAFKA meinte:"Ein Käfig ging einen Vogel suchen".

So endet das Kapitel mit den auch in Prozessen interpretierenden Textsprechens und -spielens gegebenen Möglichkeiten, mentale Handlungen _im_ Hörverstehenden und/oder reale Handlungen _durch_ Hörverstehende auszulösen. Die starr behaupteten Grenzen zwischen aesthetischer und rhetorischer Kommunikation sind fadenscheinig. Dies gilt folgerichtig auch für ihre Didaktik und Methodik.

4. ANHANG: Elementarprozesse des Sprechens.

In der bisherigen Darstellung habe ich verschiedentlich betont, daß die 'Elementarprozesse' nur in ihrer Funktion für die Sinnkonstitution wichtig sind; "physiologische Aspekte sind allemal den kommunikativen untergeordnet" (GEISSNER/GEISSNER 1974:165).Daraus folgt unmißverständlich, daß auch Übungen auf diesem Gebiet niemals Selbstzweck werden, noch als 'Grundlage' betrachtet werden sollten. Grundlage des Miteinandersprechens ist weder richtiges Atmen, noch tragfähige Stimme, noch deutliche Lautung, sondern die Gesprächsfähigkeit. Da niemand gesprächsfähig ist, der nur in 1 Situation (aus 1 Haltung in 1 Stimmung in 1 Formulierung aus 1 Absicht mit 1 Ziel) mit 1 Partner über 1 Gegenstand sich äußern kann, sondern nur der,der in verschiedenen Situationen (aus verschiedenen Haltungen und Stimmungen in verschiedenen sprachlichen Wendungen mit verschiedenen Absichten und Zielen) mit verschiedenen Partnern über verschiedene 'Gegenstände' sich verständigen kann, gehört zur Gesprächsfähigkeit nicht maximale 'Richtigkeit', sondern optimale Variabilität.

Nur in einigen Sonderfällen kann den Elementarprozessen größere Bedeutung zukommen: In Prozessen therapeutischer und berufsbezogen aesthetischer Kommunikation (Schauspieler, Sänger) gibt es Phasen, in denen Einzelleistungen isoliert erübt werden müssen; aber gerade weil beides 'Sonderfälle' sind, sind die dort angebrachten Methoden nicht auf den Allgemeinfall übertragbar (vgl. H.G.1981/3:110). Umgekehrt gilt: Die allgemeinen Methoden sind für die Spezialfälle zu differenzieren. Einer Sprecherziehung, die sich als Didaktik und Methodik der mündlichen Kommunikation versteht,kann es im Bereich der Elementarprozesse nicht um ein Hochleistungstraining gehen für Zungenturner und Stimmkanonen, Mundwerker und Maulhelden,Sprechmaschinen und Schnellsprechakrobaten; Ausdrücke, die allesamt ein äußerst unkommunikatives Verhalten anzeigen.

Zwei Beispiele: Was für den Spitzensportler oder in der Physiotherapie unumgänglich ist, läßt sich nicht übertragen auf den Breitensport. Der'Breitensportler' braucht z.B. kein gezieltes Krafttraining, das sich je nach Sportart auch für den Spitzensportler wieder unterscheidet (das für Läufer taugt nicht für Schwimmer usw.). Keiner der für den Hausgebrauch läuft, sei's aus Spaß oder für seine Gesundheit, braucht physiologische Extremwerte. - Jemand, der Klavierspielen lernt, wird zwar hin und wieder, bzw.

immer mal wieder 'Fingerübungen' machen; aber wird nicht jeden Finger einzeln 'trainieren', solange bis er es zu artistischen Fähigkeiten erst eines kleinen Fingers gebracht hat, dann aller anderen Finger, erst an einer, dann an beiden Händen und sich erst dann ans Instrument setzen. Das wäre dort unsinnig und ist beim 'Sprechen' absolut überflüssig, kann doch jeder - i.allg. ab seinem 1.Lebensjahr - 'sprechen'. Also kann es auch in der sog.'Sprechbildung' nur darum gehen, 'hin und wieder, bzw. immer mal wieder' Übungen in jenen Elementarbereichen zu machen, die Kommunikationsschwierigkeiten auslösen können oder deren Differenzierung für bestimmte Kommunikationsprozesse erforderlich ist.

Wenn die Elementarprozesse - zugegeben manchmal eher 'schlecht als recht'- funktionieren, dann bedarf es keines synthetischen Übungsgangs von der Atmung über Stimmbildung und Lautbildung zum 'Sprechen'. Wer so additiv vorgeht, übersieht, daß von diesem reduktionistischen 'Sprechen' kein Weg zur Gesprächsfähigkeit führt; er übersieht aber auch innerhalb seines reduktionistischen Ansatzes, daß die Art der Atmung nichts aussagt über die Art der Stimmgebung, diese nichts über die Art der Lautbildung, diese nichts über die Art der Verständigung; genauer: daß jemand sehr wohl 'richtig' atmen, aber 'falsch' Stimme bilden, bzw. sehr wohl 'richtig' Stimme bilden, aber 'falsch' artikulieren kann. Wenn also im Bereich der 'Sprechbildung' (so die innerfachlich übliche Bezeichnung) Übungen erforderlich sind, dann geht es nicht um isolierte, sondern um koordinierte Funktionen, um eine Funktionseinheit, die kommunikativ mitwirkt an der Sinnkonstitution.

Die Japaner HIKI und OIZUMI haben die Funktionen sehr instruktiv dargestellt(1972:114):

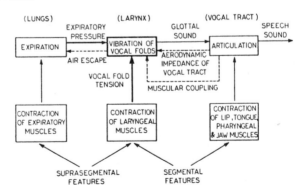

Allerdings bildet die Skizze nicht alle Funktionszusammenhänge ab, die zu
berücksichtigen sind. Es fehlt z.B., daß die genannten Organe noch andere
und biologisch ältere Funktionen zu erfüllen haben, also keineswegs nur
'Sprech'-Organe sind. Der 'Vokaltrakt' (Ansatzrohr) dient eben zunächst der
Luft- und Nahrungsaufnahme; der Kehlkopf zunächst als Schutzventil von Luftröhre und Lungen (bei der Nahrungsaufnahme, was sich beim 'Verschlucken'
bemerkbar macht); die Lungen zum lebensnotwendigen Gasaustausch. Dies bedeutet, daß in demselben Organbereich unterschiedliche Muskelkontraktionen
notwendig sind (Agonisten und Antagonisten). Sind nicht beide Arten der Muskeltätigkeit entwickelt, dann kommt es dazu, daß jemand immer zuviel oder
zuwenig Atemluft hat (Überluft oder 'Schnappen'), daß er mit dem Kehlkopf
in Schluckstellung Stimme bildet (preßt oder 'knödelt'), daß er 'verbissen'
Laute zerkleinert oder nuschelt.In der Skizze fehlen weiterhin die Steuerungsfunktionen, sowohl die neurophysiologischen (Gehirn)(vgl. ADERHOLD
1977:42ff.), als auch die auditiven (Gehör) und sensitiven (Muskel'sinn')
(dazu vgl. van RIPER/IRWIN 1970). Schließlich scheint es angebracht, die
in der Skizze zwar erwähnten segmentalen und suprasegmentalen Funktionen
weiter zu differenzieren (vgl.o. S. 75ff.).
Werden alle Ergänzungen berücksichtigt, dann kann die Funktionseinheit der
Elementarprozesse so dargestellt werden, daß die differenzierte Skizze
(vgl. nächste Seite) 1. sich am menschlichen Körper orientiert, 2. das
Zusammenwirken der 'Funktionskreise' veranschaulicht, und 3. biologische,
organische, sprechphysiologische und kommunikative Funktionen unterscheidet, 4. in ihrer Abhängigkeit von unterschiedlichen Steuerungsvorgängen.

Wenn es darum geht, die leibhafte Funktionseinheit der komplexen SprechHörtätigkeit zu optimaler Variabilität zu entwickeln, dann ist(wie gesagt)
isoliertes und in der Folge synthetisches Training einzelner Muskelgruppen
unsinnig. Es geht nicht um Muskeln, es geht um Menschen. Da aber selbst diese Aussage noch den 'Individualsprecher' meinen oder im Sinne LOCKEMANNs
idealistisch als 'Menschenbildung' (1954) verstanden werden könnte, muß präzisiert werden: Es geht um miteinandersprechende Menschen. "Die Sprechsituation der Sprechübungen ist grundsätzlich dialogisch" (FIUKOWSKI 1967:1); d.h.
'Sozialform' des Unterrichtens ist im Regelfall die Gruppe, nur in Ausnahmefällen ein einzelner. (Phasenweise ist die Arbeit im Sprachlabor möglich;
vgl. NAUMANN 1981/1, SLEMBEK 1979/2).

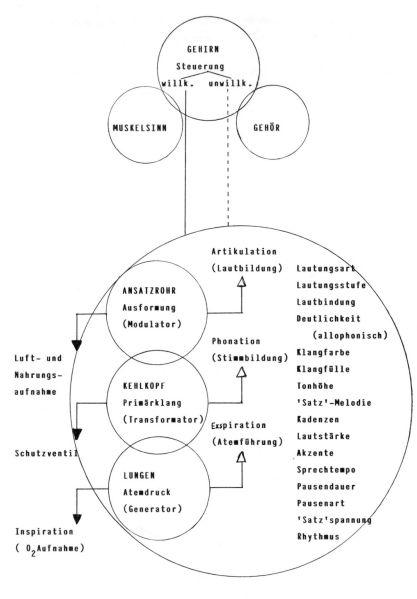

'Dreh-und Angelpunkt' von Sprechbildungsübungen ist die kommunikative Haltung und ihre Widerspiegelung in Körperhaltung. Beispielsweise ist da ein 'Ritter von der traurigen Gestalt', der nicht nur mit seiner Körperlänge nicht zurechtkommt, sondern mit sich selbst Schwierigkeiten hat, der stets hauchig und mit belegter Stimme spricht und dem Hörer durch seine 'verwaschene' Artikulation allerhand Zuwendung abverlangt; oder der 'drahtig' agile, der - häufig seine Selbstzweifel kompensierend - sich überall in Szene zu setzen versucht, der durch geringe oder große Lautheit, Unter- oder Überdeutlichkeit Aufmerksamkeit heischt usw.usw. Die lebensgeschichtlich geprägten Haltungen, habitualisiert in Erlebnissen und 'Erleidnissen' im Spannungsfeld von Distanz und Nähe, von Anerkennung und Ablehnung, bestimmen die Körperhaltungen von Zuwendung und Abwendung (beide als Unter- oder Überspannung), sowie die Mitteilungshaltungen des 'Teilhabegewährens,Teilnahmeheischens oder Teilnahmeschenkens' (vgl.KAULHAUSEN 1959:42ff.).Die in der Kommunikationsbiografie vermittelten psycho- und soziostrukturellen Prägungen sind eingegangen in Selbstbild und Fremdbild, in Sprechmuster und Hörmuster, in Selbstanspruch und Hör-Erwartung. Jeder Versuch, der nur an der 'Sprechweise' ansetzt, greift unvermeidlich zu kurz. Auch im Bereich der Elementarprozesse geht es nicht um 'skill-training', sondern um soziales Lernen. Dies gilt allgemein, also auch und besonders in der 'Sprecherziehung' künftiger Sprecherzieher.

Im Unterschied zu den allgemeinen Prinzipien einer Didaktik der Elementarprozesse lassen sich Methoden kaum allgemein beschreiben. Was im Kindergarten an Hör- und Sprechspielen angebracht ist, ist in einem Gesprächsseminar mit Lehrern unangebracht; was zum Erarbeiten des Unterschieds von Sprechen und Singen für Prediger taugt, taugt nicht in der Sekundarstufe II; Methoden zur Ausbildung der 'Rufstimme', z.B. für Sportlehrer, sind ungeeignet in der Arbeit mit Nachrichtensprechern; kontrastive Übungsverfahren mit Ausländerkindern sind nicht angebracht in der 'Sprechbildung' von Gewerkschaftern usw. Zwar ist in allen diesen Lernfeldern ein gesichertes physiologisches Hintergrundwissen unverzichtbar, aber in der 'Sprechbildung' ist nicht anatomisches und physiologisches Wissen zu lehren, sondern methodisch zu transformieren auf Ansprüche und Bedürfnisse der jeweiligen Lernergruppe, so daß die kommunikativen Funktionen der Elementarprozesse sich variabel entwickeln können. Kurz: Nicht Wissen, sondern Können. Das aber heißt: Nicht nur 'Sprechen'-können, sondern Hören- und Sprechenkönnen;ohne Diffe-

renzierung von Gehör und Muskelsinn (Körpergefühl, 'Organerfahrung') gibt
es keine Differenzierung des Sprechausdrucks.
Nach diesen Einschränkungen will ich versuchen, doch ein paar Methoden zu
nennen; ich denke dabei an Studentengruppen. Übungen zur 'Sprechbildung'
sind eingebettet in eine Lehrveranstaltung zum Zusammenhang von 'Sprache
und Sprechen', oder sie werden ausgegliedert aus Seminaren zur rhetorischen
oder aesthetischen Kommunikation, bzw. sie schließen sich an Erfahrungen in
den Schulpraktika an. Auch in diesem Feld sozialen Lernens ist das Feedback (s.o.) der anderen Teilnehmer die entscheidende 'Kontrollinstanz' und
das entscheidende 'Lernangebot'; entscheidender jedenfalls als das 'Messen'
an fremdgesetzten Normen.

4.1 Gehör (Hören - Zuhören vs. Abhören - Hörverstehen)

'Fokussieren': Nähe, Ferne; Hörbares im Raum, außerhalb; Richtungswechsel.
'Schall' unterscheiden: Geräusche, Klänge; naturhafte: z.B. Wind (sausenheulen), Wasser (plätschern-tropfen) usw.; 'menschliche': z.B. Arbeit (hämmern-sägen-umblättern), Bewegung (schlurfen-poltern) usw; im Unterschied zu
allen Formen von Natur'schall' vs. Sprach'schall': z.B. fremde Sprachen,
fremde Mundarten; speziell: Geräuschlaute, Klanglaute, Klanggeräuschlaute;
Deutlichkeitsstufen, Lautbindungen, Stufenwechsel; Tonhöhen, Stimmlagen,
Melodiebewegungen, Klangfarben (freundlich, ärgerlich usw.); Lautstärkewechsel, Akzente; Tempo, Tempowechsel, Pausen usw.Die Beispiele stammen
aus der jeweiligen Situation - Selbsteinschätzung vs. Fremdeinschätzung -
oder kommen von Schallplatte, bzw. Tonband.
Im Zusammenhang mit Seminaren zur Gesprächsanalyse sind deskriptive Notate
(der Suprasegmentalia) eine Hilfe (und Gegenstand heftiger Auseinandersetzung), in Seminaren zum Textsprechen die interpretative Notation. Mit
den zuletzt genannten Übungen wechselt die Zielsetzung vom Zuhören (bzw.
Abhören bei akustisch dokumentierten Sprechleistungen) ins Hörverstehen,
bei dem es um komplexes Sinnverstehen geht; (einige methodische Hinweise
wurden im 2.Kapitel gegeben).

4.2 Muskelsinn (Körpergefühl, 'Organerfahrung')

Grobmotorik (Körperhaltung, Gebärden, Kinesik, Proxemik): Spannung (vs.Gespanntheit) und Lösung (vs. Laschheit) erfahren; im Stehen (Lauf-, Grätschstellung; krumm, gestreckt), Gehen (tippeln, Schreiten; Tempo- und Richtungsänderungen), Sitzen (Beine parallel, übergeschlagen; vorgebeugt, rück-

gelehnt); falls räumlich möglich: auch im Liegen, beim Tanzen usw.
Auswirkungen auf Kopfhaltung, Hals, Schultern, Arme; unterschiedliche Wahrnehmungen: einzeln 'vor sich hin' oder 'in einer Gruppe'; beobachtet - unbeobachtet; zuwendend - abwendend; auf jemand zugehen - sich von jemand entfernen; möglich: Partnerübungen, unterschiedliche Abstände, Bewegungsfolgen nacheinander-miteinander ('Spiegel'bewegungen), also auch Partnerfeedback. Hierbei bereits Auswirkungen der Körperbewegungen auf den Atem wahrnehmen.
Feinmotorik (Gestik, Mimik, Phonomimik): z.B. Finger drohend-lockend-zeigend; Hand geöffnet-geballt, Ellbogen gebeugt-gestreckt usw.; Mund offenverkniffen, Mundwinkel, Nase glatt-kraus, Wangen eingesogen-aufgeblasen, Augen Blick 'leer'-gerichtet, Stirn Längs-Querfalten; Zunge locker-gezielt, Gaumensegel/Hinterzunge Rachenenge-Rachenweite, Kehle Gähnweite-Schluckenge.
Auch derartige Übungen werden aus einem kommunikativen Zusammenhang ausgegliedert; z.B. in einer Videoauswertung: "Du wirkst auf mich so steif", oder "Du redest mit X, setzt Dich aber abgewendet" usw. Auf die Nachfrage: "Wie soll ich denn Deiner Meinung nach stehen?" (bzw. der Leiterfrage:"Wie hätte sie sich denn hinstellen sollen?"),geht's dann ans 'Ausprobieren'.
Übungen dieser Art werden nicht nur - in beliebiger Reihenfolge - eingegliedert in Übungen zu anderen Funktionsbereichen (Atmung, Stimme, Lautung), sondern so schnell es möglich ist wieder in kommunikative Zusammenhänge; denn nur dort haben sie ihren funktionalen 'Stellenwert', nur darin läßt sich ihre jeweilige Bedeutung erkennen. Da es eine eineindeutige, allgemeingültige Zuordnung von Körperbewegungen und Ausdruck nicht gibt (vgl. das zur sog.'Körpersprache' Gesagte), sind situationslose Zuordnungsübungen sinnlos, es sei denn man begibt sich auf das Niveau der Scharlatanerie (vgl. etwa die Untersuchungen bei P.WINKLER u.a.1981 im Unterschied zu FAST und 'ähnlichen').

4.3 Stimme

In diesem Funktionsbereich geht es um die Umwandlung der Ausatmungsluft in Klang und dessen Differenzierung; d.h. um die der körperlichen Konstitution angemessene Stimmlage ('Ton'-höhe), Indifferenzlage, Stimm-Einsatz und Stimm-Ansatz (Resonanz), Formbarkeit des Ansatzrohres (vgl.Phonomimik) zur Klangfarbenveränderung und Melodieführung.
Die sog.Indifferenzlage liegt (nach Stimmbruch, bzw. -wechsel) i.allg. in der oberen Hälfte der unteren Oktav (des ungefähr zwei Oktaven umfassenden

Stimmumfangs); es gibt geschlechts-, alters- und sozialspezifische Unterschiede (vgl.SCHERER/GILES 1979). Die Indifferenzlage ist nach 'unten und oben' variierbar (wichtig für Melodiebewegung), teilton- (wichtig für Klangfarbendifferenzierung) und resonanzreich (Ausgleich sub-und supraglottaler Resonanz)(wichtig für Tragfähigkeit).

Indifferenzlage herausfinden (Summen, Brummen, 'spontane'Äußerungen),'fixieren' (hörend bewußtmachen;Klangvorstellung steuert Innervation);sichern ('Ton' halten, anschwellen, abschwellen lassen; Intervallübungen anschließen; jeder Schritt kehrt erst gleitend, dann springend in die Ausgangslage zurück; bei gehaltener Lage Lautstärke variieren usw.); erproben (z.B.Wortreihen in Ausgangslage, 'Höhe' variieren, dann Lautstärke, dann Melodie steigend-fallend usw.); übertragen auf (entsituierte) Redensarten; schließlich in eigenen Sprechhandlungen (bei wechselnder Emphase, unterschiedlichem Hörerbezug usw.). Sprachlabor möglich; besser: Partnerübungen (s.o. 'Muskelsinn'). 'Hoch'gestimmten erscheinen andere Stimmen oft als 'zu tief' und umgekehrt. (Hör-und Sprechmuster der Sozialisierenden und des jetzt Lehrenden!).

Bei emphatischer Stimmgebung verändern sich oft die 'Einsätze'(Form der Stimmritze,Glottis, im Augenblick der Phonation); ungünstig sind 'Hauch'-, bzw. Sprengeinsatz; oft Folge von Unter- (lasch), bzw. Überspannung (gereckt). ((Vorsicht: Es gibt auch unterspannende (hypotone) Stimmen bei überspannter (hypertoner) Gesamthaltung und umgekehrt!)); günstig, der sog. 'weiche' Stimmeinsatz, der sich vor stimmhaften Konsonanten bewußt machen und anüben läßt.

Stimmansatz (Ausformung des im Kehlkopf erzeugten Primärklangs durch 'Veränderung der Veränderlichen' im Ansatzrohr: Rachen, faukale Distanz, Zungenlage und -beweglichkeit, Wangenspannung, Kieferwinkel, Mundöffnung, Lippenformung; vgl.Phonomimik); 'obere' (supraglottale) Resonanz (Klänge anschwellen und abschwellen lassen usw.). Durch die Formung des Ansatzrohres werden aus dem teiltonreichen Primärklang (vgl. Indifferenzlage) einige Obertöne resonatorisch verstärkt, andere ausgefiltert; so entstehen bei gleicher Grundtonhöhe unterschiedliche Klangfarben: 1. zum Sprachsystem gehörende = Vokale, 2. sozialexpressive (lustig, traurig, heiter usw.), 3.subjektiv kennzeichnende (diagnostische). Ausprobieren: bleibende Grundtonhöhe bei sich ändernden Vokalen ('i' ist nicht 'höher' als 'u' usw.); erst gebunden, dann getrennt, in Wörtern mit unterschiedlichem 'Ausdruck';Redensarten in verschiedenen Klangfarben (z.B. Gruß- oder Abschiedsformeln).

4.4 Atmung

Wenn alle diese Stimm-Übungen gelingen, sind Atemübungen überflüssig; wenn nicht, ist es angebracht Übungen zur Sprechatmung (keine Atemgymnastik!) einzuschieben.

In diesem Funktionsbereich geht es nicht vorrangig um die Einatmung (Inspiration)(Atemvolumen, Vitalkapazität), auch nicht um die aphonische Ruhe- oder Leistungsatmung, sondern um die Phonationsatmung (lachen, weinen,stöhnen, seufzen, schreien, rufen, singen; vgl. H.G.1981/1:40ff.), in unserem Fall um die Sprechatmung; d.h. um das kontinuierliche 'Heranführen' einer ausreichenden Menge Ausatmungsluft an die Stimmlippen zur Umwandlung in Klang- oder Ausformung in Geräuschlaute. Dies ist abhängig von einer (vom konstitutionellen Atemrhythmus geprägten) elastischen Körperspannung (sog. "Spannhalte") im Zusammenspiel von Wirbelsäule (strecken-krümmen), Bauchdeckenmuskulatur(vorspannen-lockern),Brustkorb (aufspreizen-senken) und Zwerchfell (abflachen-aufwölben). Da das Zwerchfell (Hauptatmungsmuskel), (von dem die Bewegung der Lungen und damit die des Atems vor allem abhängt), i.allg. nicht bewußt gesteuert werden kann, muß es 'von außen' gesteuert werden, wenn kontinuierliche oder dosierte 'Luftabgabe' erreicht werden soll.

Überprüfen der Haltung (vgl.4.2 'Muskelsinn';ungünstig: ständig gestreckte Wirbelsäule, herausgereckter Brustkorb,eingesattelte Bauchdecke,Hohlkreuz, bzw. ständig gekrümmte Wirbelsäule, hängender Brustkorb,ungespannte Bauchdecke). - Überprüfen der Atembewegung (ungünstig: ausschließlich Hochatmung ('Brust'atmung), Hochziehen der Schultern). - Haltung, wenn nötig,verändern, um Atembewegung zu ändern (s.o. Grobmotorik). Übungssequenz: <u>Atem hörbar ausströmen lassen</u> (stimmlose 'Fließ'-Laute) - <u>Warten</u> auf den Einatmungsimpuls (gesteuert vom Atemzentrum, CO_2-Gehalt des Blutes, nicht vom 'Lufthunger' der Lungen) - <u>Einströmen lassen</u>(die beginnende Abflachbewegung des Zwerchfells wird zunächst spürbar im Kreuz oberhalb des Beckenrandes, dann leichtes Vorwölben der Bauchdecke, gleichzeitiges Ausschwenken der Flanken und 'Aufspreizen' des Brustkorbs mit Hilfe der äußeren Zwischenrippenmuskeln) - diese Bewegungsfolge mit aufgelegten Händen kontrollieren; dann (im Stehen) durch langsames,'geführtes' Anheben der Arme (nicht über, eher unter Schulterhöhe!) unterstützen - eingeströmte Luft <u>kurz verhalten</u> (Sprechbereitschaftsstellung) - dann <u>ausströmen lassen</u> (dabei die angehobenen Arme als 'Bremsen' langsam absenken) auf stimmlose oder stimmhafte Konsonanten (keine 'stummen' Atemübungen!); erst Dauerlaute, dann mit Unterbrechungen (ohne Lippenschluß !), dann abschwellend, anschwellend, schließlich bruchloses Wechseln von stimmlosen zu stimmhaften (homorganen) Konsonanten; öffnen zum Vokal usf. Diese Übungen - und es sind Vorübungen zur Ausspruchsplanung (vgl. WINKLER,DtSK 94ff.) und zur Gliederung von Äußerungen - sind nur möglich, wenn der Ausströmvorgang 'gebremst' wird; Gebremst werden kann nur die Entspannungsbewegung der an der Einatmung (Spannungsvorgang) beteiligten Muskelgruppen, d.h. vor allem, langsames Absenken des Brustkorbs, dies aber ist abhängig von einer beibehaltenen Spannung der Bauchdecke im Zusammenspiel mit einer leichten Streckhaltung der Wirbelsäule (die inneren Zwischenrippenmuskeln wirken mit).In verschiedenartigsten Übungen, auch Partner- und Gruppenübungen, gilt es den Muskelsinn für diese 'Stütze' zu entwickeln (COBLENZER/MUHAR geben eine Fülle von Beispielen, 1976). Da dieser Stützvorgang nicht nur den 'Rahmen' schafft für eine optimale Bewegung des Zwerchfells (in deren Folge auch für Entfaltung und Zusammenziehung der Lungen) und damit der Atemführung, sondern unmittelbar auf die Kehlkopfhaltemuskulatur einwirkt (auf die Brustbein-Schildknorpelmuskel, die den Kehlkopf 'tief stellen', also dafür sorgen, daß die Kehle 'weit' sein kann), handelt es sich nicht nur um eine Atem-, sondern zugleich um die Stimm-'Stütze'. Deshalb kann von einer gestützten (tragfähigen, modulationsreichen) Stimme auch auf 'richtige' Atmung geschlossen werden; umgekehrt garantiert eine noch so 'langer' Atem (z.B. Läufer, Schwimmer, Taucher) keineswegs eine tragfähige Stimme. Deshalb sagte ich einleitend; wenn die Stimme 'in Ordnung' ist, sind Atemübungen überflüssig.

4.5 Lautung

In diesem Funktionsbereich geht es um die phonetische Differenzierung der zum deutschen Sprachsystem gehörenden Phoneme; d.h. im Unterschied zur Vielzahl der im Ansatzrohr bildbaren Laute (Phone) interessieren vor allem die allophonischen Realisationen der 'kleinsten bedeutungsunterscheidenden Lautmale' (Phoneme),(vgl.HEIKE 1972; MEINHOLD-STOCK 1980).Dabei sind methodisch zwei Prinzipien leitend: 1. kein Laut definiert sich aus sich, sondern immer nur aus einer Opposition; folglich ist es sinnlos, Einzellaute zu üben, angemessen ist dagegen (und dies war sprecherzieherische Praxis Jahrzehnte vor 'Erfindung' der Phonologie) das Üben in Gegensatzpaaren (Minimalpaare; z.B. du-die, dort-fort,am-an, an-in,in-ihn).

2. kein Laut existiert für sich allein; im Sprechvollzug gibt es keine sog.
'Stellungslaute', sondern nur Bewegungsverflechtungen (vgl. LINDNER 1975),
sog. 'Koartikulationen'; d.h. die jeweiligen Nachbarlaute beeinflussen sich
gegenseitig, schon im einzelnen Wort, noch mehr in zusammenhängenden Äußerungen.

Hier ist der Hinweis angebracht, daß wir 'Laute' sprechen und keine 'Buchstaben', und daß die Buchstaben und Buchstabenfolgen (Graphemik) die Laute
(Phoneme und Allophone) und Lautfolgen (Phonotaktik) nur unzureichend abbilden: vgl. s+c+h =$[\int]$ oder verlegen =$[fɛɐˈleːɡən]$. Dies ist eine Quelle nicht unerheblicher Schwierigkeiten beim Unterricht im Erstlesen und
Erstschreiben; aber nicht nur dort - immerhin gibt es in unserem Land wahrscheinlich über 3 Millionen Sekundär-Analphabeten!.

Ich will hier weder eine - in der Kürze auch kaum mögliche - Beschreibung
aller durch Zungenlage und Lippenöffnung definierten Vokale und aller durch
Artikulationsart und - ort definierten Konsonanten geben, noch eine Beschreibung der üblichen und unüblichen Assimilationen und Kontraktionen,
bzw. Auslassungen - das alles ist vielfach und hervorragend beschrieben;
(für Grundlagen verweise ich auf die Aussprachwörterbücher: SIEBS,DUDEN,
Wörterbuch der deutschen Aussprache; auf die Phonetiken von O.v.ESSEN 1979,
K.KOHLER 1977, G.LINDNER 1981, P.MARTENS 1961; für Übungen auf die Lehrwerke z.B.von FIUKOWSKI 1967, KREUZER-PAWLOWSKI 1971, P.MARTENS 1961, WOLFF-ADERHOLD 1960, I.WEITHASE 1975).

Mir scheint es wichtiger, etwas zu den Übungsmaterialien zu sagen und vor
allem zur Sprechstufen- oder Varietätenproblematik (vgl. NABRINGS 1981,
WANDRUSZKA 1981). Wenn Koartikulation und phonematische Opposition die entscheidenden Grundlagen für Lautbildungsübungen sind, dann sind alle mit
Einzellauten (Lautsynthese) und Lauthäufungen (in Prosa und Vers) arbeitenden Lehrbücher als untauglich aussortiert.(Wenn schon Unsinn, dann keinen
mit Tiefgang HEYscher Prägung, es gibt genügend sinnvolle 'Unsinnspoesie';
vgl. H.G. 1965/2:90ff.) In Einzelphasen kann Visualisierung hilfreich sein,
wie sie (außer WÄNGLER 1964) vor allem P.MARTENS (1962-1966) in Abbildungen,
Dia-Reihen und Bildtafeln entwickelt hat.

Aber auch bei den Lehrwerken, die das Koartikulations-und Oppositionsprinzip zugrundelegen - sei es Lese und/oder Hörmaterial (auch für die Arbeit
im Sprachlabor) - stellt sich das Problem der Sprechstufe; d.h. die Frage,
welche Varietät seiner 'Muttersprache' soll der Lerner sich aneignen?

Wie soll z.B. ein erwachsener Sprecher, zu dessen regionaler Varietät Monophtongierung gehört

"de een vedeele lest kee eel me ren" (so gehört)

[dɔ ɛ:n ʃeːdɛ:lɛ lɛst kɛ: e:l mɔ rɛn]

sich zu der 'schriftnahen, überregionalen' Lautungsvarietät hinbewegen (lassen):

"der eine Verteiler läßt kein Öl mehr rein"

[deɐ̯ aɪnɔ ʃɛɐ̯'taɪlɐ lɛst kaɪn ø:l me:ɐ Raɪn]

die er - so wird frohgemut vorausgesetzt - freilich schreiben kann (können sollte), obwohl er (mit einem anderen der Realität entnommenen Beispiel) wahrscheinlich auch 'elowe' schreiben wird (soll heißen 'ölofen'),getreu der falschen Pädagogenformel: "Schreib, wie du (richtig?) sprichst!"
Die Beispiele werden die Problematik im Verhältnis von Rechtlautung (Orthoepie) und Rechtschreibung (Orthographie) verdeutlicht haben, wobei in beiden Fällen die Frage nach der das 'orthos',also die nach der normsetzenden Instanz zu stellen ist. Wichtiger als die Normproblematik ist mir aber im jetzigen Zusammenhang die Feststellung: Lautungsübungen (Rechtlautung),die sich nur vor den Karren einer ohnedies mehr als fragwürdigen Rechtschreibung spannen lassen, verfehlen ihr Ziel, nämlich Kommunikativität und Soziabilität zu entwickeln oder zu steigern.
Diese Feststellung besagt freilich nicht, daß ich in die verklärende Aura der neuen 'Dialektwelle' eintauchen möchte (zur Kritik vgl. AMMON 1978,AMMON u.a. 1978, auch RAMGE 1980).Die meist studierten Dialekt'pfleger' vermitteln im Dialekt (als großlandschaftlicher Varietät) weniger als in der (Orts-)Mundart eben nicht nur soziale Geborgenheit in Primärgruppen, sondern führen auch (oder lassen einfach) sozialromantisch auf die "grüne" Wiese, verkleistern die sozioökonomische Deprivation der meisten Nur-Dialektsprecher, schließen sie aus von der reflexiven Begriffsarbeit wie sie für kritische Auseinandersetzung mit politischer Theorie, Ökonomie ebenso erforderlich ist wie für die Lektüre und das Verständnis von Dichtung, verhindern die überregionale Artikulation (Medien!) der Bedürfnisse der Deprivierten und tragen so zur Stabilisierung des status quo bei.
Bei Mundart und Dialekt, Soziolekten und Umgangssprachen, Standard- und Hochsprache geht es doch gar nicht ausschließlich um Fragen der Aussprache und Melodie, sondern zugleich um Syntax, Morphologie und Lexikon, also um Denkmöglichkeiten, Ausdrucksmöglichkeiten und Verstehensfähigkeit.

Ich bin sicher, daß wir nicht alle "schon in unserer Muttersprache mehrsprachig sind" - wie WANDRUSZKA (1971:8)meinte - , deshalb ist für viele, für die meisten (?), bereits der schulische Erwerb einer anderen Varietät des Deutschen der Erwerb einer ersten 'Fremdsprache' - mit den schulüblichen 'Erfolgen'. Die rigide Forderung zwar nicht mehr nach Hochsprache in Hochlautung, sondern nach Standardsprache in Standardlautung überfordert nicht nur die meisten Mitbürger, sondern macht sie unsicher vor allem 'im öffentlichen Austausch' und festigt so die schweigende Mehrheit; aber genau dies erreichte auch die rigide Forderung nach Mundart in Mundartlautung oder Umgangssprache in Umgangslautung, gibt es doch überörtliche Denk- und Erlebniswelten (dabei wird noch nicht einmal'europäisch'oder 'global' argumentiert!). Aus kommunikativ-funktionalen Gründen ist also nicht nur in der Primarstufe 'Diglossie' angebracht,(womit ich nicht den taktischen Gebrauch von Mundart im Unterricht meine,)sondern 'Polyglossie', Variabilität in möglichst vielen, idealiter allen Varietäten des gegenwärtigen Deutsch. Variabilität auch in der Lautung (als segmentaler Basis) des Gesprochenen, die sich orientiert am gemeinverständlichen 'Standard', und der betrifft die Suprasegmentalia vielleicht in noch stärkerem Maße, kommen in ihnen doch soziale und situative Normen zum Ausdruck.

4.6 **Sprechausdruck**

Mit den skizzierten Methoden werden die einzelnen Funktionsbereiche, falls erforderlich, ausgegliedert aus der und eingegliedert in die Funktionseinheit (analytisch-synthetisches Verfahren); denn als Funktionseinheit wirken sie in allen Formen des Sprechens mit an der Sinnkonstitution. (Das wurde im 2.Kap. ausführlich beschrieben). Statt über isolierte Ausdrucksübungen führt deshalb der methodische Weg unmittelbar in die Formen transitorischer, sprachwerkerzeugender, bzw. textreproduzierender Sprech-Hörhandlungen. Bewußtmachen läßt sich die Variation der Sinnkonstitution durch unterschiedliche Sprechausdrucksmerkmale an 'entsituierten' Redensarten, die in vielen Ausdrucksvariationen 'permutiert' werden (vgl. H.G.RhpB 107f.). Dann gilt es, entsprechende Kommunikationssituationen zu schaffen, bzw. Sprechanlässe auszuwählen. Vom Vorlesen (vgl.WINKLER 1962, JESCH 1973:56ff.) führt dann der Weg in die Formen interpretierenden Textsprechens, vom Erzählen und Berichten in die Formen informativen oder persuasiven Sprechens. Erarbeitungsmethoden für Prozesse rhetorischer und aesthetischer Kommunikation wurden im 3.Kap. dargestellt.

Protokollbogen

In der pädagogischen Praxis ist es oft nicht leicht, die Besonderheiten einzelner Sprecher im differenzierten Bereich der 'Elementarprozesse' wahrzunehmen und sie sich zu 'merken'. Dies ist schon bei einem einzelnen Sprecher schwierig, um wie viel komplizierter ist es jedoch, wenn kurz hintereinander mehrere sprechen. Das ist immer dann der Fall, wenn die Arbeit mit neuen Gruppen beginnt, beispielsweise zu Beginn eines Schuljahrs, Semesters, Seminars oder Kurses. Werden dann Tonband- oder Videoaufnahmen gemacht als Grundlage des Feedback (vgl.o.S.42ff.), dann sollte der Lehrende sich bereits vorher seinen unmittelbaren Eindruck zu den 'Erscheinungsformen' notiert haben und nicht nur aus den medienvermittelten 'zehren'. Zu diesem Zweck habe ich - zuerst im Zusammenhang mit der Auswertung von Leseversuchen (vgl.1959/2) - einen 'Protokollbogen' entwickelt, der _für sämtliche Formen mündlicher Kommunikation_ verwendet werden kann. (Formular auf der folgenden Seite).

Die _Einträge_ (in den einzelnen Spalten) erfolgen _mit Hilfe von Pfeilen_, die ich auch hier den + / - / o Einträgen vorziehe; die Pfeile geben freilich keine absoluten Werte, sondern nur relative, bezogen auf den jeweiligen Sprecher, aber sie lassen sich gerade deshalb (ohne Analyseaufwand) sofort 'übersetzen' in den Gruppenprozeß.

Die Abkürzungen in der 'Kopfleiste' bedeuten:

A	Atmung (Auffälligkeiten; z.B. Arhythmien)
N	Nasalität (regionale oder 'pathologische')
F	sonstige 'Fehler' (z.B. Dysphonien etc.)
st	Stimmlage (Tonhöhe)
m	Melodie (Tonhöhenbewegung in den Äußerungen;Kadenzen)
kl	Klangfülle (die Klangfarben können nicht 'Pauschal' notiert werden)
b	Betonung (Häufigkeit und Stärke)
l	Lautheit (habituelle oder situative usw.)
t	Tempo (auch Variationen des Sprechtempos)
p	Pausen (hier nur Häufigkeit oder Dauer; nicht:Qualität)
d	Deutlichkeit (Abstufungen möglich?)
bd	Lautbindung (legato vs. staccato)
ma	Mundartlichkeit
sem	semantisch (Wortschatz, Umfang; Fachsprache)
syn	syntaktisch (Satzplanung, - länge)
Int	Intensität (Eindringlichkeit und Selbstbezug)
Hbz	Hörerbezug

In das Feedback werden in Lernsituationen nur die 'lernträchtigen' Eintragungen vorsichtig(!) übersetzt; also keine umfassende 'Diagnose' gegeben.

Nr	Name	Art	Funktion	A N F	st m k e l b e l t p l d b l wo	sw tp	lul Mz	Besonderes
1								
2								
3								
4								
5			Beispiel:					
6	Ein			∅ ↗ ?oophn	↗	↗	↑	kein StarkKontakt;
7	männlich					↗/↙	↑	vorgebogt
8								
9								
10								
11								
12								
13								
14								
15								
16								
17								
18								
19								
20								

Ich will hier nicht den Versuch machen, die 'Pfeile' meines Beispielsprechers zu kommentieren ich möchte nur ein paar Hinweise geben. Durch einige zusätzliche Strichverbindungen - die im Ernstfall oft erst beim Anhören von Tonband- oder Ansehen von Videoaufnahmen eingetragen werden (können) - habe ich die Verbindung zwischen einigen Auffälligkeiten zusätzlich markiert:

1) von einer vermuteten 'Dysphonie' zu 'hoher Stimmlage' bei gleichzeitig 'geringer Klangfülle';

2) von 'hohem Sprechtempo' und 'geringer Pausendauer' zu Schwierigkeiten bei der Planung von Langsätzen (LS).

In der pädagogischen Gruppensituation bedeutet dies für mich: <u>Auf keinen Fall mit den Stimm'befunden' anfangen</u> (wahrscheinlich noch nicht einmal, wenn aus der Gruppe Feedback auf die 'Stimme' gegeben werden sollte), sondern mit dem Zusammenhang von Sprechtempo und Satzplanung in ihrer Abhängigkeit vom geringen Hörerbezug; denn nur daran können wir gemeinsam - Gruppe, Sprecher und ich - in der Folgezeit arbeiten. Diese Begründung will ich verallgemeinern und verstärken: <u>Es wird nur das angesprochen, was im Rahmen des jeweiligen Lernprozesses verändert werden kann</u> (Leiterfeedback sollte nicht entarten zu neuerlicher Dominanz durch Expertenwissen).

Der 'Protokollbogen' eignet sich auch für Beobachtungen beim Vorlesen und interpretierenden Textsprechen - in beiden Fällen auch zum Vergleich aufeinanderfolgender Versuche - , nicht nur zur Gesprächs- und Redebeobachtung.

Er eignet sich außerdem dazu, in länger dauernden Lernprozessen, die Veränderungen festzuhalten, die sich im Verlauf ergeben; d.h. bei späteren Sprechleistungen - in weniger oder stärker 'gestreßten' Situationen, veränderter Nähe in der Gruppe, größerer Gruppenöffentlichkeit (s.o.S. 46ff.) - können die Veränderungen am 'Ersteintrag' mit jeweils anderen Farben markiert werden. Mit diesem Verfahren lassen sich allmählich auch die konstitutionellen und habituellen von den okkasionellen Erscheinungsformen unterscheiden (s.o.S.75ff.) und aufgrund dieser Unterscheidung, gestützt auf die Eintragungen, dem einzelnen TN ein verläßlicheres Feedback geben zum 'bereits Gelernten' und 'noch zu Lernenden'. In Kursen und Seminaren fragen TN immer wieder nach ihrem 'Stand', ihren Lernfortschritten.

Der 'Protokollbogen' ist schließlich ein hervorragendes Hilfsmittel für künftige Sprecherzieher zum Erlernen person- und sachbezogenen Zuhörens; denn die Verpflichtung zu differenzierten Einträgen erfordert eine differenzierte Wahrnehmungsfähigkeit. Diese ist für jeden Lehrenden im Gebiet der mündlichen Kommunikation allerdings nicht nur dazu nötig, daß er angemessene 'Einträge' machen kann, sondern sie ist für ihn eine der entscheidenden Voraussetzungen der Entwicklung der eigenen Gesprächsfähigkeit. Diese ist - wie im 1.Kapitel dargestellt wurde - die Voraussetzung für die Gesprächsfähigkeit der Lernenden.

LITERATUR

(Abkürzungen für Sammelbände, Zeitschriften und häufiger zitierte Werke)
AUSE 1927 Wenz, G. (Hg.). Der Deutsche Arbeitsunterricht. H. 1. SPRECHERZIEHUNG. Leipzig.
CE Communication Education (bis Vol. 24, ab 1975: Speech Teacher).
CM Communication Monographs (bis Vol. 42, ab 1975: Speech Monographs).
DtSK ^{2}1969 Winkler, Chr. Deutsche Sprechkunde und Sprecherziehung. Düsseldorf (1954), (mit Beiträgen von Erika Essen).
GrSE 1981 Berthold, S. (Hg.). Grundlagen der Sprecherziehung. Düsseldorf.
GSI 1985 Berthold, S. (Hg.). Gedichte sprechen und interpretieren: Konzepte und Beispiele für den Deutschunterricht ab 5. Schuljahr. Bonn.
IJRH Dyck, J. u.a. (Hg.). Rhetorik. Ein Internationales Jahrbuch. Stuttgart. Bd. I, 1980 ff.
MK 1983 Berthold, S. / Naumann, C. L. (Hg.). Mündliche Kommunikation im 5. - 10. Schuljahr. Bad Heilbrunn.
MSH 1986 Slembek, E. (Hgn.). Miteinander sprechen und handeln. Festschrift für Hellmut Geißner. Frankfurt.
QJS Quarterly Journal of Speech. Vol. 1, 1914.
RH ^{4}1978 Geißner, H. Rhetorik (bsv-Studienmaterial). München (1973).
RhKO $_2$1979 Geißner, H. (Hg.). Rhetorische Kommunikation = Praxis Deutsch, Heft 33.
RhpB ^{2}1981 Geißner, H. Rhetorik und politische Bildung. Königstein (1973).
RK $_{13}$1926 Drach, E. Die redenden Künste. Leipzig.
SE ^{13}1969 Drach, E. Sprecherziehung. Frankfurt (1922).
SKSE Sprechkunde und Sprecherziehung. Emsdetten. Bd. 1-4, 1951-1959.
SuS Sprache und Sprechen. Beiträge zur Sprechwissenschaft und Sprecherziehung. Bd. 1 (1968) - Bd. 7 (1979) Kastellaun; ab Bd. 8 (1982) Königstein/Frankfurt.
SW 1981 Geißner, H. Sprechwissenschaft. Theorie der mündlichen Kommunikation. Königstein.

***

(Einschlägige Bibliographien)
APPEL, G. u.a. 1980 A selected bibliography on temporal variables in speech. Tübingen.
BEHME, H. 1977 Zur Theorie und Praxis des Gesprächs in der Schule - eine Bibliographie. Katellaun.
BERGER, L. ^{2}1982 Sprechwissenschaft; in: KREUDER, H. D. Studienbibliographie Linguistik. Wiesbaden. (1974). 139-164.
BERTHOLD, S. 1981 Rollenspiel, Planspiel; in: KNAPP, A. Soziales Lernen im Unterricht. Ein kommentierter Literaturüberblick 1975-1980. Duisburg. 89-118.
CARLSEN, J. B. $_2$1973 Bibliography of studies in oral interpretation. New York.
DUKER, S. ^{2}1968 Listening Bibliography. Metuchen, N.J.
DYCK, J. 1980 Bibliographie zur Argumentationsforschung 1966-1978; in: IJRH, Bd. 1, 153-159.
GEISSNER, H. 1968 Sprechkunde und Sprecherziehung. Bibliographie der deutschsprachigen Literatur 1955-1965. Düsseldorf.
HUDSON, H. H. et al. (eds.) 1976 An index to studies in the oral interpretation of literature. 1911-1975. New York.
JAMISON, R. / DYCK, J. (Hg.) 1982 Rhetorik - Topik - Argumentation. Bibliographie zur Redelehre und Rhetorikforschung im deutschsprachigen Raum 1945-1979/80. Stuttgart.
KRUGER, A. N. ^{2}1975 Argumentation and debate. A classified bibliography. Metuchen, N.J.
MATLON, J. R. 1980 Index to journals in communication studies through 1979. Annandale, V.A.
MEIER, R. 1984 Bibliographie zur Intonation. Tübingen.
PETRIE, C. R. 1963 Informative speaking. A summary and bibliography of related research; in: Speech Monographs XXX, 79-91.
SIMON, G. 1974 Bibliographie zur Soziolinguistik. Tübingen.
SCHINDLER, F. / THÜRMANN, E. 1971 Bibliographie zur Phonetik und Phonologie des Deutschen. Tübingen
WINKLER, Chr. 1955 Deutsches Schrifttum zur Sprechkunde und Sprecherziehung aus den Jahren 1945-1954; in: SKSE II, 117-142.

ADERHOLD, E. ²1977 Sprecherziehung des Schauspielers. Wilhelmshaven (DDR: 1963).
ADORNO, Th. W. 1958 Rede über Lyrik und Gesellschaft; in: ders.: Noten zur Literatur I. Frankfurt. 73-104.
ders. 1970 Ästhetische Theorie. Frankfurt.
ders. 1971 Kritik. Frankfurt.
---- 1978 Handbuch zum kommunikativen Sprachunterricht. Weinheim-Basel.
AHLBORN, H.-U. 1975 Kommunikation und Lernprozeß. Zur Praxis pädagogischer Beeinflussung (Überreden - Überzeugen). Stuttgart.
ALLHOFF, D. (Hg.) 1983 Mündliche Kommunikation: Störungen und Therapie = SuS 10. Frankfurt.
ders. (Hg.) 1983 Sprechpädagogik - Sprechtherapie = SuS 11. Frankfurt.
ders. 1983 Beobachtungs- und Verhaltenstraining zur nonverbalen Kommunikation; in: MK. 118-133.
ders. 1984 Verständlichkeit gesprochener Sprache. Zum Stand der Forschung; in: Sprechen. Oktober, 16-30.
ALLHOFF, D. u. W. ⁶1986 Rhetorik und Kommunikation. Regensburg. (1976).
AMMON, U. ²1977 Probleme der Soziolinguistik. Tübingen.
ders. 1978 Schulschwierigkeiten von Dialektsprechern. Weinheim-Basel.
AMMON/KNOOP/RADTKE (Hg.) 1978 Grundlagen einer dialektorientierten Sprachdidaktik. Weinheim.
ANTOS, G. 1982 Grundlagen einer Theorie des Formulierens. Tübingen.
ANTONS, K. 1973 Die Praxis der Gruppendynamik. Göttingen.
APEL, K. O. 1963 Das Leibapriori der Erkenntnis; in: Archiv f. Philosophie 12, 152-172.
ARENDS, F. 1955 Der neue Weg der Sprachlehre und die Sprecherziehung in der Schule; in: SKSE II, 11-32.
ARNOLD, C. C. / BOWERS, J. W. (Hg.) 1984 Handbook of Rhetorical and Communication Theory. Boston.
ARNOLD, K.-H. 1981 Der Situationsbegriff in den Sozialwissenschaften. Zur Definition eines erziehungswissenschaftlichen Situationsbegriffs. Weinheim-Basel.
ASMUTH, B. 1977 Die Entwicklung des deutschen Schulaufsatzes aus der Rhetorik; in: PLETT, H. F. (Hg.). Rhetorik. München. 276-292.
AUER, J. J. / JENKINSON, E. B. (Hg.) 1971/1 On teaching speech in Elementary and Junior High Schools. Bloomington-London.
dies. (Hg.) 1971/2 Essays on teaching speech in the High Schools. Bloomington-London.
AUWÄRTER, M. 1982 Sprachgebrauch in Abhängigkeit von Merkmalen der Sprecher und der Sprechsituation. Berlin.
BACKLUND, PH. M. et al. 1982 Recommendations for assessing speaking and listening skills; in: CE 31, 9-17.
BACON, W. A. 1974 Oral interpretation and the teaching of literature in secondary schools. (ERIC-Report). Urbana, Ill.
BARTSCH, E. 1974/1 Sprecherziehung; in: Schr. d. Päd. Inst. Düsseldorf. Beiheft 13, 45-60.
ders. 1974/2 Die Funktion der Sprechkunde in der Ausbildung des Deutschlehrers. Düsseldorf. (Schriften des Päd. Instituts 20).
ders. 1977 'Mündliche Kommunikation' als Gegenstand des Deutschstudiums. Beispiel einer Integration in die Einführungsveranstaltung; in: SuS 6, 133-168.
ders. 1979 Grundkomponenten mündlicher Textproduktion; in: RhKO 9.
ders. 1981 Thesen zu einer Didaktik der praktischen Rhetorik; in: GrSE, 50-59.
ders. (Hg.) 1982 Mündliche Kommunikation in der Schule = SuS 8. Königstein.
ders. 1982 Zukünftige Aufgaben der Schule im Lernfeld 'Mündliche Kommunikation'; in: SuS 8, 263-294.
ders. 1985 Elementare gesprächsrhetorische Operationen im 'small talk' und ihr Einfluß auf Gesprächsprozesse; in: SuS 15, 115-132.
ders. 1986 Zum Verhältnis von Gefühlsaussage und rationaler Begrifflichkeit im Prozeß des Redehandelns; in: MSH. 15-25.
BAUMHAUER, O.-A. 1986 Die sophistische Rhetorik. Eine Theorie sprachlicher Kommunikation. Stuttgart.

BAURMANN, J. 1984 Mündlicher Sprachgebrauch; in: BAURMANN/HOPPE (Hg.). Handbuch für Deutschlehrer. Stuttgart/Berlin. 258-280.
BAURMANN/CHERUBIM/REHBOCK (Hg.) 1981 Neben-Kommunikation. Beobachtungen und Analysen zum nichtoffiziellen Schülerverhalten innerhalb und außerhalb des Unterrichts. Braunschweig.
BAUSCH, K.-H. / GROSSE, S. (Hg.) 1985 Praktische Rhetorik. Mannheim.
BAUSINGER, H. 1972 Deutsch für Deutsche. Dialekt, Sprachbarrieren, Sondersprachen. Frankfurt.
BAYER, K. (Hg.) 1982 Studienfach: Mündliche Kommunikation. Paderborn.
BAYER, K. 1984 Mündliche Kommunikation; in: HOPSTER, N. (Hg.). Handbuch 'Deutsch' für Schule und Hochschule. Paderborn. 307-333.
BECK, M. 1982 Redepädagogik in der DDR. Unveröffentlichte Magisterarbeit. Landau.
BECK, O. / HOFEN, N. 1978 Medien und ihr Einsatz im Deutschunterricht der Primarstufe; in: HANNIG, C. (Hgn.). Deutschunterricht in der Primarstufe. Neuwied. 61-90.
BECK, O. 1979 Theorie und Praxis der Aufsatzbeurteilung. Bochum.
ders. 1982 Sprachstandsanalysen; in: Festschrift f. A. Beinlich. Vechta. 32-46.
BEHME, H. 1985 Miteinander reden lernen. Sprechspiele im Unterricht. München.
BENES, E. 1968 Die Ausklammerung im Deutschen als grammatische Norm und stilistischer Effekt; in: Muttersprache 78, 289-298.
ders. 1973 Thema-Rhema-Gliederung und Textlinguistik; in: Studien zur Texttheorie und zur deutschen Grammatik. Düsseldorf. 42-62.
BENSE, M. 1963 Theorie der Texte. Köln.
BENSE, M. / DÖHL, R. 1965 Die Stuttgarter Gruppe; in: Manuskripte (Graz) Nr. 13, 2-3.
BERGER, L. (Hg.) 1984 Sprechausdruck = SuS 13. Frankfurt.
ders. 1985 Zum Sprechausdruck von Ironie; in: SuS 15, 161-172.
BERTALANFFY, L. v. 1968 General System Theory. New York.
BERTHOLD, S. 1979 Methoden der Anleitung zum verständlichen Reden; in: RhKO. 45-47.
ders. 1981/1 Möglichkeiten und Grenzen der Fünfsatzmethode in der Gesprächs- und Redepädagogik; in: GrSE. 81-102.
ders. 1981/2 Förderung des Gruppenhandelns durch Rollenspiel im Deutschunterricht; in: KLAFKI/MEYER/WEBER (Hg.). Gruppenarbeit im Grundschulunterricht. Paderborn/München. 71-101.
ders. 1982 Partner- und Gruppenarbeit im Deutschunterricht; in: SuS 8, 81-90.
ders. 1983 Hörverstehensübungen; in: Sprechen. Oktober, 17-25.
ders. 1983 Kontrollierter Dialog und freies Meinungsinterview als Übungsformen partnerzentrierten Sprechens; in: MK. 42-49.
BETTEN, A. 1976 Ellipsen, Anakoluthe und Parenthesen. Fälle für Grammatik, Stilistik, Sprechakttheorie oder Konversationsanalyse; in: Dt. Sprache 4, 207-230.
dies. 1977 Erforschung gesprochener deutscher Standardsprache; in: Dt. Sprache 5, 335-361 und 6, 21-41.
BEYER, K. / KREUDER, H. D. 1975 Lernziel: Kommunikation. Linguistik für die Schule. Stuttgart.
BIERWISCH, M. 1966 Regeln für die Intonation deutscher Sätze; in: Stud. Gramm. VII, 99-201.
BIESSNER, S. I. 1982 Die Intention als Determinante für Vollzug und Didaktik der Sprechkommunikation. Frankfurt/Bern.
BOLINGER, D.(Hg.)1972 Intonation. Harmondsworth.
BORMANN, E. u.a. 1971 (dt.) Kommunikation in Unternehmen und Verwaltung. München.
BOOK, C. L. / PAPPAS, E. J. 1981 The status of speech communication in secondary schools in the United States: An update; in: CE 30, 199-208.
BOOR, H. de / MOSER, H. / WINKLER, C. (Hg.) [19]1969 SIEBS. Deutsche Aussprache. Reine und gemäßigte Hochlautung mit einem Aussprachewörterbuch. Berlin.
BORCHERS, G. L. 1967 Speech education. Philosophy, objectives, content; in: BROOKS, K.(Hg.). The communicative arts and sciences of speech. Columbus/Ohio. 512-521.
BRANDT, W. 1984 Sprechgeschwindigkeit in Fußballreportagen des Hörfunks; in: SuS 13, 97-110.
BRAUNROTH, M.u.a.1975 Ansätze und Aufgaben einer linguistischen Pragmatik. Frankfurt.

BREMERICH-VOSS,A.1983 In der Schule über Schule argumentieren; in: MK. 147-154.
BROOKS, W. D.   1969 The status of speech in secondary schools: A summary of state studies;
                      in: CE 18, 276-281.
BRUNER/OLVER/GREENFIELD 1971 (dt.) Studien zur kognitiven Entwicklung. Stuttgart.
BRUNER/RAUSCHENBACH/STEINHILBER 1978 Gestörte Kommunikation in der Schule. München.
BUBLITZ, W.   1978 Ausdrucksweisen der Sprechereinstellung. Tübingen.
BÜHLER, K.   1934 Sprachtheorie. Jena.
BÜSCHEL, G.   1984 Sprechen in der Sonderschule für Lernbehinderte; in: Sonderpädagogik
                      14, 97-104.
CAPUTO, J. S.   1980 A functional taxonomy to observe and describe nonverbal behavior in
                      naturalistic settings; in: Australian SCAN of Nonverbal Communication.
                      Brisbane, 43-55.
CHRISTIANS, H.   1927 Prosa und Gedicht im Deutschunterricht; in: AUSE. 51-70.
CLEVENGER, Th. jr.1966 Audience analysis. Indianapolis, N.Y.
COBLENZER/MUHAR 1976 Atem und Stimme. Wien.
COHEN, E.   1977 Oral interpretation: The communication of literature. Chicago.
CONDON, J. S.   1969 Probleme bei Abstraktionen auf hoher Ebene: Die Weisheitsmaschine;
                      in:Allgemeinsemantik und Verhalten. Eine Didaktik mündlicher Kommu-
                      nikation. Darmstadt. 49-54.
CONQUERGOOD, D. 1985 Communication as Performance; in: SuS 15, 11-28.
COOPER, P.   1981 Speech communication for the classroom teacher. Dubuque, Iowa.
COULMAS, F.   1981 Routine in Gesprächen. Wiesbaden.
CRONKHITE, G.   1969 Persuasion. Indianapolis, N.Y.
CUTLER, A. / LADD, D. R. 1983 Prosody. Berlin.
DAHMEN, K.   1979 Rhetorische Kommunikation als Friedenserziehung?; in: DAHMEN, R.(Hg.).
                      Erziehung zur politischen Mündigkeit. Otzenhausen. 56-70.
DAHMEN, R.   1979 Ansätze politischer Bildung und rhetorischer Kommunikation; in: ders.
                      (Hg.). Erziehung zur politischen Mündigkeit. Otzenhausen. 38-55.
DANEŠ, F.   1970 Zur linguistischen Analyse der Textstruktur; in: Fol. Ling. IV, 72-78.
DEETHARDT, J. F. 1967 A history of speech education in the Volksschule, Mittelschule and
                      Gymnasium of the West German state of Hessen 1945-1965. PhD-Diss.
                      Northwestern University.
ders.   1970 Speech education in Germany; in: CASMIR/HARMS (Hg.). International
                      studies of national speech education systems. Minneapolis, Minn. 65-90.
DIECKMANN, W.   1981 Diskussion und Demokratie. Zum Diskussionsbegriff in der schulischen
                      Gesprächserziehung; in: ders. (Hg.) Politische Sprache. Politische
                      Kommunikation. Heidelberg. 159-186.
ders.   1984 Ist die Parlamentarische Debatte ein "Organisiertes Streitgespräch"?
                      Zum Problem der Gesprächstypologie in Sprach- und Sprechwissenschaft;
                      in: SuS 12, 79-99.
DIEGRITZ/ROSENBUSCH 1977 Kommunikation zwischen Schülern. München.
DITTMANN, J.   1981 Konstitutionsprobleme und Prinzipien einer Kommunikativen Grammatik;
                      in: SCHRÖDER/STEGER (Hg.). Dialogforschung. Düsseldorf. 135-177.
DRACH, E.   1927 Grundlagen der Sprecherziehung; in: AUSE. 17-29.
ders.   1937 Grundgedanken der deutschen Satzlehre. Frankfurt.
DROMMEL, R.   1974 Probleme, Methoden und Ergebnisse der Pausenforschung. Köln.
DYCK, J. (Hg.)   1974 Rhetorik in der Schule. Kronberg.
ders.   1980 Argumentation in der Schule; in: IJRH I, 135-152.
EHLICH, K. (Hg.) 1980 Erzählen im Alltag. Frankfurt.
ders.   1981/1 Schulischer Diskurs als Dialog?; in: SCHRÖDER/STEGER (Hg.). Dialog-
                      forschung. Düsseldorf. 334-369.
ders.   1981/2 Spracherfahrungen zur Sprechhandlungssituation von Kindern auslän-
                      discher Arbeiter; in: NELDE, P. u.a. (Hg.). Sprachprobleme bei Gast-
                      arbeiterkindern. Tübingen. 23-40.
ders.   1981/3 Intonation des gesprochenen Deutsch: Aufzeichnung, Analyse, Lehre;

EHLICH, K.   in: Kopenhagener Beiträge zur Germanistischen Linguistik. 418, 46-93.
EHLICH, K.   1984 Erzählen in der Schule. Tübingen.
EHLICH, K. / REHBEIN, J. 1976/1 Sprache im Unterricht; in: stud. ling. 1, 47-69.
dies.   1976/2 Halbinterpretative Arbeitstranskriptionen (HIAT); in: Linguistische Berichte 45, 21-41.
dies.   1979/1 Erweiterte Halbinterpretative Arbeitstranskriptionen (HIAT 2): Intonation; in: Linguistische Berichte 59, 51-75.
dies.   1979/2 Sprachliche Handlungsmuster; in: SOEFFNER, H.-G. (Hg.). Interpretative Verfahren in den Sozial- und Textwissenschaften. Stuttgart. 243-274.
dies.   1981 Zur Notierung nonverbaler Kommunikation für diskursanalytische Zwecke; in: WINKLER, P. (Hg.). Methoden der Analyse von Face-to-Face-Situationen. Stuttgart. 302-329.
dies.   1983 Kommunikation in Schule und Hochschule. Tübingen.
EHRLICH, B.   1979/1 Einführung in den Fünfsatz (Sek. I); in: RhKO. 39-40.
dies.   1979/2 Eine Rede ist keine Schreibe (Sek. I); in: RhKO. 37-38.
dies.   1982 Einige Produktionsbedingungen mündlicher Kommunikation in der Schule; in: SuS 8, 45-50.
ENGELMANN, S.   1927 Die Erziehung zum freien Sprechen durch den deutschen Unterricht; in: AUSE. 42-51.
ESSEN, E.   1955 Übungen zum Erzählen; in: SKSE II, 33-42.
dies.   1957 Das Unterrichtsgespräch im Oberstufenunterricht der Gymnasien; in: SKSE III, 121-124.
dies.   1969 Sprachbildung und Sprecherziehung im Deutschunterricht; in: SuS 2, 48-58.
dies.   1972 Zur Sprechsituation im pädagogischen Bezug des Schulunterrichts; in: SuS 3, 55-58.
dies.   1979 Textsprechen als Literaturunterricht; in: SuS 7, 9-18.
dies.   1982 Die Formel 'Mündliche Kommunikation' und der Rahmenbegriff 'Sprechsituation'. Zur Theorie und Praxis der Gesprächsbildung im Fach Deutsch; in: SuS 8, 211-228.
ESSEN, O. v. ^{2}1964 Grundzüge der hochdeutschen Satzintonation. Ratingen.
ders. ^{5}1979 Allgemeine und angewandte Phonetik. Darmstadt.
FAFNER, J.   1979 Rhythmus und gesprochene Dichtung; in: SuS 7, 19-28.
FAST, J.   1971 (dt.) Körpersprache. Reinbek.
ders. $_2$1981 (dt.) Die Geschäftssprache des Körpers. München.
FEIST, H. ^{2}1952 Sprechen und Sprachpflege. Berlin.
FILLMORE, C. J.   1976 Frame semantics and the nature of language; in: HARNAD et al. (Hg.). Origin and evolution of language and speech. New York.
FINE, E.   1984 The Folklore Text. From Performance to Print. Bloomington.
FITTKAU, B. / MÜLLER-WOLF, H.-M. / SCHULZ VON THUN, F. ^{3}1983 Kommunizieren lernen (und umlernen). Braunschweig.
FIUKOWSKI, H.   1967 Sprecherzieherisches Elementarbuch. Leipzig.
FRAGSTEIN, T. v.   1982 Körperlichkeit des Sprechens und Sprechausdrucks; in: LOTZMANN, G. (Hg.). Nonverbale ... 9-13.
ders.   1983 Funktionelle Sinnstörungen als Kommunikationsstörungen; in: SuS 11, 17-48.
FRANCK, D.   1980 Grammatik und Konversation. Königstein.
FRANKE, W.   1983 Erzählen; in: Deutsche Sprache 11, 235-249.
FREDRICH, R.(Hg.) 1985 Übungen zur Phonetik der deutschen Sprache unter kommunikativem Aspekt. Halle/Saale.
FREETH, D. / CRADOCK, P. ^{2}1975 American vs. British debating; in: KRUGER, A. N. (Hg.). Counterpoint. Debates about Debate. Metuchen, N.J. 297-299.
FRICKE, W.   1983 Frei Reden. Köln.
FRIED, L.   1981 Spiele und Übungen zur Lautbildung. Weinheim-Basel.
FUNK, D.   1985 Theodor Fontane. "Die Brücke am Tay"; in: GSI. 57-85.

FUSSHÖLLER, L.	1951	Sprecherziehung als Erziehunq zum ganzheitlichen Menschen; in: SKSE I, 13-26.
GATZEMEIER, M.	1976	Argumentationslehre im schulischen Unterricht; in: Diskussion Deutsch. 384-398.
GEISSLER, K.A.	1983	Anfangssituationen. München.
GEISSNER, H.	1956	Stumme Poesie?; in: Neue Deutsche Hefte 26, 157-160.
ders.	1957	Formen des Gesprächs; in: SKSE III, 27-44.
ders.	1958	Sprecherziehung im Deutschunterricht mit Ausländern; in: Deutschunterricht für Ausländer 6, 165-172 und 2/3(1959), 84-86.
ders.	1959/1	Heinrich von Kleists Anekdote aus dem letzten preußischen Kriege; in: Deutschunterricht für Ausländer 5/6, 153-164.
ders.	1959/2	Ergebnisse eines Leseversuchs; in: SKSE IV, 31-36.
ders.	1960	Soziale Rollen als Sprechrollen; in: Kongreßbericht der Gemeinschaftstagung für allgemeine und angewandte Phonetik. Hamburg. 194-204.
ders.	1963	Sprecherziehung als Erwachsenenbildung; in: Hessische Blätter für Volksbildung 1, 2-16.
ders.	1965/1	Schallplattenanalysen - Gesprochene Dichtung. Saarbrücken.
ders.	1965/2	Sprechen; in: Grundlagen der Schauspielkunst. Velber. 57-98.
ders.	1967	Hörspiel als Sprachspiel; in: Schulfunk (SR) 33, 95-102.
ders.	1968	Der Fünfsatz. Ein Kapitel Redetheorie und Redepädagogik; in: Wirkendes Wort 4, 258-278.
ders.	1969	Rede in der Öffentlichkeit. Eine Einführung i. d. Rhetorik. Stuttgart.
ders.	1970/1	Spiel mit Hörer; in: SCHÖNING, K. (Hg.). Neues Hörspiel. Frankf. 92-107.
ders.	1970/2	Sprechwissenschaftliche Aspekte aesthetischer Kommunikation anhand Max Benses 'jetzt'-Text; in: WALTHER, E. / HARIG, L. (Hg.). Muster möglicher Welten. Wiesbaden. 56-62.
ders.	1972	Formen des Gesprächs. Didaktik der rhetorischen Kommunikation. Ein Kursmodell; in: Außerschulische Bildung 1; erweitert in: RhpB. 37-72.
ders.	1973/1	Formen der Rede. Didaktik der rhetorischen Kommunikation. Ein Kursmodell; in: RhpB. 115-172.
ders.	1973/2	Zur Phänomenologie des dichterischen Rhythmus; in: SuS 4, 24-39.
ders.	1973/3	Sprechen - Hören - Verstehen. Sprecherziehung in der Schule; in: Schulfunk (SR/SWF/SF). H. 1, 38-55.
ders.	1973/4	Sprecherziehung in der Vorschule; in: mitteilungen DGSS. H. 1, 13-21.
ders.	1974	Mündliche und schriftliche Berichte. Rhetorische Analyse; in: Kongreßbericht der 5. Jahrestagung der GAL. Heidelberg. 249-255.
ders.	1975/1	Klären und streiten; in: Reden und reden lassen. Rhetorische Kommunikation. Stuttgart. 59-75. (Begleitbuch zur gleichnamigen TV-Reihe).
ders.	1975/2	Rhetorik in der Schule. Konsequenzen für Lehrerstudium und Unterricht; in: RhpB. 21-35.
ders.	1977/1	Überzeugen vs. Überreden. Zum Doppelcharakter der Persuasion; in: PLETT, H. F. (Hg.). Rhetorik. München. 233-239.
ders.	1977/2	Überzeugungshindernisse (Kommunikationsbarrieren); in: ebd., 239-251.
ders.	1977/3	Rhetorische Kommunikation im Unterricht; in: ebd., 293-303.
ders.	1977/4	Ludwig Harig; in: WEBER, D. (Hg.). Deutsche Literatur der Gegenwart. II. Stuttgart. 180-206.
ders.	1978/1	Sprecherziehung und Spracherwerb; in: Kongreßber. GAL. Stuttg. 131-142.
ders.	1978/2	Sprechplatten für Kinder. Ein Kapitel Medien- und Literaturdidaktik. in: HANNIG, C. (Hgn.). Deutschunterricht i.d. Primarstufe. Neuwied. 107-119.
ders.	1979	Rhetorische Kommunikation (Basisartikel); in: RhKO. 10-21.
ders.	1980	Über das Dialogische im Fünfsatz. Ein Beitrag zum Sprechdenken und Hörverstehen beim Argumentieren; in: KÜHLWEIN/RAASCH (HG.). Sprache und Verstehen. I. Tübingen. 32-42.
ders.	1981/1	Über die Entwicklung der Sprechwissenschaft und einige Grundfragen der Sprecherziehung; in: GrSE. 30-49.

ders.	1981/2	Funktionen des Sprechausdrucks; in: Die Sprachheilarbeit 1, 33-43.
ders.	1981/3	Sprechenlernen-Lehren / Sprechenlehren-Lernen?; in: KÜHLWEIN/RAASCH (Hg.). Sprache: Lehren - Lernen. Tübingen. Bd. 1, 105-113.
ders.	1981/4	Über Zielkonflikte im Sprachunterricht für Gastarbeiterkinder; in: NELDE, P. (Hg.). Sprachprobleme bei Gastarbeiterkindern. Tübingen. 9-22.
ders.	1981/5	Therapeutische Kommunikation zwischen Reparaturgesinnung und Allmachtsphantasie; in: SuS 10, 9-20.
ders.	1982/1	Die Bedeutung der Sprechhandlungstheorie für die Konzeption mündlicher Kommunikation in der Schule; in: SuS 8, 229-262.
ders.	1982/2	Gesprächsrhetorik; in: lili 43/44, 66-89.
ders.	1982/3	Gesprächsanalyse : Gesprächshermeneutik; in: KÜHLWEIN/RAASCH (Hg.). Stil: Komponenten - Wirkungen. I. Tübingen. 37-48.
ders.	1984/1	Über Hörmuster; in: SuS 12, 13-56.
ders.	1984/2	Funktionen des Sprechausdrucks in der Sinnkonstitution; in: SuS 13, 9-26.
ders.	1984/3	Dialekt - "grüne" Sprache der Heimat?; in: KÜHLWEIN, W. (Hg.). Sprache - Kultur - Gesellschaft. Tübingen. 129-130.
ders.	1985/1	Miteinanderreden. Über Kommunikation in alltäglichen Situationen; in: Sprechen 1, 4-20.
ders.	1985/2	Helmut Heißenbüttel: "Von I Punkt ..."; in: GSI. 101-105.
ders.	1985/3	Eugen Gomringer: "Worte sind Schatten"; in: GSI. 95-99.
ders.	1985/4	"Verwandlungen der Welt". Zur Sprache in den Gedichten der Nelly Sachs; in: Protokolle der Evangel. Akademie Hofgeismar 218, 36-63.
ders.	1985/5	Mit Gründen streiten (Argumentationspraxis); in: Diskussion Deutsch 82, 140-151.
ders.	1985/6	Mündliche Kommunikation als Performanz von Glück; in: SuS 15, 29-50.
ders.	1986	"Der Hörer predigt mit". Über Sinnkonstitution in Prozessen rhetorischer Kommunikation; in: BUSCHBECK/LEMKE (Hg.). Leben lernen im Horizont des Glaubens. Landau. 169-179.
GEISSNER, H. / GEISSNER, U.	1974	Sprecherziehung: Mündliche Kommunikation; in: HANNIG, Chr. (Hgn.). Zur Sprache des Kindes im Grundschulalter. Kronberg. 163-183.
dies.	1975	Trainerleitfaden zu 'Reden und reden lassen'. Rhetorische Kommunikation. Stuttgart.
GEISSNER, H. / HARRIES, H.	1979	Politische Sprache. Bewertungsmuster unter rhetorischem Aspekt; in: Loccumer Protokolle 20, 24-36.
GEISSNER, H. / SCHNORRENBERG, J.	1980	Sprecherziehung; in: KÜHLWEIN/RAASCH (Hg.). Angewandte Linguistik. Tübingen. 113-118.
GEISSNER, U.	1975/1	Das Gesprächsverlaufssoziogramm; in: SuS 5, 49-82.
dies.	1975/2	Beraten und Ratsuchen; in: Reden und reden lassen. Stuttgart. 41-57.
dies.	1975/3	Lehren und Lernen; in: Reden und reden lassen. Stuttgart. 77-93.
dies.	1975/4	Vorschläge zur mündlichen Kommunikation auf der Orientierungsstufe; in: Projektgruppe Deutsch. Arbeitsbericht 6, Mündliche Kommunikation. Dortmund. 33-72.
dies.	1978	Gesprächserziehung in der Grundschule; in: HANNIG, Chr. (Hgn.). Deutschunterricht in der Primarstufe. Neuwied. 25-41.
dies.	1979	Gespräche lehren; in: RhKO. 41-44.
dies.	1980	Lob und Tadel; in: RAMGE, H. (Hg.). Studien zum sprachlichen Handeln im Unterricht. Gießen. 109-131.
dies.	1981.	Eltern lehren ihre Kinder sprechen - wer lehrt sie?; in: LOTZMANN, G. (Hg.). Familientherapie bei Sprach-, Sprech- und Hörstörungen. München. 49-63.
dies.	1985	Lehrerreaktionen und sprecherischer Ausdruck. Zur Relevanz von suprasegmentalen Merkmalen in Unterrichtsprozessen. Wettenberg.
GENTGES, I.	1957	Das Wort im Laienspiel; in: SKSE I, 27-50.
GLASER, H.	1972	Das öffentliche Deutsch. Frankfurt.
GLINZ, H.	1969	Sprechen und Sprache - Gedanken zum Ort der Sprecherziehung im Ganzen der Sprach- und Literaturwissenschaft; in: SuS 2, 9-28.

GLÜCKLICH, H.-J. 1981 Rhetorik - Unterrichtsmethode und Unterrichtsgegenstand; in: lili 43/44, 90-109.
GOEPPERT, H. C. (Hgn.) 1977 Sprachverhalten im Unterricht. München.
GOFFMAN, E. 1971 (dt.) Verhalten in sozialen Situationen. Gütersloh.
ders. 1981 Forms of Talk. Philadelphia.
GOOSSENS, J. 1977 Deutsche Dialektologie. Berlin.
GOTTLIEB, M. 1980 Oral Interpretation. New York.
GRÜNWALDT, H.-J. 1984 Mündliche Kommunikationsübungen. Frankfurt.
GÜNTHER, H. 1973 Funktionsanalyse der Literatur; in: KOLBE, J. (Hg.). Neue Ansichten einer künftigen Germanistik. München. 174-184.
GUTENBERG, N. 1979/1 Mit Fragen leiten; in: ZS f. germanistische Linguistik 1/2, 55-125.
ders. 1979/2 Gespräch und Interesse - Skizze eines Prozeßmodells für Klärungs- und Streitgespräche; in: DAHMEN, R. (Hg.). Erziehung zur politischen Mündigkeit. Otzenhausen. 91-129.
ders. 1979/3 Theater und Rhetorik; in: SuS 7, 49-71.
ders. 1981 Formen des Sprechens. Göppingen.
ders. 1982 "Der Chef brüllte den Krause an ...". Sprechakttypen und rollenspezifische Sprechwesen; in: SuS 8, 185-198.
ders. 1983/1 Sprechstile. Ansätze einer sprechwissenschaftlichen Stilistik; in: SANDIG, B. (Hgn.). Gesprächsstile. I. Hildesheim. 209-286.
ders. 1983/2 Phatisches Sprechen in der Sprechtherapie; in: SuS 11, 113-144.
ders. (Hg.) 1984 Hören und Beurteilen = SuS 12. Frankfurt.
ders. 1984 Sprechwissenschaftliches Hören und Beurteilen; in: SuS 12, 159-176.
ders. 1984 Hermeneutisch-Analytische Notation (HAN). Ein Verfahren zur Notation von Sprechausdruck in Gesprächen; in: SuS 12, 177-208.
ders. 1985 Sprechspielen. Vorüberlegungen zu einer sprechwissenschaftlichen Theorie von 'Sprechen und Spielen'; in: SuS 15, 147-159.
ders. 1985 Sprecherische Arbeit an Gedichten. Eine Methodenübersicht; in: GSI. 11-23.
ders. 1985 Kurt Schwitters: "An Anna Blume". Ein Spiel-Gedicht. Vorschläge für eine sprechspielerische Erarbeitung; in: GSI. 87-94.
ders. 1986 Supervision und Sprecherziehung; in: Sprechen 1, 4-18.
HAASE, K.-C. 1973 Die Bedeutung des Lehrervortrags für den Literaturunterricht auf der Primar- und Sekundarstufe; in: SuS 4, 87-98.
HAASE, K. C. / JOSWIG, H. 1977 Rhetorische Kommunikationskompetenz durch Sprecherziehung?; in: SuS 6, 169-182.
HANNIG, Chr. ^{2}1979 Vom Stichwortzettel zur Rede (Primarstufe); in: RhKO. 26-28.
HARTH, K. L. ^{2}1976 Deutsch sprechen lesen vortragen reden. Weimar.
HARTIG, M. (Hg.) 1981 Angewandte Soziolinguistik. Tübingen.
ders. 1982 Sozialer Wandel und Sprachwandel. Expl. Studie zur Entwicklung der Dialektfunktion in unserer Gesellschaft. Tübingen.
HARTUNG, W. D. u.a. 1977 Normen in der sprachlichen Kommunikation. Berlin (DDR).
ders. 1977 Zum Inhalt des Normbegriffs in der Linguistik; in: ebd., 9-69.
HARTUNG, W. 1981 Soziolinguistik und kommunikative Praxis; in: HARTIG (Hg.). Angewandte Soziolinguistik. Tübingen. 23-31.
HEIKE, G. 1969 Suprasegmentale Analyse. Marburg.
ders. 1972 Phonologie. Stuttgart.
HELFRICH; H. 1985 Satzmelodie und Sprachwahrnehmung. Berlin.
HELMIG, G. 1972 Gesprochene und geschriebene Sprache und ihre Übergänge; in: Der Deutschunterricht 24, 5-25.
HENGSTENBERG, P. 1980 Suprasegmentalia und Aspekte ihrer Vermittlung in sprachlichen Lehr- und Lernprozessen. Tübingen.
HENNE, H. / REHBOCK, H. ^{2}1982 Einführung in die Gesprächsanalyse. Berlin. (1979).
HENNING, J. / HUTH, L. 1975 Kommunikation als Problem der Linguistik. Göttingen.
HERRMANN, T. 1982 Sprechen und Situationen. Berlin.

HIKI, S./OIZUMI, J. 1972 A model of speech organs; in: Papers in Interdisciplinary speech research. Proceedings of the speech symposium, Szeged 1971. Budapest. 113-116.
HÖFFE, W. L. 1959 Zur Grundlegung des Leseunterrichts; in: SKSE IV, 72-84.
ders. 1965 Gesprochene Sprache. Ratingen.
ders. ²1966/1 Sprachlicher Ausdrucksgehalt und akustische Struktur. Ratingen.
ders. ²1966/2 Die Deutschstunde. Ratingen.
ders. 1967 Sprechgestaltende Interpretation von Dichtung in der Schule. Ratingen.
ders. 1971 Hören - Verstehen - Formulieren. Ratingen.
ders. 1972 Vorüberlegungen zu experimentellen Untersuchungen zum Fragenkreis: Hören-Verstehen-Formulieren; in: SuS 3, 71-78.
ders. 1973 Die Medien; in: Wissen im Überblick. Die Literatur. Freiburg. 146-171.
HÖRMANN, H. 1976 Meinen und Verstehen. Frankfurt.
ders. 1980 Der Vorgang des Verstehens; in: KÜHLWEIN/RAASCH (Hg.). Sprache und Verstehen. I. Tübingen. 17-29.
ders. 1981 Einführung in die Psycholinguistik. Darmstadt.
HOLLY, W. 1979 Imagearbeit in Gesprächen. Tübingen.
HOLTZ, G. 1977 Rhetorik und Mündigkeit; in: HOLTZ/WOLFANGER (Hg.) Sprachformen der Politik. (Deutschunterricht i.d. Sek. I). 2 Bde. Stuttgart. I, 7-45.
HÜPPI, H. M. ²1969 Sprecherziehung. Anweisungen u. Übungen f.d. Deutschschweizer. Frauenfeld.
INGARDEN, R. ²1960 Das literarische Kunstwerk. Tübingen.
JAMIESON, G. H 1985 Communication and Persuasion. London.
JANNING, J. 1974 Volksmärchen und Schallplatte, untersucht am Beispiel "Die Sternthaler'. Ein Beitrag zur literarischen Erziehung aus sprechkundlicher Sicht; in: Wirkendes Wort 24, 178-193.
ders. 1977 Einer sagt's dem andern - und was daaus wird; in: Muttersprache 82, 43-51.
ders. 1980 Zur sprechgestaltenden Gedichtinterpretation auf d. Sek. I; in: DU 32, 35-39.
ders. 1981 Reim und Waise als Klangspiel und ihre inhaltliche Resonanz. Zur Form-Inhalt-Beziehung in sprechgestaltender Interpretation; in: GrSE. 103-113.
ders. 1983 Erzählen im Deutschunterricht der Sekundarstufe I; in: MK. 134-146.
ders. 1986 Märchen auf Tonträgern; in: DINGES, O. u.a. (Hg.). Märchen in Erziehung und Unterricht. Kassel. 205-213.
JEHN, P. 1981 Praktischer Diskurs und praxisbezogene Rhetorik. Überlegungen zu ihrer Unvereinbarkeit. Mit einem Unterrichtsmodell; in: IJRH II, 19-48.
JESCH, J. ²1968 Prosa von Band und Platte; in: SuS 1, 127-133.
ders. ²1973 Grundlagen der Sprecherziehung. Berlin.
ders. 1979 Informierendes Sprechen (Sek. I); in: RhKO. 48-50.
JESCH, J./STOFFEL, R. M. 1977 Informierendes Sprechen; in: SuS 6, 183-204.
JOHNS-LEWIS, C. (Hg.) 1986 Intonation in Discource. London.
JÖRG, Th. 1969 James Krüss, ein Klangartist des Kindergedichts; in: SuS 2, 137-150.
JOST, W. 1981 Zur spezifik der hörerrolle in institutionalisierten großgruppen: am beispiel des schulischen Unterrichts; in: BAUERMANN u.a. (Hg.). Neben-Kommunikation. Braunschweig. 89-106.
JUNG, D. 1980 Sinnkonstitution durch Schülerantworten und Unterrichtsverlauf; in: RAMGE, H. (Hg.). Stud. z. sprachl. Handeln i. Unterricht. Gießen. 77-108.
KALLMEYER, W. 1981 Aushandlung und Bedeutungskonstitution; in: SCHRÖDER/STEGER (Hg.). Dialogforschung. Düsseldorf. 89-127.
KAULHAUSEN, M.-H. 1949 Die Formen der Mitteilung und Goethes Morphologie; in: Muttersprache, 221-230.
dies. ²1949/2 Sprecherziehung im Deutschunterricht; in: Der Deutschunterricht 8, 49-66.
dies. ²1952 Die Typen des Sprechens und ihr Wert für die Sprecherziehung. Emsdetten.
dies. ²1955 Die Bildungswerte des Dichtungssprechens; in: SKSE II, 87-96.
dies. ²1959 Das gesprochene Gedicht und seine Gestalt. Göttingen.
KAUS, R. 1984 Rhetorik und Pädagogik. Phil. Diss. Universität Bonn.
KIENPOINTNER, M. 1983 Argumentationsanalyse. Innsbruck.

KILLERT-NELL, H. / NAUMANN, C. L. 1981 Der autoinformative Sprechtest; in: GrSE. 125-134.
KINDT, W. / WEINGARTEN, R. 1984 Verständigungsprobleme; in: Deutsche Sprache 3, 193-218.
KIPARSKY, P.   1966 Über den deutschen Akzent; in: Studia Grammatica VII, 69-98.
KIRST, W.-D.   1981 Kurt Schumacher als Redner. Eine rhetorische Analyse. Gießen.
KLAFKI, W.   1976 Zum Verhältnis von Didaktik und Methodik; in: ZS f. Päd. 22, 77-94.
KLARE, Th. / KROPE, P. 1977 Verständigung über Alltagsnormen. Ein Kursprogramm für den Sekundarunterricht. München.
KLEIN, W.   1985 Gesprochene Sprache - geschriebene Sprache; in: lili 59, 9-35.
ders.   1986 Intonation und Satzmodalität in einfachen Fällen: Einige Beobachtungen; in: MSH. 161-177.
KLIEWER, H.H.   1973 Kinder hören Platten. Vorschläge f. d. Primarstufe; in: DDU 25, 25-34.
ders.   1974 Elemente und Formen der Lyrik. Ein Curriculum f. d. Primarstufe. Hohengehren.
ders.   1981 Lehrer zwischen Text und Schüler; in: Diskussion Deutsch 57, 64-75.
ders.   1984 Texte zum Hören; in: BAURMANN / HOPPE (Hg.). Handbuch für Deutschlehrer. Stuttgart/Berlin. 378-393.
KNAPP, M. L.   1980 Essentials of Nonverbal Communication. New York.
KOCH, H.-W.   1971 Varia Semiotica. Hildesheim.
KOCHAN, D. C / WALLRABENSTEIN, W. (Hg.) 1974 Ansichten eines kommunikationsbezogenen Deutschunterrichts. Kronberg.
KOHLER, K. J.   1977 Einführung in die Phonetik des Deutschen. Berlin.
KOPPERSCHMIDT, J. 1981 Argumentation und Hochschule; in: GrSE. 10-29.
ders.   1985 Rhetorica. Hildesheim.
KOPPERSCHMIDT, J. / SCHANZE, H. (Hg.) 1985 Argumente - Argumentation. München.
KRÄMER, H.   ²1982 Rhetorik. Franfurt/Bern.
KRAPPMANN, L.   ²1972 Soziologische Dimension der Identität. Stuttgart.
KRAUSE, S.   1971 Leitfaden der Sprecherziehung.
KRECH, E.-M.   1984 Zur Frage der situativen Bedingungen bei der sprechkünstlerischen Kommunikation; in: Hallesche Studien z. Wirkung v. Sprache u. Literatur. 8, 63-75.
dies.   1986 Sprechkünstlerische Kommunikation; in: MSH. 179-188.
KRECH / RICHTER / SUTTNER / STOCK 1981 Hallesche Standpunkte zur gesprochenen Sprache. Ihre Grundlegung und ihr Werden. Halle/Saale.
KRECH, E.-M. / STOCK, E. (Hg.) 1982 Sprechwirkungsforschung. Halle/Saale.
KREUZER, U. / PAWLOWSKI, K. 1971 Deutsche Hochlautung. Praktische Aussprachelehre. Stuttgart. (mit Tonbandprogramm).
KRÜGER, J. / PABST, M. 1979 Teilprogrammierte Lerneinheit 'Sprechbildung' in 13 Lektionen; in: Kongreßbericht GAL. Heidelberg. IV, 136-144.
KUHLMANN, W.   1951 Das Verhalten zur Dichtung, erläutert an den Begriffen: Zitieren, Rezitieren, Deklamieren; in: SKSE I, 63-79.
ders.   ⁷1963/1 Sprechkundliches Hören und Urteilen. Freiburg.
ders.   ⁴1963/2 Deutsche Aussprache. Lehr- und Lesebuch für Ausländer. Freiburg.
ders.   ⁴1963/3 Schule des Sprechens. Lehr- u. Lesebuch f. Deutsch-Sprechende. Freiburg.
ders.   1966/1 Von den Arten der Rede und des Gesprächs; in: Beiträge zur Sprechkunde. Freiburg. H. 3., 25-39.
ders.   1966/2 Rhetorische Analyse; in: ebd., 41-57.
KÜHLWEIN, W.   1981 Die 'Soziolinguistisierung' der Sprachwissenschaft; in: HARTIG, M. (Hg.). Angewandte Soziolinguistik. Tübingen. 13-22.
KÜHN, R.   1977 Rhetorik als Sozialtechnologie. Bonn.
dies.   1985 Performanz oder Showbusiness?; in: SuS 15, 101-113.
dies.   1986 Prolegomena zu einer Theorie und Geschichte der Sprechkunst im 20. Jahrhundert; in: MSH. 189-202.
KUHS, C.   1982 Förderung des stimmlichen und sprecherischen Ausdrucks mit methodischen Hinweisen für partnerbezogene Übungen; in: SuS 8, 25-43.
KUMETAT, H.   1957/1 Wir lesen, erzählen, berichten. Arbeitsbogen zur Sprecherziehung. Dortmund. H. 1; H. 2/3 ebd. 1959.

ders.   1957/2 Pflege der Gesprächsformen in der Schule; in: SKSE III, 125-139.
ders.   1965/1 Gesprächsführung in den Situationen des Jenaplans; in: MIESKES, H.
                             (Hg.). Jenaplan. Anruf und Antwort. Oberursel. 83-111.
ders.   1965/2 Sprecherziehung und muttersprachlicher Unterricht; in: Blätter für
                             Lehrerfortbildung 17, 246-252.
KURKA, E. (Hg.)   1965   Probleme der Rede und Ausdrucksschulung. Halle/Saale.
KURKA, E. / SUTTNER, J. (Hg.) 1968 Methodische Probleme der Sprecherziehung. Halle/Saale.
KURKA, E.   ⁴1978   Reproduzierendes Sprechdenken; in: RH. 131-137.
ders.   1980   Die deutschen Aussprachenormen im 19. Jahrhundert. Entwicklungstenden-
                             zen und Probleme ihrer Kodifizierung vor 1898; in: Studien z. dt. Sprach-
                             geschichte d. 19. Jhdts. Arbeitsber. 66/II. Akad. d. Wiss. DDR. 1-67.
LAING, R. u.a.   ₃⁴1978 (dt.) Interpersonelle Wahrnehmung. Frankfurt.
LANGE, G.   ³1971   Orthoepische Übungen. Bayreuth.
ders. (Hg.)   ⁵1975   Breviarium Rhetoricum. Bayreuth.
LANGENMAYR, M.   1979   Sprachliche Kommunikation. München.
LANTERMANN, E. D.   1980   Interaktion. Person, Situation und Handlung. München.
LEBEDE, H.   1927   Dramatisches Spiel als Mittel d. Sprech- u. Kunsterziehung. in: AUSE. 85-100.
ders.   ₆1939   Erziehung zum Sprechen. Im Anschluß an die neuen Lehrpläne 1938. Frankfurt.
LEE, C. / GURA, T.   ₂1982   Oral Interpretation. Boston.
LEITHÄUSER, Th.   ²1979   Formen des Alltagsbewußtsein. Frankfurt/New York.
LEITHÄUSER, Th. / VOLMERG, B. 1979 Anleitung zu einer empirischen Hermeneutik. Frankfurt.
LEONT'EV, A. A.   1971   (dt.) Sprache- Sprechen - Sprechtätigkeit. Stuttgart.
ders.   1975   (dt.) Psycholinguistische Einheiten und die Erzeugung sprachlicher
                             Äußerungen. München.
ders.   1982   (dt.) Psychologie des sprachlichen Verkehrs. Weinheim.
LEUCK, H. G.   1984   Mündliche Kommunikation als Gegenstand der Management-Weiterbildung.
                             Spardorf.
LINDNER, R.   1975   Der Sprechbewegungsablauf. Eine phonet. Studie d. Deutschen. Berlin(DDR).
ders.   1981   Grundlagen und Anwendung der Phonetik. Berlin (DDR).
LIST, G.   1981   Sprachpsychologie. Stuttgart.
LOCKEMANN, F.   1951   Die Spannung des Satzes und das Lesen; in: SKSE I, 81-92.
ders.   1954   Sprecherziehung als Menschenbildung. Heidelberg.
LOTMAN, J.   1973   (dt.) Die Struktur des künstlerischen Textes. Frankfurt.
ders.   1977   (dt.) Text und Funktion; in: ZIMA, P.V.(Hg.). Textsemiotik und Ideo-
                             logiekritik. München. 149-164.
LOTZMANN, G.   1970   Künstlerische Komposition und stimmlicher Ausdruck bei Bertold Brecht;
                             in: Proceedings 6th Int. Congress of Phonetic Sciences. Prague. 575-578.
ders.   1973   Die Bedeutung der Artikulationsbasis für die normative Lautbildung;
                             in: SuS 4, 126-134.
ders. (Hg.)   1974/1 Sprach- und Sprechnormen. Heidelberg.
ders.   1974/2 Sprechwissenschaftliche Aspekte zur Aussprachenormierung des Deut-
                             schen; in: ders. (Hg.). Sprach- und Sprechnormen. Heidelberg. 65-83.
ders.   1975   Stimme und Kommunikation, in: ders. (Hg.). Sprachrehabilitation durch
                             Kommunikation. München/Basel. 81-90.
ders. (Hg.)   1982   Nonverbale und verbale Ausdrucksgestaltung in der Behandlung von Sprech-,
                             Sprach- und Hörstörungen. Weinheim/Basel.
ders.   1982   Sprechausdruck; in: ebd., 38-49.
ders. (Hg.)   1982   Mündliche Kommunikation in Studium und Ausbildung = SuS 9. Königstein.
ders.   1984   Zur Realisation der Standardsprache durch Sprecherzieher; in: Sprechen.
                             April, 4 -14.
ders.   1985   Praktische Rhetorik - Rhetorische Kommunikation aus sprechwissenschaft-
                             licher Sicht; in: BAUSCH/GROSSE (Hg.). Praktische Rhetorik. 82-96.
ders.   1985   Zu den Anfängen der Sprechkunst im Rahmen sprechkundlich-sprecherzie-
                             herischer Lehrveranstaltungen; in: Sprechen 2, 25-33.
ders. (Hg.)   1986   Sprechangst in ihrer Beziehung zu Kommunikationsstörungen. Berlin.

LUFT, J.   1974   (dt.) Einführung in die Gruppendynamik. Stuttgart.
LÜKEN, D.   1985   Zur Gedichtrezitation im Zeitalter der Medien. Eine vergleichende
                        Diskographie; in: GSI, 157-167.
LUKACS, G.   ³1968 Literatursoziologie. Neuwied.
LUTTER, M.   1985   Sprecherziehung in der Kollegstufe des Gymnasiums? Eine Bestandsauf-
                        nahme; in: Sprechen 1, 29-46.
MAAS, U.   1974   Argumente f.d. Emanzipation von Sprachstudium und Sprachunterricht. Ffm.
ders.   1976   Kann man Sprache lehren? Für einen anderen Sprachunterricht. Frankfurt.
MALEY, A. / DUFF, A. 1981 (dt.) Szenisches Spiel und freies Sprechen im Fremdsprachen-
                        unterricht. München.
MANGOLD, M.   1961   Laut und Schrift im Deutschen. Mannheim. (Duden Beiträge H. 3).
ders.   ₂1972   Deutsche Vokale und Gymnasialaussprache; in: SuS 3, 79-92.
ders.   ²1974 Aussprachewörterbuch. Wörterbuch der deutschen Standardaussprache.
                        (Der Große DUDEN, Bd.6). Mannheim/Wien/Zürich.
ders.   1985   Entstehung und Problematik der deutschen Hochlautung; in: BESCH / REICH-
                        MANN / SONDEREGGER (Hg.). Sprachgeschichte. Berlin/New York. 1495-1501.
MARKOWITZ, J.   1979   Die soziale Situation. Frankfurt.
MARTENS, C. und P.   1961   Phonetik der deutschen Sprache. München.
dies.   1962   Übungstexte zur deutschen Aussprache. München.
dies.   1962/2 Deutsche Aussprache (Schallplatte mit Beiheft). München.
dies.   1963/1 Deutsche Lauttafeln. München.
dies.   1963/2 Deutsche Laute im Bild (Diaserie). München.
dies.   1966   Abbildungen zu den deutschen Lauten. München.
MARTENS, P.   1977   Verfahren zur Darstellung des deutschen Lautsystems; in: SuS 6, 11-89.
ders.   1981   Hamburgisch; in: Deutsche Dialekte. Textbuch mit Compact-Casetten.
                        Bonn. 258-388.
ders.   1986   Hinweis auf einige Probleme bei der Decodierung orthographischer Signale
                        in der Fremdsprache Deutsch; in: Sprechen 1, 50-60.
MATT, P.   1968   Sprechausdruck (Literaturbericht); in: SuS 1, 31-42.
McBATH, J. H. / JEFFREY, R. J. 1978 Defining speech communication; in: CE 27, 181-188.
McCROSKEY, J. C. ⁴1982 ₂An Introduction to Rhetorical Communication. Englewood Cliffs, N.J.
MEINHOLD, G. / STOCK, E. ²1982 Phonologie der deutschen Gegenwartssprache. Leipzig. (1980).
MERKEL, J. / NAGEL, M. (Hg.) 1982 Erzählen. Reinbek.
MICHEL, G. u.a. 1985   Grundfragen der Kommunikationsbefähigung. Leipzig.
MIHM, A.   1981   Mündliche Kommunikation; in: ZABEL, H. (Hg.). Studienbuch: Einführung
                        in die Didaktik d. deutschen Sprache u. Literatur. Paderborn. 184-195.
MILLER, R. G. / FRYE, J. K. 1980 Australian SCAN on nonverbal communication. Brisbane.
MUCHOW, H. H.   ₂1960 Sexualreife und Sozialstruktur der Jugend. Reinbek.
MUKAROVSKY, J.   ³1978 (dt.) Kapitel aus der Ästhetik. Frankfurt.
NABRINGS, K.   1981   Sprachliche Varietäten. Tübingen.
NAGL, L.   1974   T-Gruppe, Organisation, Institution; in: HEINTEL, P. (Hg.). Das ist
                        Gruppendynamik. München. 38-59.
NAUMANN, C. L.   1981/1 Hörtraining im Rechtschreibunterricht. Bericht über e. Versuch mit dem
                        Sprachlabor; in: KÜHLWEIN/RAASCH (Hg.). Sprache: Lehren-Lernen II. 149-152.
ders.   ²1981/2 Sprecherziehung; in: NÜNDEL, E. (Hg.). Lexikon z. Deutschunterricht.
                        München. 465-461.
ders.   1983   Therapeutische Aspekte d. Sprechbildung im Sprachlabor; in: SuS 11, 30-34.
ders.   1985   Dialekt und Sprachstörungen. Hildesheim. (= Germanist. Linguistik. Bd. 81).
ders.   1986   Die Rolle der gesprochenen Sprache für das System der Rechtschreibung und
                        für ihren Erwerb. (Druck i. Vorb.).
NAUMANN, C. L. / KETTENISS, V. 1983 Über einen Zusammenhang von Dialekt, Umgangssprache,
                        Sprachbildung und Rechtschreibschwierigkeiten; in: MK. 155-168.
NOOTEBOOM, S. G. / BROKX, J. P. L. / de ROOIG, J. J. 1978 Contributions of prosody to speech per-
                        ception; in: LEVELT / FLORES D'ARCAIS (H.). Studies in the perception of
                        language. Chicester, N.Y. 75-107.

OCKEL, E.   1974 Rhetorik im Deutschunterricht. Göppingen.
ders.   1977/1 Emotionalität als vernachlässigte Basisstruktur von Sprecherstrategien;
                        in: Wirkendes Wort. 369-385.
ders.   1977/2 Rezeption der rhetorik in curriculumentwicklung und fachdidaktik; in:
                        Wirkendes Wort. 81-104.
ders.   1977/3 Spiel u. Gespräch als wesentl. Faktoren d. Sozialisation; in: SuS 6, 230-243.
ders.   1979 Stellenwert des Textsprechens in den Richtlinien des Deutschunterrichts; in:
                        SuS 7, 73-91.
ders.   1980 Akustische Textanalyse. Eine Methode des Literaturunterrichts; in: Diskussion Deutsch 11, 406-425.
ders.   1982 Vorlesen - eine vernachlässigte Fähigkeit; in: DU 34, 101-105.
ders.   1983 Störungen im Vorleseprozeß; in: Wirkendes Wort 33, 177-190.
ders.   1984 Untersuchung des Vorlesens; in: Sprache u. Gesellschaft. Tübingen. 26-42.
ders.   1985 Zur Didaktik u. Methodik d. Vorlesens; in: Diskussion Deutsch 85, 541-569.
ders.   1986 Märchen erzählen. Kritische Analyse von Beispielen der akustischen Vermarktung; in: Muttersprache 96, 13-32.
ders.   1986 Vorlesen als Textdeutung; in: Sprechen 1, 39-49.
ORTHMANN, W.   1973 Sprecherziehung - Sondererziehung. Grenzen u. Gemeinsamkeiten; in: SuS 4, 99-113.
OSTEN, H.   1927 Stimm- und Sprechbildung im Unterricht; in: AUSE. 29-42.
PABST, M.   1981 Sprechcollagen. Ein Projekt z. interpretierenden Textsprechen; in: GrSE. 114-124.
PABST-WEINSCHENK, M. 1982 Mündliche Kommunikation in der Lehrerausbildung im Studienseminar;
                        in: SuS 9, 91-104.
dies.   1985 Sprechgedichte von Ernst Jandel; in: GSI. 107-117.
PAWLOWSKI, K.   1974 Politische Sozialisation und Rhetorik; in: DYCK, J.(Hg.). Rhetorik in der
                        Schule. Kronberg. 70-85
ders.   1976 Sprecherziehung, Sprechkunde; in: STOCKER, K.(Hg.). Taschenlexikon der
                        Literatur- und Sprachdidaktik. Kronberg/Frankfurt. 509-513.
ders.   1979 Freie Rede (Sek. II); in: RhKO. 60-64.
ders.   1980 Partnerzentriertes Sprechen als Dialogstrategie. Zur Theorie und Didaktik
                        der Rhetorik; in: IJHR I, 70-88.
ders.   1983 Sprechtherapie und rhetorische Kommunikation; in: SuS 11, 77-92
ders.   1983 Sprechausdruck; in: MK. 104-117.
ders.   1983 Praktische Rhetorik. Hannover.
ders.   1986 Hermeneutische Distanzierung; in: MSH. 245-268
PAWLOWSKI, K. / LUNGERSHAUSEN, H. / STÖCKER, F. 1985 Jetzt rede ich. Wolfsburg.
PETELLE, J. L.   1980 Speech communication. Status, distinctiveness and the educational hierarchy;
                        in: CE 29, 357-360.
PHEBY, J.   1975 Intonation und Grammatik im Deutschen. Berlin (DDR).
POLITZER, G.   1974 Kritik der klassischen Psychologie. Köln.
POPP, W. (Hg.)   1976 Kommunikative Didaktik. Weinheim-Basel.
POWELL, V. M.   1971 On teaching informative speaking; in: AUER/JENKINSON(Hg.). Essays on
                        teaching speech in the High School. Bloomington. 33-62.
PREU, O. / STÖTZER, U. 1977 Sprecherziehung für Studenten pädagogischer Berufe. Berlin (DDR).
PROSCH, H.   1981 Polanyi and Rhetoric; in: PRETEXT 2, 189-195.
PSCHIBUL, M.   1980 Mündl. Sprachgebrauch. Verstehen u. Anwenden gesprochener Sprache. Donauwörth.
RAASCH, A.   1982 Fremdsprachen lernen, aber wie? München.
RAMGE, H.   1978 Alltagsgespräche. Frankfurt.
ders.   1980 Kommunikative Funktionen des Dialekts im Sprachgebrauch von Lehrern während
                        des Unterrichts; in: ders.(Hg.). Studien zum sprachlichen Handeln im Unterricht. Gießen. 158-184.
RATH, R.   1979 Kommunikationspraxis. Göttingen.
REDDER,A.(Hg.)1982 Schulstunden 1. Transkripte. Tübingen.
dies.   1983 Kommunikation in der Schule - zum Forschungsstand seit Mitte der siebziger
                        Jahre; in: Osnabrücker Beiträge zur Sprachtheorie 24, 118-144.
REHBEIN, J.   1979 Sprechhandlungsaugmente. Zur Organisation d. Hörersteuerung; in: WEYDT, H.
                        (Hg.). Die Partikeln d. deutschen Sprache. Berlin. 58-74.

ders.   1981   Verbale u. nonverbale Kommunikation im interkulturellen Kontakt; in: NELDE,
                             P. u.a. (Hg.). Sprachprobleme bei Gastarbeiterkindern. Tübingen. 111-127.
ders.   1984   Interkulturelle Kommunikation. Tübingen.
REHLING, K.   1982   Das Sprechen auf der Schülerbühne; in: SuS 8, 199-210.
RICHTER, H.   1981   Über die Vorläufigkeit phonetischer Notationen; in: WINKLER, P. (Hg.).
                             Methoden der Analyse von Face-to-Face-Situationen. Stuttgart. 47-55.
RIESEL, E.   1975   Grundsatzfragen der Funktionalstilistik; in: Linguistische Probleme der
                             Textanalyse. Düsseldorf. 36-53.
RIPER, C. van / IRWIN, J. V.   1970   (dt.) Artikulationsstörungen. Berlin.
RITTER, H.-M.   1984   Der Text als Partitur oder vom Buchstaben zum Ballett interagierender Sub-
                             systeme; in: SuS 13, 123-135.
ders.   1984   Szenisches Erzählen. Erfahrungen mit Kafka; in: Sprechen 2, 42-54.
RITZ-FRÖHLICH,G.1982   Das Gespräch im Unterricht. Bad Heilbrunn. (1977).
RÖSENER, R.   1968   Verse von Band und Platte; in: SuS 1, 118-126.
ders.   1979   Gesprochene Dichtung heute; in: SuS 7, 93-101.
ders.   1982   Das Sprechen v. Dichtung im Bereich d. Lehrens u. Lernens; in: SuS 9, 167-177.
ders.   ₅1985   Annette von Droste-Hülshoff: "Das Hirtenfeuer"; in: GSI. 17-55.
ROGERS, C.   1981   (dt.) Die nicht-direktive Beratung. München.
ROTH, A. und L.   1965   Sprech- und Stimmbildung im Anfangsunterricht; in: Blätter für Lehrerfort-
                             bildung 17, 241-245.
ROYÉ, H. W.   1981/1 Segmentierung und Hervorhebung in gesprochener deutscher Standard-
                             sprache. Phil. Diss. Aachen. (1982: Tübingen)
ders.   1981/2 Zur empirischen Untersuchung gesprochener deutscher Standardsprache;
                             in: GrSE. 135-145.
RUBIN, R. B.   1982   Assessing speaking and listening competence at the college level; in:
                             CE 31, 19-32.
SAGER, S. F.   1981   Sprache und Beziehung. Tübingen.
SANDIG, B.   1973   Zur historischen Kontinuität normativ diskriminierter syntaktischer
                             Muster in spontaner Sprechsprache; in: Deutsche Sprache 3, 37-57.
dies.   1974   Sprachnormen und spontan gesprochene Sprache; in: LOTZMANN, G. (Hg.).
                             Sprach- und Sprechnormen. Heidelberg. 23-35.
dies.   1976   Schriftsprachliche Norm und die Beschreibung und Beurteilung spontan ge-
                             sprochener Sprache; in: PRESCH/GLOY (Hg.). Sprachnormen II, 93-105.
dies.   1978   Stilistik. Berlin.
dies.   1979   Erzählen - Vorschläge für eine Lehreinheit in Klasse 6 auf erzähltheore-
                             tischer Grundlage; in: Linguistik und Didaktik 39, 171-190.
SARBOUGH, L. E.   1979   Teaching speech communication. Columbus/Ohio.
SCHEFLEN, A. E.   1976   (dt.) Körpersprache und soziale Ordnung. Stuttgart.
SCHEIDT, F.(Hg.)1982   Lernziel Verständigung. München.
SCHERER, K. / GILES, H.(Hg.).   1979   Social markers in speech. Cambridge.
SCHLEYER, I.   1982   Schultheater - Ein Plädoyer für einen vernachlässigten Lernort ästhe-
                             tischer Erfahrung; in: SuS 8, 161-184.
SCHLIEBEN-LANGE, B. 1975   Linguistische Pragmatik. Stuttgart.
dies.   1983   Traditionen des Sprechens. Stuttgart.
SCHMID, G.   1971   Überzeugen durch Reden. Freiburg.
SCHMIDT, W. de / STEFFENS, R.   1975/1   Bemerkungen z. Sprecherziehung u. Sprechhandlungstheorie;
                             in: Projektgr. Deutsch. Arb.Ber. 6. Mündl. Kommunikation. Dortmund. 73-85.
dies.   1975/2 Bilderfolgen als Sprechanlaß; in: ebd., 110-126.
SCHNORRENBERG,J.1981   Rhetorische Aspekte der Therapeut-Klient-Interaktion; in: KÜHLWEIN/
                             RAASCH (Hg.). Sprache: Lehren-Lernen. Tübingen. I, 158-162.
SCHOCH, A.   1979   Vorarbeiten zu einer pädagogischen Kommunikationstheorie. Frankfurt.
SCHORER, H.   ₃1957   Das Unterrichts-Gespräch i.d. Volks- u. Mittelschule; in: SKE III, 101-120.
ders.   ³1962   Das Gespräch in der Schule. Frankfurt.
SCHREUDER, K.   1985   Wie läßt sich die Diskussionsfähigkeit von Schülern bewerten?; in:
                             Sprechen 2, 42-49.
SCHULZ VON THUN, F. 1981   Miteinander reden. Störungen und Klärungen. Reinbek.

SCHWEINSBERG, F. 1946 Stimmliche Ausdrucksgestaltung im Dienste der Kirche. Heidelberg.
SCHWEINSBERG-REICHART, I. 1968/1 Die Versammlung. Freiburg. (2. Aufl. 1974).
dies. ⁴1968/2 Analyse von Redeausschnitten; in: SuS 1, 82-97.
dies. ²1972 Rednerschulung. Freiburg. (6. Aufl. 1982).
dies. ²1975/1 Vorlesen und Erzählen. Freiburg.
dies. 1975/2 Reproduzierendes Sprechdenken; in: SuS 5, 131-136.
dies. 1982 Mündliche Kommunikation i. d. ausßerschul. Bildung; in: SuS 9, 147-154.
dies. (Hgn.) 1985 Performanz = SuS 15. Frankfurt.
dies. 1985 Doppel-Performanz politischer Reden; in: SuS 15, 165-178.
dies. 1985 Praktische Rhetorik in der gewerkschaftlichen Erwachsenenbildung; in: BAUSCH/GROSSE (Hg.). Praktische Rhetorik. Mannheim. 156-164.
dies. 1986 Argumentieren - aus der Praxis betrachtet; in: Sprechen 1, 19-34.
SCHÜLE, K. 1975 Die Sprechtätigkeitstheorie als ein Element der Gesellschaftstheorie, der Sozialisationstheorie, der Sprachtheorie und der Sprecherziehung; in: Linguistik und Didaktik 21, 38-52.
SCOTT, R. L. 1981 The tacit dimension and rhetoric; in: PRETEXT 2, 115-125.
SCRIVNER, L. M. / ROBINETTE, D. 1980 A guide to oral interpretation: Solo and group performance. Indianapolis.
SIMON, A. 1927 Der Sprechchor im deutschen Unterricht; in: AUSE. 70-85.
SINCLAIR / COULTHARD 1975 (dt.) Analyse der Unterrichtssprache. Heidelberg.
SLEMBEK, E. 1979/1 Wonach fragen - wie nachfragen?; in: RhKO. 24-25.
dies. 1979/2 Sprechfähigkeit ohne Sprachlabor; in: Kongreßbericht GAL IV, 127-135.
dies. 1981/1 Aussspracheregeln in Sprachlehrwerken für den Deutschunterricht 1900 - 1980; in: KÜHLWEIN/RAASCH(Hg.). Sprache: Lehren-Lernen II, 153-157.
dies. 1981/2 Über einen Fall graphonemischer Irritation beim Zweitspracherwerb bei türkischen Gastarbeiterkindern; in: NELDE, P.(Hg.). Sprachprobleme bei Gastarbeiterkindern. Tübingen. 157-166.
dies. 1983/1 Individuelle Identifikation und soziale Bewertung von Gesprächspartnern durch Sprechausdrucksmerkmale; in: SANDIG, B.(Hgn.). Gesprächsstile. II. Hildesheim. 200-222.
dies. 1983/2 Phonetik im Deutschunterricht. Untersucht an deutschen Sprachbüchern 1898-1978. Frankfurt.
dies. 1983/3 Zum Verhältnis von Leseverstehen und Hörverstehen; in: KÜHLWEIN (Hg.). Texte in Sprechwissenschaft, Sprachunterricht und Sprachtherapie. Tübingen. 161-165.
dies. 1984 Zur Beurteilung mündlicher Leistungen im Ausländerunterricht; in: Zielsprache Deutsch 4, 16-22.
dies. 1985 Über den Prozeß des Mißverstehens; in: SuS 15, 133-146.
dies. 1986 Lehrbuch der Fehleranalyse und Fehlertherapie. Griechisch/italienisch/türkisch//deutsch//hören/sprechen/schreiben. Heinsberg.
SMITH, Cr. u.a. 1969 The bases of argument. Indianapolis/N.Y.
SOEFFNER, H.-G. (Hg.) 1979 Interpretative Verfahren i.d. Sozial- u. Textwissenschaften. Stuttgt.
STEFFENS, R. 1975 Gespräch im Unterricht; in: Projektgr. Deutsch.Arb.Ber. 6. Dortm. 86-109.
STELZIG, H. ³1968 Method. Probleme d. Dichtungssprechens; in: Wiss. ZS Univ. Halle. 107-118.
ders. (Hg.) ³1982 Sprechwissenschaft. Leipzig.
STOBBE, K. (o.J.) Sprecherziehung in der Grundschule. Berlin.
STOFFEL, R. M. 1978/1 Hörverstehen und Spracherwerb; in: Kongreßbericht GAL. 153-163.
ders. 1978/2 Die Eitelkeit des Menschen macht ... Bemerkungen zum Hörverstehen; in: Linguistische Berichte 53, 61-68.
ders. 1978/3 Hören, Zuhören und Zuhörtraining aus sprechwissenschaftlicher Sicht; in: LOTZMANN, G.(Hg.). Aspekte auditiver, rhythmischer und sensomotorischer Diagnostik, Erziehung und Therapie. München/Basel. 54-69.
ders. 1979/1 Lernzielkontrolle im Bereich 'Mündliche Kommunikation'; in: Kongreßbericht GAL IV, 145-157.
ders. 1979/2 Sprechdenken und Hörverstehen (Sek. II); in: RhKO. 51-55.

STOCK, E. 1980 Untersuchungen zu Form, Bedeutung und Funktion der Intonation im Deutschen. Berlin (DDR).
STOCK, E. / FIUKOWSKI, H. (Hg.) 1976 Ziele und Methoden der Sprecherziehung. Halle/Saale.
STOCK, E. / SUTTNER, J. (Hg.)$_3$ 1976 Sprechwirkung. Halle/Saale.
STOCK, E. / ZACHARIAS, Chr. ^{3}1982 Deutsche Satzintonation. Leipzig.
STÖTZER, U. 1965 Deutsche Intonation (Langspielplatte mit Beiheft). Leipzig.
dies. u.a. $_8$1982 Großes Wörterbuch der deutschen Aussprache. Leipzig und München.
dies. $_2$1981 Sprechübungen für Kinder (Schallplatte mit Beiheft). Leipzig.
STULT, H. B. ^{2}1975 Some American replies; in: KRUGER, A.N. (Hg.). Counterpoint. Metuchen. 302-304.
TECHTMEIER, B. 1984 Das Gespräch. Funktionen, Normen und Strukturen. Berlin (DDR).
TEUCHERT, B. 1985 Wer fragt, führt. Zur Methodik der Fragetechniken; in: Sprechen 2, 18-25.
THIELE, E. 1981 Lehren und Lernen im Gespräch. Bad Heilbronn.
THOMSEN, C. W. / SCHNEIDER, I. 1985 Grundzüge der Geschichte des europäischen Hörspiels. Darmstadt.
TOWNSEND, D. K. 1971 Oral Interpretation of literature. PhD.Diss. Univ. of Texas at Austin.
TRENSCHEL, W. 1977 Das Phänomen der Nasalität. Berlin (DDR).
TROJAN, F. 1954 Der Ausdruck der Sprechstimme im Deutschen (m. Tonband). Frankfurt. (= Sprechkundliche Arbeiten, hg. v. W. WITTSACK).
ders. $_2$1954 Die Kunst der Rezitation. Wien.
ders. ^{2}1955 Die Ausbildung der Sprechstimme. Wien.
ders. 1961 Deutsche Satzbetonung. Wien/Stuttgart.
URBAN, K. K. 1977 Verstehen gesprochener Sprache. Düsseldorf.
VARWIG, F. R. 1977/1 Einführung in die Rhetorik und Argumentation im Deutschunterricht; in: Muttersprache 87, 159-177.
ders. 1977/2 Argumentation als Methode eines projektorientierten Deutschunterrichts; in: Diskussion Deutsch 8, 367-378 (zus. mit G. BOOS).
ders. 1979/1 Wege zur Didaktik von Argumentationstopoi; in: Muttersprache. 331-348.
ders. 1979/2 Praktisches Argumentieren (Sek. II); in: RhKO. 56-59.
ders. 1982 Der Gebrauch von Toulmins Schema. Theoretische Vorüberlegungen zu einer Argumentationslehre für die Sekundarstufe; in: SuS 8, 113-143.
ders. 1983 Rhetorik im Deutschunterricht; in: Muttersprache 93, 217-229.
ders. (Hg.) 1986 Sprechkultur im Medienzeitalter = SuS 16. Frankfurt.
VÖLZING, P.-L. 1980 Argumentation (Forschungsbericht); in: lili 38/39, 204-237.
WALBOTT, H.-G. 1984 Nonverbales Verhalten und Sprechausdruck; in: SuS 13, 57-67.
WÄNGLER, H. H. $_3$1960 Grundriß einer Einführung in die Phonetik des Deutschen. Marburg.
ders. $_3$1964 Atlas der deutschen Sprachlaute. Berlin.
ders. ^{2}1966 Leitfaden der pädagogischen Stimmbehandlung. Berlin.
WAETZOLD, St. 1903 Der Deutsche und seine Muttersprache; in: PALLAT, L. (Hg.). Kunsterziehung. Ergebnisse und Anregungen der Kunsterziehertage in Dresden, Weimar und Hamburg. Leipzig 1929, 109-117.
WALLRABENSTEIN, W. 1976 Sprechen als kommunikatives Handeln in der Grundschule. Kronberg.
WALTER, O. M. ^{2}1982 Speaking to inform and persuade. New York.
WANDRUSZKA, M. 1971 Interlinguistik. München.
ders. 1981 Die Mehrsprachigkeit des Menschen. München.
WAEVER, C. H. $_2$1972 Human listening. Indianapolis, N.Y.
WEAVER, R. L. ^{2}1981 $_2$Understanding interpersonal communication. Glenview/Ill.
WEBER, A. / KRZYWON, E. ^{2}1981 Poetologie; in: NÜNDEL, E. (Hg.). Lexikon z. Deutschunterricht. 319-328.
WEDEL, M. v. 1961 Sprecherziehung im Grundschulalter. München.
WEITHASE, I. 1957 Sprechwissenschaft - Sprecherziehung. Potsdam.
dies. 1968 Experimentelle Auswertung von Tonbandaufnahmen zur Untersuchung des Sprechstils; in: SuS 1, 134-157.
dies. ^{9}1975 Sprechübungen (mit Tonband). Köln/Wien.
dies. 1977 Zur Methode d. sprecherischen Nachvollzugs v. Dichtungen; in: SuS 6, 99-115.
dies. 1980 Sprachwerke - Sprechhandlungen. Über den sprecherischen Nachvollzug von Dichtungen. Köln/Wien.
WELLER, M. 1957 Sprechlexikon. Düsseldorf.
WENZ, G. 1950 Sprecherziehung als Grundlage d. Sprechbildung i.d. Grundschule. Stuttgt.

WENZEL, A.	1984	Verstehen und Verständigung in Gesprächen am Sozialamt. Tübingen.
WERNER, F.	1983	Gesprächsverhalten von Frauen und Männern. Frankfurt/Bern.
WIEMANN, J. M.	1978	Needed research and training in speaking and listening literacy; in: CE 27, 310-315.
WINKLER, Chr.	1955	Der Hörerbezug in der Sprecherziehung; in: SKSE II, 97-116.
ders.	1958	Gesprochene Dichtung. Düsseldorf.
ders.	1959	Bemerkungen zur Beurteilung künstlerischer Vortragsleistungen; in: SKSE IV, 107-115.
ders.	³1962	Lesen als Sprachunterricht. Ratingen.
ders.	1967	Zur Frage der deutschen Hochlautung; in: Satz und Wort im heutigen Deutsch. Düsseldorf. 313-328.
ders.	1968	Analyse von Freisprechleistungen; in: SuS 1, 68-81.
ders.	1969	Der Einschub; in: ENGEL, u.a. (Hg.). Festschrift für H. Moser, Düsseldorf. 282-295.
ders.	1973	Frei gesprochen und gelesen; in: Sprache der Gegenwart III, 111-125.
ders.	1977	Zum weiterführenden Lesen; in: SuS 6, 90-98.
ders.	1979	Untersuchungen zur Kadenzbildung in deutscher Rede. München.
ders.	1982	Zur Regelung der Aussprache im Deutschen; in: Festschrift für A. Beinlich. Vechta. 393-398.
ders.	1982	Zur Entwicklung d. mündlichen u. schriftlichen Ausdrucks; in: SuS 8, 9-24.
ders. (Hg.)	1985	Aus den Schriften von Erich Drach (1885-1935) = SuS 14. Frankfurt.
ders.	1986	Handlungsmomente in ästhetischer Kommunikation; in: MSH. 325-330.
WINKLER, P.	1980	Phonetische und konversationsanalytische Interpretationen; in: Linguistische Berichte 68, 67-84.
ders. (Hg.)	1981	Methoden der Analyse von Face-to-Face-Situationen. Stuttgart.
ders.	1981	Anwendungen phonetischer Methoden für die Analyse von Face-to-Face-Situationen; in: ders. (Hg.). a.a.O. 9-46.
WITTSACK, W.	1951	Nachgestaltendes Sprechen als Weg zur Dichtung; in: Pädagogischer Wegweiser 4, 14-17.
ders.	1959	'Das gesprochene Wort'. Anzeige eines Lehrfilms; in: SKSE IV, 140-150.
ders.	1963	Das gesprochene Wort. Gesprächssituationen und Gesprächsvorgänge. (Zwei Filme mit Beiheften). München.
ders.	1980	Brecht als Mittler seiner Texte. Landau.
ders.	1985	Der sprechende Mensch. Regensburg.
WOLF, E. / ADERHOLD, E.	1960	Sprecherzieherisches Übungsbuch. Berlin (DDR).
WOLFF, G.	²1981	Sprechen und Handeln. Königstein.
WOOD, B.	²1981	Children and communication. New York.
WUNDERLICH, D.	1969	Unterrichten als Dialog; in: Sprache im techn. Zeitalter 32, 262-286.
WYGOTSKI, L. S.	1971	(dt.) Denken und Sprechen. Frankfurt.
ZABEL, H. (Hg.)	1981	Studienbuch. Einführung in die Didaktik der deutschen Sprache und Literatur. Paderborn.
ders.	1983	Förderung der mündlichen Kommunikationsfähigkeit in der Sekundarstufe I; in: MK. 11-26.
ZACHARIAS, Chr.	1969	Sprecherziehung. Ein Leitfaden für Pädagogen. Berlin (DDR).
ZIHN, W.	1982	Rhetorik in der Erwachsenenbildung. Unveröffentl. Diplomarbeit. Oldenburg.
ZIMA, P. V. (Hg.)	1977	Textsemiotik als Ideologiekritik. Frankfurt.
ders.	1977	'Rezeption' und 'Produktion' als ideologische Begriffe; in: ders. (Hg.). a.a.O. 271-311.
ZWIRNER, E. und K.	1960	Grundfragen der Phonometrie. Basel / New York.